创业管理

陈葆华　郭　元　编著

北京理工大学出版社
BEIJING INSTITUTE OF TECHNOLOGY PRESS

内容简介

本书是采用"任务驱动，工作导向"模式的应用型创新创业类教材。全书以工作情境引入，以实际工作过程为导向安排教材内容；在介绍本书基本理论的同时，运用任务驱动的模式贯穿知识点，突出职业能力的培养。

编写按工作过程分为八大模块，包括创新创业准备、建设创业团队、识别与评估创业机会、设计商业模式、编制创业计划书、创业融资、成立新企业、新创企业的经营管理。

编者运用实际案例和课外信息配合教学，使全书条理清晰，易于阅读。通过任务，强调实践应用，注重对职业能力的培养，可作为应用型本科院校各个专业创业教育的教材，可供高等职业院校、成人高校及其他相关专业的教学使用，并作为社会创业人员参考读物。

版权专有　侵权必究

图书在版编目（CIP）数据

创业管理/陈葆华，郭元编著.—北京：北京理工大学出版社，2017.12（2021.12重印）
ISBN 978-7-5682-5112-9

Ⅰ.①创…　Ⅱ.①陈…②郭…　Ⅲ.①创业-高等学校-教材　Ⅳ.①F241.4

中国版本图书馆 CIP 数据核字（2017）第 319526 号

出版发行 / 北京理工大学出版社有限责任公司	
社　　址 / 北京市海淀区中关村南大街5号	
邮　　编 / 100081	
电　　话 / （010）68914775（总编室）	
（010）82562903（教材售后服务热线）	
（010）68948351（其他图书服务热线）	
网　　址 / http://www.bitpress.com.cn	
经　　销 / 全国各地新华书店	
印　　刷 / 三河市天利华印刷装订有限公司	
开　　本 / 787毫米×1092毫米　1/16	
印　　张 / 15	责任编辑 / 王晓莉
字　　数 / 350千字	文案编辑 / 黄丽萍
版　　次 / 2017年12月第1版　2021年12月第4次印刷	责任校对 / 周瑞红
定　　价 / 38.00元	责任印制 / 施胜娟

图书出现印装质量问题，请拨打售后服务热线，本社负责调换

前言

针对国家的教育改革,未来绝大多数大学应注重创新创业型人才的培养。尤其对创业这样一门实践性极强的课程而言,迫切需要一部真正实现"任务驱动,项目引领"的应用型教材。为此,我们在多年教学实践的基础上精心编写了这本新型本科教材。本书具有以下显著特点:

1. 以创业过程为导向。在不改变核心理论的前提下,以任务为载体,将知识内容进行了重组,把原先理论知识的基础地位变为对实践操作的服务指导地位。

2. 引入高度仿真项目情境。每个模块中设有若干个任务,每个任务都设有一个相对应的情境,这和创业过程中遇到的情况基本一致,根据完成任务所需要的知识编写理论知识内容。

3. 应用性强。通过真实项目情境的引入和布置的任务,能够让学生真正清楚所学理论知识如何在创业过程中应用。

全书内容分为八个模块,主要根据实际创业管理的流程来进行编写:模块一是创新创业准备,介绍了创新思维的培养、创业的基本常识、创业者应具备的素质及创业者在创业前需要准备的工作;模块二是建设创业团队,重点介绍了如何组建创业团队,并对创业团队进行高效的管理;模块三是识别与评估创业机会,介绍了如何寻找和评估创业机会;模块四是设计商业模式,介绍了如何选择商业模式及如何设计商业模式;模块五是编制创业计划书,重点介绍了创业计划书的基本常识及如何编写创业计划书;模块六是创业融资,介绍了如何选择创业融资方式及如何获取风险投资;模块七是成立新企业,介绍了新创企业的法律组织形式、法律规定及企业应承担的社会责任;模块八是新创企业的经营管理,介绍了新创企业的营销、客户关系和品牌经营管理及企业创新竞争的策略。

本书由陈葆华教授、郭元副教授负责全书结构的设计、统稿;赵开华教授负责审核。本书编写分工:陈葆华负责编写第二、三、四模块;郭元负责编写第一、五模块,参与第八模块的编写;陈喜霖负责编写第六模块;于家姝参与第七、八模块的编写;刘艳红参与第七模块的编写。

随着市场经济和科学技术水平的发展,创业管理的理论和实践也在不断发展之中。由于编者水平有限,时间仓促,书中仍存在不足之处,敬请广大读者批评指正。

编 者
2017.9

目 录

模块一　创新创业准备 ……………………………………………………（1）
　【学习目标】 …………………………………………………………………（1）
　　能力目标 ……………………………………………………………………（1）
　　知识目标 ……………………………………………………………………（1）
　　素质目标 ……………………………………………………………………（1）
　任务一　培养创新思维 ………………………………………………………（2）
　　【项目情境】 ………………………………………………………………（2）
　　【相关知识】 ………………………………………………………………（2）
　　　一、创新的内涵及特征 …………………………………………………（2）
　　　二、创新的原则和过程 …………………………………………………（4）
　　　三、创新思维训练 ………………………………………………………（5）
　　　四、创新能力提升 ………………………………………………………（6）
　　　五、创新精神培养 ………………………………………………………（8）
　　【知识应用】 ………………………………………………………………（10）
　任务二　通晓创业常识 ………………………………………………………（10）
　　【项目情境】 ………………………………………………………………（10）
　　【相关知识】 ………………………………………………………………（10）
　　　一、创业的内涵及特征 …………………………………………………（10）
　　　二、创业的类型 …………………………………………………………（12）
　　　三、创业的一般过程 ……………………………………………………（14）
　　　四、创业的认识误区 ……………………………………………………（15）
　　　五、创业与创新的关系 …………………………………………………（17）
　　【知识应用】 ………………………………………………………………（19）
　任务三　培养创业者的素质 …………………………………………………（19）
　　【项目情境】 ………………………………………………………………（19）
　　【相关知识】 ………………………………………………………………（19）

一、创业者的内涵及其特征 …………………………………………（ 19 ）
　　二、创业者的创新精神与创业精神 …………………………………（ 20 ）
　　三、创业者应该具备的素质 …………………………………………（ 24 ）
　　四、创业者素质提升方法 ……………………………………………（ 25 ）
　【知识应用】……………………………………………………………（ 26 ）
任务四　创业者新创企业前的准备工作 …………………………………（ 26 ）
　【项目情境】……………………………………………………………（ 26 ）
　【相关知识】……………………………………………………………（ 27 ）
　　一、分析创业环境 ……………………………………………………（ 27 ）
　　二、拟定创业规划 ……………………………………………………（ 28 ）
　　三、筹措资金 …………………………………………………………（ 29 ）
　【知识应用】……………………………………………………………（ 30 ）
　【模块知识小结】………………………………………………………（ 30 ）
　【复习思考题】…………………………………………………………（ 30 ）
　【案例训练】……………………………………………………………（ 30 ）
　【能力训练】……………………………………………………………（ 32 ）

模块二　建设创业团队 …………………………………………………（ 33 ）

【学习目标】………………………………………………………………（ 33 ）
　能力目标 …………………………………………………………………（ 33 ）
　知识目标 …………………………………………………………………（ 33 ）
　素质目标 …………………………………………………………………（ 33 ）
任务一　认知创业团队 ……………………………………………………（ 34 ）
　【项目情境】……………………………………………………………（ 34 ）
　【相关知识】……………………………………………………………（ 34 ）
　　一、创业团队的内涵 …………………………………………………（ 34 ）
　　二、创业团队的价值 …………………………………………………（ 37 ）
　　三、高效创业团队的特征 ……………………………………………（ 38 ）
　【知识应用】……………………………………………………………（ 40 ）
任务二　组建创业团队 ……………………………………………………（ 40 ）
　【项目情境】……………………………………………………………（ 40 ）
　【相关知识】……………………………………………………………（ 40 ）
　　一、寻找创业团队的标准 ……………………………………………（ 41 ）
　　二、寻找创业团队的方法 ……………………………………………（ 43 ）
　　三、创业团队组建的程序 ……………………………………………（ 45 ）
　　四、团队组建的误区 …………………………………………………（ 47 ）
　　五、团队组建的原则 …………………………………………………（ 48 ）
　　六、团队成员的评估 …………………………………………………（ 50 ）
　【知识应用】……………………………………………………………（ 50 ）

任务三　管理创业团队……………………………………………………（51）
　　【项目情境】………………………………………………………………（51）
　　【相关知识】………………………………………………………………（51）
　　　一、创业团队的管理技巧………………………………………………（51）
　　　二、创业团队的冲突管理………………………………………………（55）
　　　三、新创企业的文化建设………………………………………………（58）
　　【知识应用】………………………………………………………………（59）
　　【模块知识小结】…………………………………………………………（59）
　　【复习思考题】……………………………………………………………（59）
　　【案例训练】………………………………………………………………（60）
　　【能力训练】………………………………………………………………（61）

模块三　识别与评估创业机会……………………………………………（62）
　【学习目标】…………………………………………………………………（62）
　　能力目标………………………………………………………………（62）
　　知识目标………………………………………………………………（62）
　　素质目标………………………………………………………………（62）
　任务一　识别创业机会……………………………………………………（62）
　　【项目情境】………………………………………………………………（62）
　　【相关知识】………………………………………………………………（63）
　　　一、创业机会的内涵及特点……………………………………………（63）
　　　二、创业机会的来源……………………………………………………（65）
　　　三、选择适合自己的创业机会…………………………………………（70）
　　【知识应用】………………………………………………………………（77）
　任务二　评估创新创业机会………………………………………………（78）
　　【项目情境】………………………………………………………………（78）
　　【相关知识】………………………………………………………………（78）
　　　一、创业机会评估的准则………………………………………………（78）
　　　二、创业机会评估的方法………………………………………………（81）
　　【知识应用】………………………………………………………………（84）
　　【模块知识小结】…………………………………………………………（84）
　　【复习思考题】……………………………………………………………（84）
　　【案例训练】………………………………………………………………（84）
　　【能力训练】………………………………………………………………（86）

模块四　设计商业模式……………………………………………………（88）
　【学习目标】…………………………………………………………………（88）
　　能力目标………………………………………………………………（88）
　　知识目标………………………………………………………………（88）

素质目标 ································· (88)
　任务一　认知商业模式 ··························· (89)
　　【项目情境】 ······························· (89)
　　【相关知识】 ······························· (89)
　　一、商业模式的内涵 ························· (89)
　　二、商业模式的类型 ························· (91)
　　三、商业模式的选择 ························· (96)
　　【知识应用】 ······························· (97)
　任务二　设计商业模式 ··························· (97)
　　【项目情境】 ······························· (97)
　　【相关知识】 ······························· (98)
　　一、设计商业模式的要素 ····················· (98)
　　二、设计商业模式的思路与方法 ··············· (99)
　　三、商业模式设计原则 ······················ (102)
　　四、商业模式中存在的致命缺陷 ·············· (106)
　　五、商业模式的评价 ························ (106)
　　【知识应用】 ······························ (107)
　　【模块知识小结】 ·························· (107)
　　【复习思考题】 ···························· (108)
　　【案例训练】 ······························ (108)
　　【能力训练】 ······························ (110)

模块五　编制创业计划书 ·························· (111)
　【学习目标】 ·································· (111)
　　能力目标 ··································· (111)
　　知识目标 ··································· (111)
　　素质目标 ··································· (111)
　任务一　认知创业计划书 ························· (111)
　　【项目情境】 ······························ (112)
　　【相关知识】 ······························ (112)
　　一、创业计划书概要 ························ (112)
　　二、创业计划书的作用 ······················ (112)
　　三、创业计划书的形式 ······················ (113)
　　四、创业计划书的内容 ······················ (115)
　　五、创业计划书的评价 ······················ (115)
　　六、总结 ·································· (118)
　　【知识应用】 ······························ (118)
　任务二　编制创业计划书 ························· (118)
　　【项目情境】 ······························ (118)
　　【相关知识】 ······························ (118)

一、编制创业计划书的目的 …………………………………………………… (119)
　　二、编制创业计划书的原则 …………………………………………………… (119)
　　三、编制创业计划书的要求 …………………………………………………… (120)
　　四、编制创业计划书的步骤 …………………………………………………… (121)
　　五、编制创业计划书的技巧 …………………………………………………… (122)
　　六、编制创业计划书的注意事项 ……………………………………………… (124)
　【知识应用】 ………………………………………………………………………… (125)
　【模块知识小结】 …………………………………………………………………… (125)
　【复习思考题】 ……………………………………………………………………… (125)
　【案例训练】 ………………………………………………………………………… (126)
　【能力训练】 ………………………………………………………………………… (127)

模块六　创业融资 ……………………………………………………………… (128)

　【学习目标】 ………………………………………………………………………… (128)
　　能力目标 …………………………………………………………………………… (128)
　　知识目标 …………………………………………………………………………… (128)
　　素质目标 …………………………………………………………………………… (128)
　任务一　创业融资方式及其选择 ………………………………………………… (129)
　【项目情境】 ………………………………………………………………………… (129)
　【相关知识】 ………………………………………………………………………… (129)
　　一、创业融资概述 …………………………………………………………… (129)
　　二、创业融资方式 …………………………………………………………… (130)
　　三、创业融资方式的选择 …………………………………………………… (143)
　【知识应用】 ………………………………………………………………………… (146)
　任务二　认识风险投资 …………………………………………………………… (146)
　【项目情境】 ………………………………………………………………………… (146)
　【相关知识】 ………………………………………………………………………… (147)
　　一、风险投资概述 …………………………………………………………… (147)
　　二、国内风险投资机构类别 ………………………………………………… (149)
　　三、如何获取风险投资 ……………………………………………………… (151)
　【知识应用】 ………………………………………………………………………… (155)
　【模块知识小结】 …………………………………………………………………… (155)
　【复习思考题】 ……………………………………………………………………… (156)
　【案例训练】 ………………………………………………………………………… (156)
　【能力训练】 ………………………………………………………………………… (157)

模块七　成立新企业 …………………………………………………………… (158)

　【学习目标】 ………………………………………………………………………… (158)
　　能力目标 …………………………………………………………………………… (158)
　　知识目标 …………………………………………………………………………… (158)
　　素质目标 …………………………………………………………………………… (158)

· 5 ·

任务一　新创企业的法律组织形式 …………………………………………………… (159)
　　【任务情境】 ……………………………………………………………………… (159)
　　【相关知识】 ……………………………………………………………………… (159)
　　　一、企业法律组织形式的类别 …………………………………………………… (159)
　　　二、企业法律组织形式的比较和选择 …………………………………………… (163)
　　　三、法人制度与公司治理结构 …………………………………………………… (165)
　　【知识应用】 ……………………………………………………………………… (167)
任务二　新创企业的注册登记 …………………………………………………………… (167)
　　【任务情境】 ……………………………………………………………………… (167)
　　【相关知识】 ……………………………………………………………………… (168)
　　　一、新创企业的名称设计 ………………………………………………………… (168)
　　　二、新创企业工商登记 …………………………………………………………… (169)
　　【知识应用】 ……………………………………………………………………… (173)
任务三　新创企业运营的相关法律规定 ………………………………………………… (173)
　　【任务情境】 ……………………………………………………………………… (173)
　　【相关知识】 ……………………………………………………………………… (173)
　　　一、知识产权的保护 ……………………………………………………………… (174)
　　　二、保护雇员权益的劳动法 ……………………………………………………… (177)
　　　三、保护自身合法权益的合同法 ………………………………………………… (181)
　　　四、影响企业收益的税法 ………………………………………………………… (183)
　　【知识应用】 ……………………………………………………………………… (192)
任务四　新创企业的社会责任及承担 …………………………………………………… (192)
　　【任务情境】 ……………………………………………………………………… (192)
　　【相关知识】 ……………………………………………………………………… (193)
　　　一、企业社会责任的概念及内容 ………………………………………………… (193)
　　　二、企业社会责任的承担 ………………………………………………………… (196)
　　【知识应用】 ……………………………………………………………………… (198)
　　【模块知识小结】 ………………………………………………………………… (198)
　　【复习思考题】 …………………………………………………………………… (199)
　　【案例训练】 ……………………………………………………………………… (199)
　　【能力训练】 ……………………………………………………………………… (200)

模块八　新创企业的经营管理 …………………………………………………………… (201)
　　【学习目标】 ……………………………………………………………………… (201)
　　　能力目标 …………………………………………………………………………… (201)
　　　知识目标 …………………………………………………………………………… (201)
　　　素质目标 …………………………………………………………………………… (201)
任务一　新创企业的营销管理 …………………………………………………………… (202)
　　【项目情境】 ……………………………………………………………………… (202)
　　【相关知识】 ……………………………………………………………………… (202)

一、准确地开展市场调研 ………………………………………………… (202)
　　二、新创企业成功营销的必备要素 ……………………………………… (203)
　　三、掌握现代市场营销方法 ……………………………………………… (204)
　【知识应用】 ………………………………………………………………… (206)
任务二　新创企业的客户服务管理 ……………………………………………… (207)
　【项目情境】 ………………………………………………………………… (207)
　【相关知识】 ………………………………………………………………… (207)
　　一、创业前寻找客户 ……………………………………………………… (207)
　　二、对客户进行差别管理 ………………………………………………… (208)
　　三、培养忠诚客户的秘诀 ………………………………………………… (209)
　【知识应用】 ………………………………………………………………… (210)
任务三　新创企业的品牌经营管理 ……………………………………………… (210)
　【项目情境】 ………………………………………………………………… (210)
　【相关知识】 ………………………………………………………………… (211)
　　一、品牌经营的关键要素 ………………………………………………… (211)
　　二、品牌口碑的传播方式 ………………………………………………… (212)
　【知识应用】 ………………………………………………………………… (213)
任务四　企业的创新竞争策略 …………………………………………………… (213)
　【项目情境】 ………………………………………………………………… (213)
　【相关知识】 ………………………………………………………………… (214)
　　一、创新下的市场竞争策略 ……………………………………………… (214)
　　二、培养企业核心竞争力的途径 ………………………………………… (215)
　【知识应用】 ………………………………………………………………… (217)
任务五　新创企业的财务管理 …………………………………………………… (218)
　【项目情境】 ………………………………………………………………… (218)
　【相关知识】 ………………………………………………………………… (218)
　　一、管好企业现金流 ……………………………………………………… (218)
　　二、懂得分析财务报表 …………………………………………………… (220)
　【知识应用】 ………………………………………………………………… (222)
　【模块知识小结】 …………………………………………………………… (222)
　【复习思考题】 ……………………………………………………………… (222)
　【案例训练】 ………………………………………………………………… (222)
　【能力训练】 ………………………………………………………………… (225)
参考文献 ………………………………………………………………………… (226)

模块一

创新创业准备

【学习目标】

能力目标

通过本模块的学习和训练,能够做到:
1. 运用创新思维、创新精神启动创业项目;
2. 运用创业者综合素质开展创业活动。

知识目标

通过本模块的学习,应该能:
1. 掌握创新及创新思维的内涵;
2. 了解创新能力的提升方法;
3. 掌握创新精神与创业精神的培养路径;
4. 了解创业与创新的关系;
5. 掌握创业者应该具备的素质;
6. 了解创业前应该准备的工作。

素质目标

1. 通过调查总结、分组讨论、实践训练环节,逐步培养创新思维和创新精神;
2. 通过访谈创业者和企业家,以及创业模拟训练等,培养创业者素养。

任务一 培养创新思维

【项目情境】

有一个大学生小C,他运用智慧获得了创业所必需的第一桶金。原来天津市有一家国际商场,比邻一条繁华主干道南京路,该路的对面是滨江道繁华的商业街。国际商场开业时南京路没有过街天桥,行人在道路两侧穿越既不方便又不安全,绝大多数行人认为政府应该抓紧修一座过街天桥才行。有一天,路过该繁华地段的小C看到此场景,他并不认为这一定是政府必做的事情,便找政府商量出钱建造过街天桥,条件是桥修好后免费悬挂广告牌。政府认为不花钱为百姓造福,出资方建桥又不冠名,便批准此事。小C拿到政府批文,立即找可口可乐公司洽谈悬挂广告业务,该公司认为繁华地段悬挂广告牌有利可图,便给小C广告定金,小C利用这笔定金建好了天桥,并且定金略有剩余,小C便获得了创业的第一桶金。

(改编自张玉利主编的《创业管理》创业聚焦)

任务要求:
1. 根据项目情境分析,小C获得创业第一桶金的创新思维体现在哪里?
2. 结合小C获得第一桶金的经历,分析大学生怎样训练才能获得创新思维?
3. 小C的创新行为是否体现了他的创新精神和创新能力?为什么?

【相关知识】

完成"任务一 培养创新思维"所需要掌握的相关知识包括:创新的内涵及特征、创新的原则和过程、创新思维训练、创新能力提升、创新精神培养。

一、创新的内涵及特征

创新是指通过一种富有创造力的新方式,解决技术问题、经济问题、社会问题等,在广阔的范围内发挥作用。它是每个人都可以参与的实践活动。

(一)创新的内涵

创新就是在有意义的时空范围内,以非传统、非常规的方式,先行性地、有成效地解决管理、技术、经济、社会等问题的整个过程。创新是创业的核心要素和动力源泉。

创新是一个非常宽泛的概念,适用于很多领域,其中主要包括四个领域的内涵。

1. 管理学内涵

创新是指突破现有思维模式,提出有别于常规或常人思路的见解,利用现有的知识和物质等资源,在特定的环境中,本着理想化需要或为满足社会需求,创新者借助计划、组织、领导、控制环节,改进或创造新的事物、思路、方法、元素等,并从中获得一定有益效果的活动过程。

2. 经济学内涵

创新是指在原有资源,比如工序、流程、体系、单元等基础上,改进或创造某种新元素，比如新理念、新模式、新技术等，并将其引入生产体系，开辟新市场，通过资源的重新配置与整合，进而增加经济价值的一种手段。知识经济时代赋予创新更加丰富的内涵。

3. 社会学内涵

创新是指个体或组织为了发展的需要，运用已知信息，不断突破常规戒律和思维定式，发现或产生某种新奇独特、有社会价值的新意识、新事物等创造性活动。创新是推动民族进步和社会发展的不竭动力，是人类社会自我解放的一种实践活动。

4. 哲学内涵

创新就是人类通过对物质世界的再创造，制造新的矛盾关系，形成新的物质形态。创新是人类特有的认识能力和实践能力，是人类主观能动性的高级表现形式，任何有限的存在都是可以被无限地再创造。创新是无限的、永无止境的。

（二）**创新的特征**

创新具有目的性、变革性、新颖性、开拓性、超越性、前瞻性、批判性七个方面的特征。

1. 目的性特征

创新虽然是一种活动过程，但是在注重过程导向的同时，创新更重视的是结果导向。目的性是相对于随机性而言的。任何创新活动都有一定的目的性，这个特性贯穿于创新过程的始终。

2. 变革性特征

创新是对已有事物的改革和革新，是一种深刻的变革和重组。变革是创新活动所蕴含的正向价值观念，变革的内容涉及战略、结构、流程、技术、文化等多个方面。

3. 新颖性特征

创新以求新为灵魂，是对现有的不合理事物的扬弃，革除过时陈旧的内容，追求标新立异、新奇独特、与众不同，催生别致的新事物，求新、求异。

4. 开拓性特征

创新是想前人未想、做前人未做之事。开拓性意指观念的超前性、模式的突破性、内容的独创性、技术的领先性。

5. 超越性特征

创新意味着对限制的一种时空超越，表现为对具体事物、具体现象、具体物品等的超越，对"传统"的超越，对思维定式的超越。

6. 前瞻性特征

前瞻性思维是指向未来，超越客观事物实际发展进程而进行的一种科学思维，其特点是在思维对象实际发生变化之前，就能够准确判断、把握、预计其未来可能出现的各种趋势、状态和结果。前瞻性赋予创新一种"智慧资本"。前瞻性表现出创新者的超前意识。

7. 批判性特征

创新过程要求创新者富有洞察力、辨别力、判断力，运用敏锐的智慧进行回顾性的反思，对传统和现实的事物持有一种质疑的态度。创新在一定程度上是对传统和习惯的一种否定。

二、创新的原则和过程

创新遵循的原则主要包括主体为本原则、新奇独特原则、落地转化原则、富含价值原则。创新过程包括激起创新欲望、沉积创新底蕴、酝酿创新突破、诱发创新灵感四个环节。

（一）创新原则

创新追求的是别具一格、与众不同，但不是天马行空、不讲原则。创新者在宽松的思维氛围中，借助自己丰富的知识结构，运用科学的思维方法及良好的思维习惯，捕捉新思路，寻找新目标。

1. 主体为本原则

创新的主体是创新者，包括个体或者组织。创业者首先应该是创新者，创新者的综合素质是影响创新质量的关键元素，其中包括创业者的果敢精神、冒险精神等等。任何人都有做出划时代创造性贡献的现实可能性，但能否成为现实，主要取决于主体能动性的发挥，因此创新主体的核心作用不可忽视。

2. 新奇独特原则

创新思路的激发、创新方法的挖掘、创新手段的策划等环节，都应追求新颖、独特、独创，"新、奇、特"是创新之所以有生命力的重要基因，也是创新的精髓所在。

3. 落地转化原则

任何创新思路、创新方案、创新项目，乃至整个创新活动，最终检验其存在合理性的标准就是看其能否落地、是否可行，将其推入市场能否被目标受众所接受，能否被社会所认同，能否转化成生产力。

4. 富含价值原则

创新的价值性主要体现在创新结果能够满足创新者需要的关系属性，即创新活动对创新者的有用性。创新者按照自己的需要去认识和改变事物和环境，创造和实现人生、市场、经济、社会等多维价值。

（二）创新过程

从人类的发展史来看，客观世界不会自动满足人的需要。为了使其满足人的需要，人类开始了不断从认识到认知、从认知到创新的持续旅程。

1. 激起创新欲望

创新的欲望需要激发。若让创新需求浮出水面，需要人为主动地去发现。创新的动机和兴趣是创新欲望的激发点，是创新萌发的必要思想前提。有了动机和兴趣创新者便积极地制造兴奋点，对传统的旧观念等形成强大的冲击力和震撼力。强烈的创新欲望使创业者志存高远，胸怀壮志，孕育出强大的精神动力，令其积极、自信地投身于创新活动中。

2. 沉积创新底蕴

有意无意地积累和储备信息是创业者应该培养的一种习惯。创新不可能一蹴而就，创新灵感的闪现需要厚重的信息积累作为后台支撑，否则创新便成了无源之水、无本之木。

创业者首先是创新者。创新者需要日积月累地去收集和存储信息，哪怕是只言片语、蛛丝马迹，都应实时将其融入知识结构的框架中。创新素材的储备表现在细微处和平常中，敏锐的洞察力会给创新者带来能量的积累,在长期处心积虑的酝酿之后,若偶遇触发点,一种新的观念、新的构思便会灵光般闪现。

3. 酝酿创新突破

创新灵感的闪现可能需要经历一段很长的潜伏期。煎熬的痛苦只是黎明前的黑暗。在创新的孕育阶段,需要创新者敏锐地感觉和感知周围世界,通过表象形成知觉,通过联想和想象浮现出思路或意念。

创新者经过一段绞尽脑汁、冥思苦想的挣扎过程,并辅以推敲、尝试与探究的深度揣摩,若偶遇契机和燃点,构思创意的雏形便在酝酿中闪现。创新点子的诞生是一种能量的爆发,是对传统藩篱的一种超越。只要不因循守旧、不落俗套、不故步自封,就会呈现"山重水复疑无路,柳暗花明又一村"的意境,在朦胧中实现突破。

4. 诱发创新灵感

创新灵感具有瞬时性、突发性、跳跃性、戏剧性等属性,但它不是自发的,而是经过诱发才能闪现,需要启发与唤醒;是一种潜意识的思想光芒,可以通过头脑风暴等方式得以激活,但要受到各种条件的制约与限制。对创新者而言,他或她要善于利用智慧,在有意无意间突然萌生新想法、新主意。这是一种顿悟的偶得。

创新灵感的获得体现的是一种艺术美感和引人入胜的意境,有拨云见日、豁然开朗之感。虽然有时创新者会遭遇"有心栽花花不开,无心插柳柳成荫"的无奈,但是偶然来自必然,最终会有种水到渠成的感觉。创新者是创新灵感的诱发者,也是捕捉灵感的高手。因为灵感的闪现只在一念间,不期而至,却稍纵即逝。灵感的获得让人有一种茅塞顿开的感觉。它可遇而不可求。

三、创新思维训练

在长期的思维实践中,每个人都会形成自己所惯用的、格式化的思维模式,即为思维惯性。当面临外界事物或现实问题的时候,就会不假思索地把它们纳入特定的思维框架,并沿着特定的思维路径对它们进行思考和处理,这就是思维的惯常定式。创新思维训练的六个维度如下:

(一)认知联想思维精髓

联想包括想象、相似联想、相关联想、相反联想、触类旁通、重新组合、突发奇想等,是指人脑记忆表象系统中,由于某种诱因导致不同表象之间发生联系的一种没有固定思维方向的自由思维活动。主要思维形式包括幻想、空想、玄想。其中,幻想,尤其是科学幻想,在人们的创造活动中具有重要的作用。

(二)领会抽象思维方法

抽象思维是思维的高级形式,又称为抽象逻辑思维或逻辑思维。抽象思维法就是利用概念,借助言语符号进行思维的方法。其主要特点是通过分析、综合、抽象、概括等基本方法的协调运用,揭露事物的本质和规律性联系。从具体到抽象,从感性到理性认识,都必须运用抽象思维方法。

(三)强化发散思维意识

创新意识是创造性思维和创造力产生的前提,它指的是思想活跃、不因循守旧、富于创造性。发散思维又称为辐射思维、扩散思维、求异思维,是在思维过程中,以某一问题为中心,沿着不同方向、不同角度向外扩散的一种思维方法;是从一个问题出发,突破原有的藩篱,充分发挥想象力,经不同的途径、方向,以新的视角去探索,重组眼前的和记忆中的信息,产生出多种设想、答案,使问题得到圆满解决的思维方法。

(四) 拓展立体思维空间

立体思维也称"多元思维""全方位思维""整体思维""空间思维"和"多维型思维",是指跳出"点、线、面"的限制,从上下左右、四面八方的角度去思考问题的一种思维方式,也就是要"立起来思考"。其实,有不少东西都是跃出平面、伸向空间的结果。

(五) 独辟逆向思维路径

逆向思维对创新起重大推进作用。逆向思维也叫求异思维,是对司空见惯的、似乎已成定论的事物或观点反过来思考的一种思维方式。要创新,就要敢于"反其道而思之",让思维向对立面的方向发展,从问题的相反面深入地进行探索,树立新思想,创立新形象;就要能够克服思维定式,破除由经验和习惯等造成的僵化认识套路。

(六) 养成批判思维惯性

批判思维是对传统、惯例、常识的一种反叛,是对常规的一种挑战。创新需要解放思想、大胆尝试、摆脱束缚,挑战清规戒律,怀疑常规事物,否定原有框框。创新需要革新首创、独辟蹊径,敢于标新立异、独树一帜,敢想前人未曾想过的事情,敢创前人不曾创建的基业。创新往往从质疑开始,质疑和批判是创新的起点。没有质疑和批判,就只能跟在权威和定论的后面亦步亦趋,不可能做出突破性的创新。

没有经过缜密思考的东西,即使它是公认的成熟理论也不能无条件接受。所有创新思维的心理障碍都有一个共同特点,即把某种先入为主的东西有意无意地神圣化、绝对化。比如把传统观念、既有理论、权威见解、流行观点、自身经验、思维程式、直观感觉、事实材料等看作绝对可以信赖的,从而无法产生与之相左的创造性意念,或者在产生出与之相左的创造性意念后,又将其扼杀掉。只有正确处理创新与继承的辩证关系,才能形成科学的批判思维惯性。

小资料 我国著名的大学生创新创业网站

1. 创新网　　　　　　　　　https://www.cxxwnews.com
2. 本科生创新网　　　　　　http://innov.zju.edu.cn/r/
3. 大学生创新网　　　　　　http://cxw.shou.edu.cn
4. 小本创业网　　　　　　　http://www.36578.com
5. 创业商机网　　　　　　　http://www.78.cn
6. 中国大学生创业网　　　　http://chinadxscy.csu.edu.cn

四、创新能力提升

创新能力是个体或组织利用现有知识、物质、信息等资源,在特定环境中,本着个体价值的体现或社会发展的需求,改进或创造出某种独特、新颖的事物,并能获得一定收益的一种行为能力。创新能力并不是与生俱来的,而是在很大程度上取决于后天的学习和训练,并且逐步增强和提升的。

(一) 积蓄学习能力

创新能力的基础能力是学习能力。创新者需要不断吸收新知识,确立"终身学习"的理念,重视自身知识结构的更新,树立知识改变命运的价值理念,不断改进思维方式和创新思路,举一反三,触类旁通,促进知识的增值。一个人的创新能力与其个人的气质、动机、情绪、习惯、态度、观念和才能等各个方面都有着千丝万缕的联系,但与学习能力的联系最为紧密。

创新者要重视创新方法的习得和研究,构建学习型组织,使浓厚的学习气氛弥漫其中,训练员工,使其提升综合分析能力,由感性到理性、由现象到本质、由偶然到必然、由特殊到一般,对新生事物有个整体的把握。在吸收已有知识和借鉴经验时,能够批判性地、选择性地吸收和接受,从中去粗取精、去伪存真。知识经济的实质就是创新经济,但创新者的学习唯书,不唯上。

(二) 培养自抉能力

创新能力主要体现在自抉能力的提升上。自抉能力主要体现在自主意识和独立人格两个方面:一是有主见,自我决策能力强,能够独立思考问题,不人云亦云、随声附和,有独到的见解和独创性主张。二是有自信,有自主意识,有独立人格和批判精神。坚守信念,敢于质疑、敢于冒尖,积极参与竞争,义无反顾,直至成功。在承认个体差异的同时,强调个性发展,自主抉择。

(三) 开发探究能力

创新能力的永续持久需要具备较强的探究能力。探究能力的要素包括:敏锐的洞察力和准确的直觉力;持续的好奇心和不竭的进取心;不但求新与求奇,而且求异与求特;不满足于现状,并且不墨守成规;不故步自封而放开手脚,不因循守旧而推陈出新;追求不落俗套有突破,信奉不破不立有超越;大胆质疑具有进攻性,独辟蹊径具有冒险性;打破传统思维定式,摆脱陈旧观念窠臼等等。关于创新人才及其探究能力培育的土壤,其疏松性主要表现在不追求主体是否是全才与通才,给予偏才、奇才与怪才更广阔的探索与研究空间。探究能力表现在创新者崇尚和追求的是不一样的生活体验与人生价值。探究能力既是一种人格化的品质力量,又是一种社会化的成长力量。

(四) 丰富想象能力

拥有丰富的想象能力是创业者富有创新能力的内在要求。想象能力是指人们在过去经验和知识的基础上,通过想象产生新的设想的一种能力。如果缺乏想象力,创新能力就无从谈起。创新能力强的创业者其想象力一定很丰富,因为创新是大脑创造性的想象活动,异想天开与奇思妙想都是建立在丰富的想象基础上的。思维敏捷与思路清晰,才会有丰富的想象,进而萌发出创新与创造。想象力是创新能力的源泉和命脉。

(五) 激发感悟能力

创新能力的最高境界是感悟能力的获得。创新性是人所特有的灵性,创新活动是人世间最复杂的活动。尽管创新过程无神秘性可言，但也的确存在一些只可意会而难以言传的灵感，需要凭借悟性才能感知。悟性并非与生俱来，学习与思考、理论与实践是悟性之苗生长的土壤。潜意识里存在的意境和意念，能够使创新者迸发出思想的火花，提出非同凡响的主张和金点子，产生绝妙的创意，并随之激情迸发。

五、创新精神培养

创新精神是指能够综合运用已有的知识、信息、技能，提出新方法、新观点，进行发明创造，即为进行创业活动所必须具备的一种心理特征，包括创新意识、创新兴趣、创新胆识、创新决心，以及相关的思维特质。创新精神的培养方式如下：

（一）培养好奇心

创新一般不需特别的天赋，只要有强烈的好奇心、求知欲即可。创业者的创新精神体现在一直不满足于自己已掌握的事实、已建立的理论、已总结的方法，总是突发奇思妙想，挖掘潜能，偶得金点子，创造小发明。求新、求奇、求特是好奇心的最佳表现。好奇心还表现在做事追求新颖独特，善于发现新情况、解决新问题、接受新理念。好奇心是使创新永保激情的内在不竭动力。

（二）培养进取心

创新精神是一种勇于抛弃旧思想、旧事物，创立新思想、新事物的进取精神。进取心表现在不安于现状、不迷信权威，勇于尝试、不断开拓、敢于冒尖，不怕"枪打出头鸟"，愿做第一个吃螃蟹的人。创业者的创新精神还体现在不断追求新知、不断进行革新，激发潜在的创造力之火。创新精神的核心是积极进取、热情主动，从不循规蹈矩，摒弃旧思想，树立新观念，善于钻研，勇于探索，争强好胜。纵有千难万险，也不轻易改变，从不半途而废。

（三）培养个性化

创新精神的培养需要汲取个性化特质元素。个性化是指一个人在思想、性格、品质、意志、情感、态度等方面不同于其他人的特质，表现于外就是他的言语方式、行为方式、情感方式等等。个性化是人的存在方式。创新者要在大众化的基础上，拥有自己独特的鲜明个性和做事风格，与众不同、别具一格、别开生面。

（四）培养独见性

创新精神是建立在独立思考、见解独到基础上的一种独特人格和素养集合。创新者说自己的话，走自己的路，思想不僵化、不呆板，有担当，大胆怀疑，不迷信任何权威，绝不人云亦云。创新者思想开明，观念新奇，有自信、有专长、有创见。创新者自主意识强，富有独特的人格魅力，富有批判精神，严格自律。

长征途中，毛泽东曾亲笔写下《行军告示》："我们必须准备走大路、小路、直路和弯路……还要准备走绝路，走完绝路，我们再赶路！"这是一种气贯长虹的独到见解和魄力！

（五）培养自信力

自我认知尺度是我们对自身个体价值的估量。自信是建立在恰当的自我评价上的自信、自信力，是对自己充满信心，遇事不乱，处事不惊，有一种从容平静的心境，超越自我。

自信心是创业者走向成功的重要保障。自信心不强的人，容易产生怀疑和恐惧，面对创业的不确定性，常会犹豫不决，往往因害怕变化而墨守成规，平淡一生。创业者一般都很自信，善于思考，勇于实践，乐于接受新生事物。

（六）培养意志力

意志力是指一个人自觉地确定目的，并根据目的来支配、调节自己的行动，克服各种困难，从而实现目的的品质；是指我们全部的精神生活，这种精神生活引导我们行为的方方面面。

意志力还是一种自我引导的精神力量。人的意志力潜伏着极大的爆发力，能克服一切困难，不论人经历的困难时间多长，所付出的代价有多大，无坚不摧的意志力终能助其达到成功。

磨炼意志就要迎难而上，不做犹豫者、懈怠者、软弱者、观望者；就要有不畏困难，勇敢而灵活的个性品质，有艰苦创业精神，有定力和执行力。

小案例　弗雷德运用创新思维把"联邦快递"推向世界 500 强

联邦快递（Federal Express）公司成立于 1973 年，全球总部设在美国的田纳西州孟菲斯，另在中国香港、加拿大安大略、多伦多和比利时布鲁塞尔设有区域总部。目前，联邦快递在全球拥有 148 000 名员工，拥有大约 1 200 个服务中心，超过 7 800 个授权寄件中心，435 000 个投递地点，45 000 辆货运车，662 架货机，服务机场覆盖全球 365 座大小机场，服务范围遍及全世界 210 多个国家，日平均处理货件量多达 330 万份。联邦快递以其无可比拟的航空路线权以及坚固的信息技术基础设施，在小件包裹速递、普通递送、非整车运输、集成化调运系统等领域占据了大量的市场份额，成为全球快递运输业泰斗，并跃入世界 500 强企业。

20 世纪 60 年代，弗雷德在耶鲁大学读书，他撰写过一篇论文，提出一个超越传统上通过轮船和定期的客运航班运送包裹，建立一个纯粹的货运航班，用以从事全国范围内的包裹邮递的设想。这是一个开创性的创业设想。弗雷德在论文中提出，在小件包裹运输上采纳"轴心概念"理念，并利用寂静的夜晚通过飞机运送包裹和邮件。可是老师并未认可这个创新理念，这篇论文只得了个 C。毕业后弗雷德曾在越战中当过飞行员，回国后他在可行性研究基础上，利用从父亲那里继承的资本金，建立了联邦快递公司。

实践证明：弗雷德的"轴心概念"的确能为小件包裹运输提供独一无二、有效、辐射状配送系统。弗雷德的出奇之处不仅在于小件包裹运输采纳"轴心概念"的营销模式创新，更在于他能够把人们忽略的时间运用起来，把本来是低谷的时段变成一种生意的高峰期。

田纳西州的孟菲斯之所以被选择作为公司的运输中央轴心所在地，是因为：首先，孟菲斯坐落在美国中部地区，为联邦快递公司提供了一个不拥挤、快速畅通的机场；其次，孟菲斯气候条件优越，机场很少关闭。正是由于摆脱了气候对飞行的限制，联邦快递的竞争潜力才得以充分发挥。每到夜晚，就有 330 万包裹从世界各地的 210 多个国家和地区起运，飞往田纳西州的孟菲斯。

成功的选址也对其安全记录有着重大贡献，在过去的 30 多年里，联邦快递从来没有发生过空中事故。联邦快递的飞机每天晚上将世界各地的包裹运往孟菲斯，然后再运往联邦快递没有直接国际航班的各大城市。虽然这个"中央轴心"的位置只能容纳少量飞机，但它能够为之服务的航空网点要比传统的 A 城到 B 城的航空系统多得多。另外，这种轴心安排使得联邦快递每天晚上的飞机航次与包裹一致，并且可以应航线容量的要求而随时改道飞行，这就节省了一笔巨大的费用。此外，联邦快递相信："中央轴心"系统也有助于减少运输上的误导或延误，因为从起点开始，包裹在整个运输过程中都有一个总体控制的配送系统。

弗雷德专门用于包裹邮递的货运航班，为全国以及后来为全世界客户提供了方便、快捷、准时、可靠的服务。创新的营销模式为其提供了低成本、高效、安全和全天候的物流系统，因而联邦快递迅速发展，从创业到成长为世界 500 强企业只用了短短 20 多年时间。

（资料来源：https：//wenku.baidu.com/view，经过删节）

思考：
1. 弗雷德在其大学论文中提出"轴心概念"，其中蕴含的创新思维是什么？
2. 弗雷德把晚上的时间资源进行了创新性的利用，分析创新在创业中的地位。

【知识应用】

通过线上与线下调查浙江民营企业家李书福白手起家创办我国汽车自主品牌"吉利"，并且兼并外国著名汽车品牌"沃尔沃"的过程，并说出李书福的创新思维、创新精神、创业精神都体现在哪里，他为什么能成功。

任务二 通晓创业常识

【项目情境】

有一个大学生叫戴威，毕业后开始创业，2014 年与 4 名合伙人创立 ofo 共享单车，首创无桩共享出行模式。"小黄车"是大家对 ofo 的昵称。戴威提出以"共享经济＋智能硬件"的模式，解决上班族"最后一公里"的往返问题，创立了国内首家以平台共享方式运营自行车业务的新型互联网科技公司。ofo 共享单车基于移动 APP、大数据、云计算、智能硬件技术而开发物联网系统，是目前我国规模最大的交通代步解决方案，为广大用户提供便捷、绿色、经济的低碳环保、资源共享服务。

任务要求：
1. 大学生戴威毕业后启动共享单车项目开始创业，他的创业类型属于哪两种？
2. 戴威及其合伙人 2014 年创立 ofo 共享单车，目前处于创业过程中的哪个阶段？
3. 大学生戴威毕业后启动共享单车创业项目，该项目体现出哪些特性？

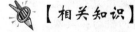

完成"任务二 通晓创业常识"所需要掌握的相关知识包括：创业的内涵及特征、创业的类型、创业的一般过程、创业的认识误区、创业与创新的关系。

一、创业的内涵及特征

创业是人类一种创造性的劳动方式，是一种无中生有的价值创造与财富积累的过程，是创业者突破资源限制，或者综合运用人力、物力、财力、信息、技术等资源，进行思考、推理、判断、创造、经营的一种创新与增值行为的系列活动。

（一）创业的内涵

创业的广义内涵是指创业者对自己拥有的资源或通过努力对能够拥有的资源进行优化整合，从而创造出更大经济价值或社会价值的全过程。创业是个体或群体在发现商机之后，采取实际行动将其转化为具体的经营业态，从中获得利益、实现其价值的一种经历和体验。

创业的狭义内涵是指某人发现某种信息、资源、机会或技术等，利用或借用相应的平台或载体，将其以一定的方式转化和创造出更多财富和价值，并实现其目标的过程。

（二）创业的特性

创业一般具有过程性、突破性、机遇性、曲折性、价值性、风险性六大特性，具体内容阐述如下：

1. 过程性

创业是艰难而不能一蹴而就的实践过程，即为创造具有价值新事物所经过的程序和各个阶段的完整过程，也是创业者将输入的资源和智慧等转化为输出的经济和社会价值的过程。创业的过程性意指从白手起家到创业成功所历经的各种程序、序列、阶段的总和。具体而言，它意指新创企业为了生产或销售一系列预定的产品或商品、服务而执行的互相联系的行动和活动属性。

2. 突破性

创业者创业需要找到创业的突破口，打开缺口，才能冲破束缚，超越自我脱颖而出。创业以突破性的创新活动为载体，从中产生奇特性构想，发现创业商机，其中奇特性构想是产生突破性创新的起点。新创企业只有创造性地突破常规，打破原有僵化的规则和流程，积极面对来自市场需求、生存竞争、产品技术等方面的不确定性，才能在这些不确定性下求生存、谋发展。

3. 机遇性

创业是一个发现和捕捉商机并由此创造出新颖的产品或服务，实现其潜在价值的复杂过程，其本质就是适时发现问题，抓住解决问题的时机。创业机遇其内涵是指具有较强吸引力和持久力、有利于创业的商业机会，新创企业据此为市场提供有价值的产品、商品或服务，从而实现其经营目标。

4. 曲折性

创业之路是曲折的，不是一帆风顺的。创业过程充满艰辛、挫折、焦虑和痛苦，是新事物战胜旧事物的冲突过程。新创企业的发展过程呈现出一定的周期性，由于某些偶然因素，其发展过程可能会遇到各种困难，遭受各种挫折，甚至会出现暂时的徘徊或倒退。创业者必须懂得：创业过程是曲折性与前进性的统一，表现为螺旋式上升或波浪式前进的总体趋势。

5. 价值性

创业不论对个人还是对社会都具有价值属性。

其一，在创业的个人价值方面，创业是一种生活态势，是实现自我价值、实现自我理想的一次伟大实践，其实质是在完成一项伟大事业。创业不但能使你拥有更多可以支配的物质资源，而且使你能够体验到存在感、自豪感、人生价值等精神财富的拥有。

其二，在创业的社会价值方面，创业及其新创企业能够扩大社会就业，创造就业机会，扩大就业渠道，缓解就业压力；能够创造新的市场需求；促进社会资源的合理分配；促进创新成果的转化。

6. 风险性

风险性是指由于创业环境的不确定性、创业机会与创业企业的复杂性，创业者、创业团队与创业投资者的能力和实力的有限性而导致创业活动偏离预期目标的可能性。创业风险涉及项目风险、技能风险、环境风险、资源风险、财务风险、管理风险等。创业者要增强风险意识，科学防范风险，对各种风险进行实时管控。

二、创业的类型

创业的类型多种多样，根据创业的不同划分标准，创业的类型分述如下：

（一）根据创业动机划分

根据个体创业动机划分，创业的类型有生存型创业、机会型创业、发展型创业三种。

1. 生存型创业

生存型创业是指创业行为出于别无其他更好的选择，即不得不参与创业活动来解决其所面临的困难。下岗职工的自主创业行为，以及北大毕业生卖猪肉等便属于此类型。

2. 机会型创业

机会型创业意为创业行为的动机出于个人想要抓住现有机会并实现价值的强烈愿望而进行的创业活动。比尔·盖茨创建微软公司的案例，即属于机会型创业。

3. 发展型创业

发展型创业是指在自身条件较好的情况下，为了在更高层次上追求事业的发展，实现自己的人生价值而主动选择的创业。科技人员辞职下海创业即为此类型。

（二）根据组织类型划分

根据组织类型划分，创业的类型有个体创业、群体创业、组织创业三种。

1. 个体创业

个体创业是相对于群体创业而言的。个体创业亦即个人创业、私人创业，指个体创业者对自己拥有的有限资源进行优化整合，从而创造出更大经济价值的过程。个体创业既是一种就业方式，也是一种劳动方式。

2. 群体创业

群体创业实质是群体规模的联合创业，是在个人或企业创业基础之上的一种联合创业，是为达到群体更大商业利益的一种创业模式。比如几个大学毕业生的群体创业、留学生群体回国创业、农民工群体回乡创业等。

3. 组织创业

组织创业主要指由现有组织发起的创造、革新、创新活动。创业活动是由在组织中工作的个体或团队推动的。比如企业内的"二度创业"，即企业业务部门核心人才创业、企业通过创立子公司合伙人机制创业、企业内独立创业等。

（三）根据虚实形态划分

从虚拟世界和现实世界的角度，创业可以划分为网络创业和实体创业两种。

1. 网络创业

网络创业是指创业者在互联网环境中，利用各种资源，寻求机会，努力创新，不断创造价值的过程。创业者真正把网络视为干一番事业的发展平台，要在上面获取客观的收益。归根结底就是一种以网络作为载体的创业类型。

2. 实体创业

实体创业是相对于网络创业而言的，指的是个体或群体在现实世界中发现商机之后，开展一系列的创新及经营活动，并从中获益，实现个人或组织目标和价值的一种过程。

（四）根据社会阶层划分

从创业者所属社会阶层的角度，创业可以划分为草根创业和精英创业。

1. 草根创业

伴随新技术的发展和市场环境的开放，创业由精英走向大众。草根创业即指由普通大众或平民针对业已识别的商业机会建立新的小型组织，或通过简单创新，使已经成熟的商业模式持续焕发新的活力。

2. 精英创业

精英创业指一个或多个领域中的优秀人才，比如，"海归"留学生、科技人员、专家学者、社会名流，以及各行各业中的杰出人才，通过高新技术变革，或通过整合大量社会资源，特别是通过寻求风险投资机构，通过融巨资，建立和重组创业机构，开展深层次的创新创业活动。

（五）学生创业类型划分

创业的类型没有高低贵贱之分，都是国家"大众创业、万众创新"所倡导的。然而，基于不同形态的创业导向，高校就业创业指导服务体系的侧重点有所区别。

1. 应用型创业

应用型创业在于个体有吃苦耐劳的精神，技术含量和门槛比较低。比如大学生张旭豪在上海创办的"饿了么"网络订餐外卖快递平台等。高等职业院校培养学生开展创业活动，除一部分从事技能型创业以外，相当一部分学生的创业定位于应用型创业。

2. 技能型创业

技能型创业基于个体和团队的专业技能，服务于一个区域或群体。比如开办宠物医院，创办小型设计公司、汽车维修美容公司等。其他非研究型大学的创业教育，更多地着眼于学生的技能型创业。

3. 科技型创业

科技型创业能够改变业态、改变人们的生活、改变世界。研究型大学为培育创业者和未来的企业家，主要引导学生从事科技型创业。比如大学生汪滔在深圳创办的大疆无人小型飞机研发公司等。

另外，根据创业的行为方式，还可以把创业划分为复制型创业、模仿型创业、冒险型创业等，前两种创业类型创新成分比较低，后一种创业类型成功率比较低。

三、创业的一般过程

创业的一般过程包括八个阶段：激发创业动机、识别创业商机、确定创业项目、组建创业团队、谋划商业模式、开发融资渠道、建立新创企业、经营新创企业。

（一）激发创业动机

需要产生创业动机，进而导致创业行为。人们的创业激情产生于各种需要的刺激，创业的直接动机就是需要。激发创业动机一是激发人的五种内在需要，比如生存的需要、谋求发展的需要、获得独立的需要、赢得尊重的需要、实现人生价值的需要；二是由外在环境因素激发创业动机，比如各级政府的鼓励政策、各级学校的创业教育、就业形势等等。

（二）识别创业商机

创业开始于商机的发现。面对众多看似有价值的创意，从中发现真正具有商业价值和市场潜力的商机，进而寻找与商机相匹配的商业模式，这需要审慎而独到的眼光。此乃创业成功的基本保证。每一个创业者在创建企业之前，都应该准确地识别机会、把握机会，走好创业的每个环节。

（三）确定创业项目

创业者要遵循选择创业项目的原则，寻找适合自己的创业项目。可以从熟悉的领域中寻找项目、利用市场的转换寻找项目、借助产业增长趋势寻找项目、利用市场间隙寻找项目、利用社会事件或形势寻找项目、通过瞄准大市场下的小市场寻找项目，也可以从创业项目提供商处获得创业项目。

（四）组建创业团队

良好的创业团队是创建新企业的基本前提。创业活动的复杂性，决定了所有的事务不可能由创业者个人包揽，只能通过组建分工明确的创业团队来完成。创业团队的优劣，基本上决定了创业的成功与否。创业团队成员在企业中要有适当的角色定位，要有基本素质和专业技能。创业团队能否团结合作、优势互补，主要取决于在团队成员之间能否有一个统一的核心价值观，能否做到责任和利益的合理分配。

（五）谋划商业模式

当创业者瞄准创业项目之后，需要进一步构建与之相适应的商业模式。创业不可能脱离必要的商业模式的支撑而独立存在。成功的商业模式是一座桥梁，富有市场潜在价值的商业机会将通过这一桥梁转化为企业利益。良好的商业模式需要回答的核心问题是企业如何获取利润。不清晰或是方向错误的商业模式对创业者来说是一种失败的征兆，创业者应当适时调整战略，重新谋划商业模式。

（六）开发融资渠道

新创企业的首要问题便是资金问题。创业融资不同于一般的项目融资，新创企业的价值评估也不同于一般企业，因此需要一些独特的融资方式。创业企业的融资方式大致分为内源式和外源式两种。在不同阶段，创业者可以选择不同的融资方式，融资策略、融资风险也相应地不同。

创业初始，创业者更可能选择内源式融资，在创业团队内部融资。这种融资方式的优点是成本低，资金渠道简单，容易操作。后续的外源式融资可以大大拓宽新创企业的融资范围，但会增加融资成本，而且创业者必须适当放弃某些权益以获得这些资金。

（七）建立新创企业

创业者谋划出与创业项目匹配的商业模式之后，就要考虑在虚拟或现实世界里创建新企业。进入这个阶段，才是创业的真正开始。创业者开始接触到新企业所要面临的种种问题。创业者要建立一个能充分体现其商业项目、商业模式的组织或载体，以此实现其创业的价值。创建一个新企业，需要确立企业的法律形式，并且依法注册登记。

（八）经营新创企业

新创企业要生存下来，并且快速成长，创业者就要对其进行科学的经营、运作和管理。新创企业的技术积累、新产品研发、市场定位、营销管理、财务计划、人员激励、客户关系、公共关系等，都是决定创业项目的生存周期长短和盈利大小的关键环节。

新创企业在两至三年的生存期，经常遭遇资金不足、员工流失等多种风险，需要创业者适时降低或化解诸多生存期风险；新创企业在后续的成长期，面临的市场竞争环境错综复杂，需要创业者了解新创企业成长的一般规律，明确新创企业成长的驱动因素，预见成长期不同阶段可能出现的各种问题并及时解决，不断发现新的商机；提升服务质量是新创企业发展的重要环节，创业者要制定让企业健康持续发展的战略。

> **小资料**
>
> **比尔·盖茨给大学生准创业者的一份忠告**
>
> 大学时代是一个人广泛学习各种基本知识、训练各种能力、培养健康心态的黄金时期，可以利用课余时间参加实践、体验创业，但还是应以学业为重。大学生创业不能简单模仿比尔·盖茨退学创业的"壮举"，崇尚的关键点应该是他的开创精神，而不是草率地盲从。
>
> 比尔·盖茨在接受央视记者采访时，提到当年的退学创业，他说："我鼓励大学生完成学业，除非有一些非常紧迫的，或者是不容错过的事情。完成所有的学业再创业会好得多。"所以，比尔·盖茨的创业行为并不像他的电脑软件一样可以简单复制。
>
> （资料来源：https：//wenku.baidu.com，经过删节）

四、创业的认识误区

欲创业者存在很多对创业的认识误区。有相当多的人很想创业，但不敢创业，原因是他们有很强的自卑感，认为创业是天才的事，是有钱人的事，是有关系人的事，是有经验之人的事，与自己无缘。这些认识误区给创业蒙上了一层神秘而恐惧的面纱。创业者要理性看待创业。

（一）重人情，轻契约

新创企业大多数是由亲戚、朋友、同事、同学等熟人出资合伙建立的，加盟初期合伙人大多凭感觉和感情自觉做事，在很多环节并没有制定一个严格的契约，没有做到"先小人，后君子"的创业原则，"情大于法"，人情胜过原则。随着企业的成长和发展，责任权利的不明晰导致各种矛盾逐渐暴露出来，比如薪酬标准、利益分配等问题，这些矛盾如果解决得不好，最后会导致合伙人各奔东西。

（二）资金足，才创业

多数渴望创业的人因为资金不足而一直未付诸行动。他们误认为创业只是有钱人的事，因而失去了很多创业机会。创业需要启动资金，这是不争的事实，但资金不足不是创业的绝对障碍。创业者可以凭借自己的能力、信用、胆识、智慧来弥补资金的不足，有多大的资金就办多大的事。可以从小本生意做起，逐步积累财富，步步为营，分阶段实现创业目标。如果创业资金起初就一步到位，资金非常充足，这实际上已经不是严格意义上的"创业"了。资金短缺是创业的常态，关键是如何运用智慧去开发融资渠道。

（三）无人脉，待创业

创业需要人脉资源。每个人的人脉资源各不相同。除了家族构建的血缘关系、姻缘关系、社会关系，及其派生的亲朋关系等先天的人脉资源外，每个人都有自己后天的人脉资源，比如发小、同学、同事、朋友、战友、网友、合作者、竞争者，以及在创业过程中新构建的人脉关系等，关键是怎样去挖掘和利用这些人脉资源来服务创业。"无人脉"是个假象，是个借口或者托词，甚至是个伪命题。

另外，虽说人脉是创业者需要的宝贵资源，但不能走极端，不能片面夸大人脉的作用。如果创业者把主要的精力都用在拉关系、走后门、套近乎等庸俗的人脉构建上，没有把新创企业的业务开拓、经营管理等内功放在首位，创业过程未必就能顺风顺水。

（四）无经验，缓创业

经验对于创业者而言非常重要，它来自于创业者不断的摸索和积累。对于创业而言，有经验当然更好，但是没有经验也没关系，因为有的小微创业项目是可以分阶段、分步骤、边做边学付诸实施的。多数待创业者由于过分看重经验而僵化了思维，束缚了手脚，失去了很多创业机会。改革开放的总设计师邓小平倡导的"摸着石头过河"的改革思路，就是主张在无经验的情况下边做边改，才使得我国改革开放获得举世瞩目的巨大成功。

实际上，大学生创业活动本身就是一个积累经验的过程。没有创业的直接经验，可以从其他创业者或企业家的间接经验中获得启发。为抓住创业时机，可从小微企业做起，逐步积累直接经验，由门外汉变成行家里手，直至创业成功。

（五）风险大，不创业

创业存在不同程度的风险。复杂、变化的创业环境，使得创业者的实际与预期的收益发生背离，造成不同程度的经济损失。但是，不论是机会风险、资金风险，还是市场风险、环境风险，只要创业者能够有效地预测、规避、分散、转化风险，就能化险为夷，转危为安。创业不能因噎废食，创业者都是适度风险承担者。

风险也是一把双刃剑：风险越大收益越多，风险越小收益越少。多数人只是片面地夸大风险的危害性，使得创业者望而生畏，失去了很多创业时机。实际上，面对创业风险要有一个正确的态度。不要夸大或忽视风险的存在及其危害。风险既有利益损失的毁灭性，又有利益升值的爆发性。创业风险体现了创业的不确定性，使其富含挑战性和传奇性。总之，科学对待创业风险非常关键。

五、创业与创新的关系

创业与创新既有联系又有区别。成功的创业离不开创新：创新是创业的动力和源泉，是创业的显著标志，是创业精神的实质；创新精神是蕴含在创业过程中的灵魂。但创业与创新在关注的焦点、实现的手段、主体和客体、涵盖的范围方面都不同。

（一）创业与创新的联系

创新与创业都是赋予资源以新的创造财富能力的行为活动，以实现价值创造为归宿。成功的创业活动往往离不开创新：创新使新创企业形成竞争优势，使新创企业能够持续发展。

1. 创新是创业的灵魂与源动力

创新是创业的灵魂与本质，是创业者的重要特征。创业的属性就是创新。创业往往因创新而催生，创新因创业而实现其市场价值，创新是新创企业可持续发展的必由之路。创业者首先是创新者；创业意味着创业者培育创新精神、激发新创意、运用新思维、开发新资源、探究新事物、提升创新力，最终获得创业成功。

2. 创业能够实现创新的市场价值

新创企业通过"研发链"进行创新；通过"产业链"将创新成果转化为有形或无形产品；通过"市场链"将其推向市场，实现商品化。创业把创新的隐形价值转化为显性的社会财富，最终形成市场价值。创业者把上述三根链条构建成"创新创业链"，其中每根链条的每个环节都富含创新元素，创新价值被转化为现实生产力的根本途径是创业。

3. 创业能够推动并深化创新进程

创业可以推动新发现、新产品或新服务的不断涌现，创造出新的市场需求，从而进一步推动和深化创新，提升创业个体或组织的创新力，实现新创企业的经济增长。创业过程逐渐催生创新体系和创新机制的构建，进而提升新创企业的核心竞争力。

（二）创业与创新的区别

创新与创业既有密切的联系，又有明显的不同。

1. 关注的焦点不同

创业更加注重寻求机会和侧重财富或价值创造，注重商业化过程，关注的是机会、市场和消费者。创新往往通过对现有资源比如生产要素实施重新组合，或是以某项发明创造为起点，通过开发利用并将其推向市场，实现价值创造。

2. 实现的手段不同

创业重在"业"，往往通过创建新的企业、新的组织，通过"市场链"实现财富的创造。创新重在"新"，通过革新、新发现、新发明创造，或者开辟新局面、开创新事业得以实现。创新如果忽略"市场链"，就可能不涉及创业。

3. 主体与客体不同

创业的主体通常是创业者个人，或由个人主导的创业团队、二度创业的企业。创业的客体主要是市场。创新的主体除个人外，还有企业、政府、高校、科研院所等多种组织形式。创新的客体可以是知识、技术、产品、工艺、管理、模式、观念等。

4. 涵盖的范围不同

创业是由具有创新精神的创业者所进行的更加注重实践性、经济性、多样性的动态微观过程。创新则涵盖了推动社会经济发展所有方法的、技术的、经济的、组织的、系统的变革及其最终价值实现的比较宏观的过程。

> **小案例** 　　　　　　　　**大学生与成功学大师的创业对话**
>
> 大学生：陈老师您好，我很想创业，但是我没有钱。
>
> 陈安之：这位同学你好，首先我要问你一个非常关键的问题，你是在梦想创业？还是已下定决心，一定要创业？
>
> 大学生：我现在身上没钱，找不到女朋友，家人、朋友也不重视我，现在的日子很痛苦。我想创业，想证明自己，想赚更多钱。我非常想创业，也一定要创业，但是我没钱。
>
> 陈安之：这位同学，你的创业欲望很强烈。你一定要创业，是吗？
>
> 大学生：是的，我一定要创业。但是我没钱，怎么创业呢？
>
> 陈安之：那我再问你一个很恐怖的问题，如果现在有人拿着枪对准你的脑袋，向你要3万块钱，如果不给，他一定会开枪，你就一定会死掉，可你身上只有用来吃饭的10块钱。这位同学，请问你有这3万块钱吗？你是要钱？还是要命？
>
> 大学生：这？我肯定要命！
>
> 陈安之：那你会有这3万块钱吗？
>
> 大学生：一定会有，甭说3万，就是5万也得给，小命要紧啊！
>
> 陈安之：这说明你的创业的渴望程度还……是想要创业？还是一定要创业？
>
> 大学生：这……说明我的创业欲望还……我一定要……
>
> 陈安之：这位同学，现在你的问题是或者说你的理由是：没有钱。这说明创业欲望还不够强烈，你不是一定要创业啊！
>
> 大学生：……大师，我明白了！创业者的思维真的跟普通人不一样。很多朋友都对我说，没有钱还创什么业？老老实实找个工作养活自己算了，等以后攒够钱再说吧。都是这样说的。
>
> 陈安之：其实这是一种最大的借口。拿没钱做借口的人非常多，所以这个世界上90%都是平凡人。你今天安慰自己说没钱不创业，但是你想想，今后如果你一个月能存2 500元，一年存3万元，10年可存30万元。但是当你存到30万元的时候，你更加不敢创业，又给自己找到另外一个借口：创业有风险，辛辛苦苦攒10年的钱很可能会打水漂，还是算了吧。所以，要创业的同学不要把没钱当作借口。你要问问自己是不是一定要创业就行了！只要你的回答是肯定的，你就一定会有办法！遇到机会就要牢牢把握，机会错过就不可能再回来了。马上行动！绝不拖延！
>
> （资料来源：https：//www.baidu.com，稍有改动）

思考：

1. 在对话案例中，你能体会到大学生创业最容易陷入哪些误区吗？

2. 大学生创业存在误区,这是创业思维的问题还是创业决策的问题?

【知识应用】

1. 外出打工千般好,不能照顾小和老。几年前,在亲情的召唤与政策的吸引下,在外乡打工多年的张松峰毅然决定返回家乡创业。张松峰的创业属于哪种类型的创业?

2. 马云于1999年3月正式辞去高校教师公职,与他的团队一起以50万元人民币开始创立阿里巴巴网站。马云的创业目前处在创业过程中的哪一个或哪几个阶段?

任务三　培养创业者的素质

【项目情境】

有一个大学生叫汪滔,杭州人,毕业于香港科技大学,财富240亿。2006年他在深圳创办了大疆公司,经营自己研发的消费级带有摄录设备的小型无人机。该无人机可高空拍摄,画面可在手机上显示,年销售额逾30亿人民币,2014年已经占据70%的全球市场份额,成为全球小型无人机巨头,令"中国制造"在高科技领域崭露头角。他经常利用无人机助阵高校田径运动会开幕式,在给高校师生带来无人机飞行表演盛宴的同时,带来了强大的创业产品及其技术的推广效应。

任务要求:

1. 大学生汪滔创办了大疆公司,从中体现了创业者的哪些个性特征?
2. 汪滔创办的大疆公司开发经营小型无人机,其创业属于创新类型中的哪种?
3. 汪滔的创业精神及其创业的价值和意义都体现在哪些方面?

【相关知识】

完成"任务三　培养创业者的素质"所需要掌握的相关知识包括:创业者的内涵及其特征、创业者的创新精神与创业精神、创业者应该具备的素质、创业者素质提升方法。

一、创业者的内涵及其特征

创业者是创新和创业管理的主体,其定义有明确的内涵。创业者个体具有鲜明的个性及其特征,具体分述如下:

(一) **创业者的内涵**

创业者有两层含义:其一,创业者即为在一个成熟企业中,负责经营与决策,勇于创新、行动超前、积极竞争、勇担风险的企业家。其二,创业者即为白手起家,刚刚创办或即将创办新企业的创业者。伴随着企业的成长,创业者会逐步成长为企业家。

创业者不是特殊群体,其创业活动也不神秘。通过创业教育,可以培养和提高创业者的创业素养和创业能力。

(二) **创业者的个性特征**

创业者突出的个性特征包括:独立自主、争强好胜、求新求特、主动进攻、坚韧不拔。

1. 独立自主

一是创业者独立性强，没有依赖性，独立思考；二是创业者自主抉择，自我决断，自我意识强，自控力强，自己主宰命运。

2. 争强好胜

一是创业者自信心强，积极竞争，追求成功；二是创业者自尊心强，渴望得到他人的尊重，追求成就感，争强不逞强，胜不骄、败不馁，有进攻习性、有立业愿望。

3. 求新求特

求新表现在创业者创新意识强，具有创新精神，经常"喜新厌旧"；求特表现在创业者观点独特，思维奇特，新创企业的产品、经营、管理、服务有特色。

4. 主动进攻

一是创业者主观能动性强，把市场视为战场，积极进攻、主动出击，占领主导地位；二是创业者竞争意识强，针对竞争对手弱点进攻，但对进攻性的强弱程度控制得比较适度。

5. 坚韧不拔

创业者敢于面对困难、挫折，甚至失败，拥有顽强的毅力和意志，信念坚定、不离不弃，坚守创业梦想。

二、创业者的创新精神与创业精神

创业者需要创新精神和创业精神。创新精神是创业精神的核心，创业精神是维系创业活动过程的动力之源。

（一）创业者的创新精神

创业者必须具备创新精神，即为拓荒意志。它是建立在创业者个性品质、思维品质、潜能品质之上的一种创造性心理特质和思变力量。

1. 创业者的个性品质是其创新精神的特质

创业者的创新精神主要表现在：面对新、奇、特事物拥有自觉的、无意的、内在的敏感度；对于创新目标的不懈追求；面对新问题的迎难而上，知难而进；战胜困难的坚强意志。

2. 创业者的创新思维是其创新精神的内核

创业者的创新精神也表现在：创业者拥有对已有信息的解悟和重组的思维惯性；拥有探索未知、创造新知的诉求与谋划；拥有直觉、想象、顿悟等思维灵感及心灵悟性。

3. 创业者的创新潜能是其创新精神的动力

创业者的创新精神还表现在：创业者在创建新生事物过程中所表现出的深层潜在的能力蓄积、心理素质、心智结构，包括创业者的立体洞察力、深度组合力、不竭永续力、长远预见力等。

（二）创业者的创业精神

创业者的创业精神主要表现在开创性的思想、观念、个性、意志、作风、品质等元素，是一笔精神财富。创业精神是创业者从事创业活动的思想品质、拓荒意志、生存力量，是其维系创业活动的动力源泉，它衍生于创业者的内在个性特质、资源禀赋，以及外在的教育培养、社会环境等多维背景。

1. 创业者的探索精神

探索精神是创业精神的根本要素。创业者的探索精神主要表现在：一是积极探索，勇于创新；追求卓越，勇于开拓。二是追求突破，标新立异。三是拥有好奇心、进取心等积极心态，以此求新、求特、求异，从而创造价值。

2. 创业者的执着精神

执着精神是创业精神持续发力的保障要素。创业者的执着精神主要表现在：一是对创业梦想的不懈追求。二是为创业目标的实现持之以恒，坚持不懈。三是面对创业艰辛、竞争压力、失败风险等境况义无反顾，百折不挠，不忘初心。四是创业意志坚强，创业信念坚定。

3. 创业者的拼搏精神

拼搏精神即奋斗精神，是创业精神的动力要素。创业者的拼搏精神主要表现在：一是面对创业的恶劣环境知难而进，披荆斩棘，艰苦奋斗。二是面对竞争者的挑战自强不息，斗智斗勇。三是面对挫折与失利卧薪尝胆，励精图治，屡败屡战，越挫越勇，东山再起。

4. 创业者的冒险精神

冒险精神是创业精神的特质要素。冒险不是冲动与冒进，不是投机与赌博。创业者的冒险精神主要表现在：一是面对无处不在的创业风险持有积极的健康心态，一旦识别商机，当机立断，毫不畏惧，敢想敢干，但不蛮干，有魄力，有胆识。二是创业风险意识强，有担当，有胆略，有勇有谋，不但敢于冒险，而且善于控制风险，比如规避风险、分散风险、转移风险等，最终能够化险为夷。

5. 创业者的合作精神

合作精神是创业精神的关键要素。创业者的合作精神主要表现在：一是在促成创业的各种合作的同时，创业者必须做到为人诚恳，诚则心凝，虚则心散；精诚所至，金石为开；言必信，行必果。二是严于律己，宽以待人；审时度势，顾全大局。三是善于沟通与交流，建立良好的人际关系，比如团队成员关系、客户关系、公共关系等。

6. 创业者的敬业精神

敬业精神是创业精神的核心要素。创业者的敬业精神主要表现在：一是把创业提升到事业的高度，把创业视为自己建功立业的长远大计。二是面对创业过程的艰辛与曲折有坚定的必胜信念，有事业心，有责任感，有主人翁意识。三是吃苦耐劳，甘于奉献；不急于求成，无短视行为，但有远见卓识，有打持久战的心理准备。四是不因暂时的困难而退缩，不因暂时的失败而动摇，始终不忘初衷。

（三）创业精神的培养路径

培养创业精神的过程即为积累精神财富的过程。创业精神的培养是高校创业教育的核心内容，体现了素质教育的内涵。创业精神的培养路径：其一，营造创业精神的孕育环境。其二，修炼创业精神的多维路径。其三，切合创业的实践属性，培养创业精神的实践路径。

1. 营造创业精神的孕育环境

适宜的客观环境是孕育创业精神必备的外在条件，其中包括校园、家庭、社会三种环境。

（1）校园创业环境。

打造校园创业文化，营造校园创业氛围，大力宣传、鼓励、鼓舞创业精神，在创业教育中构建创业精神培养体系和培养模式。

（2）家庭创业环境。

家庭教育要杜绝本位思想，摆脱世俗与传统的"学而优则仕"人才观，不要片面地认为在政府部门、事业单位就业才算高大上。家长为子女制定职业发展规划时要开明、不保守，自谋职业、自主创业也是一个时尚的选择。

（3）社会创业环境。

大力宣传各级政府的信贷税收等创业优惠政策，全社会为培养创业精神提供良好的舆论环境。提高社会的全民创业意识，提倡全民创业的精神风貌。

2. 修炼创业精神的多维路径

坚定的主观意愿是修炼创业精神的内在决定力量，创业精神是贯穿创业活动全程的精神食粮，是创业意识、创业信念、创业观念、创业品格、创新精神、创业意志的集中体现。

（1）内化创业意识。

创业意识是培育创业精神的前提，创业者要持续激发内心强烈的创业意愿，以及对创业成功的渴望和心理预期，享受创业成功带来的成就感。内心深处蕴含的创业激情促成了创业精神的自觉能动性。

（2）坚守创业信念。

创业信念是创业精神的主要表现形式，是创业者开展创业活动的内在动力与自觉追求，赋予创业者在创业中必需的勇气、胆识、斗志、必胜信念。

（3）修正创业观念。

创业者要从新奇独特的角度领悟创业精神，更新观念。创业已逐步成为就业市场的新常态，创业精神的背后蕴藏的是自主与自立、自强与自我价值实现的人生观。

（4）修行创业品格。

创业者的人格品质与个性特征是培养创业精神所必需的基本素养，比如识别商机能力、自我激励意识、自我控制能力、风险鼓励能力等。创业者要身处逆境不逃避，迎难而上，拥有刚毅果断的品性，有超强的忍耐力和反省力。

（5）培育创新精神。

创新精神是创业精神的核心，没有创新就没有创业。创新精神倡导的是积极进取、居安思危、推陈出新、出奇制胜，而不是安于现状、循规蹈矩、贪图享乐。创新背后隐含的是危机感与使命感、忧患意识与竞争意识。创新精神是一种生存力量。

（6）磨炼创业意志。

创业意志是创业精神的集中体现。创业意志主要反映在创业精神的坚定性、抗争性、固守性等方面，海枯石烂不动摇、不退缩、不畏艰难，坚守到底，反映出对创业成功的自信与执着。

3. 培养创业精神的实践路径

创业实践是培养创业精神的重要路径。高校在不断探索创业教育的新模式，在创业实践活动中培育大学生的创业精神是最接地气的方法。

（1）创业学院是培养学生创业精神的殿堂。

部分高校设立了创业学院，使得创业教育的资源能够集中优化配置，学生创业精神培养的配套体系更加健全，校企合作平台更易对接，创业实践环节的培养质量更加有保障。

（2）大学生创业园是培育创业精神的家园。

不论是学生新创的小微企业，还是引进入驻的外来企业，这种校园预备级的创业体验都比较适合在校生启动过渡性质的创业实践。它有配套的各项优惠政策跟进，学校配备创业导师，提供创业基金保障，使得创业精神的培养具有科学性、系统性、完整性、实战性。

（3）校友创业协会是培育创业精神的俱乐部。

在校友创业协会开展的各种活动中，校友们现身说法，通过讲解艰辛的创业经历，介绍切身的创业经验和体会，让学弟学妹们从中深刻地体会到校友们创业成功背后蕴含的艰苦卓绝的创业精神，这种精神力量的震撼力、感染力、说服力、影响力都无比巨大。

（4）创业模拟实训室是培养创业精神的训练场。

在创业模拟实训室，学生运用创业模拟沙盘软件，参与仿真模拟创业过程，创建并经营新创企业，从中训练团队精神、拼搏精神、冒险精神，提高创业心理素质，体验创业者的心路历程。

（5）教学实践活动是培养创业精神的经脉。

其一，不论是创业演讲比赛、创业策划大赛，还是新创企业销售大赛，创业主题赛事活动都能够有针对性地培养选手的竞争意识和拼搏精神，而二者都是创业精神的动力要素。

其二，学校团学活动能够培养团队的合作精神。团委、学生会下设的各种协会，比如创业协会等组织的各种活动无不需要队员的合作精神，而这种合作精神是创业精神生成的关键要素。

其三，体验式户外训练等拓展训练活动能够激发学生创业精神所必需的动力要素，比如开拓创新动力、挑战极限动力、心理承受张力；能够培养拼搏奋斗精神、团队合作精神，从而提高创业者的综合素养。

小资料　孙宏斌迈过两道坎，卷土创业又回联想

孙宏斌是2017年风头最强劲的创业者之一，其一是当选乐视网董事长；其二是斥资438.44亿元收购万达13家文旅城。

提起孙宏斌，公众难免想起他与柳传志及联想的恩怨。27年前，孙是柳传志的得意爱将，因《联想企业报》事件被疑搞小团体而遭调查，后以"挪用公款"罪名获刑五年，此乃孙的第一道坎。孙出狱后进军房地产，于1996年创办顺驰置地，一年内进入全国16个城市疯狂拿地。2004年"国八条"楼市调控政策出台，顺驰资金链断裂，此乃孙的第二道坎。

后来他把创业定位在中高端的融创，2010年在香港上市，2016年融创斥资138亿元，收购联想控股附属地产公司融科智地，签订41间目标公司权益，此时他离开联想已20年。不论是复仇，还是扬眉吐气，这些都不重要。孙宏斌说"人一生中重要的抉择不超十次，一年中重要的决定不超五次。把最重要的选择做对，执行时义无反顾，其他的事对与不对都无所谓"。

（资料来源：节选自正和岛"ID：zhenghedao"文章，作者：曹雨欣）

三、创业者应该具备的素质

少数创业精英具有创业天赋,这是不争的事实,但不具有代表性,不能片面夸大先天创业素质的作用。大部分人可以通过后天的培养和艰苦实践,积累雄厚的创业素养,成为高素质的成功创业者。创业者应该具备的十大素质要素如下:

(一)开拓精神

开拓精神与创新精神一脉相承,都是创业者"开疆扩土"的拓荒力量和英勇气概,它使新创企业更具有生存力、成长力、发展力,可给创业过程赋予气贯长虹之势。

(二)坚定信念

创业者坚守创业梦想和信仰,不忘初心,经得住创业旅程的艰苦跋涉与身心折磨,拥有宠辱不惊的定力与锲而不舍的耐力。

(三)博学多才

创业者拥有宽阔的视野、丰富的知识结构,见多识广、博学多才、博采众长;拥有经营才能和管理才华;具有策划意识和资源优化整合思维。

(四)勤劳品质

吃苦耐劳是创业者必备的优秀品质。创业者为早日圆梦而呕心沥血、殚精竭虑,这是创业者最朴素的责任意识,其苦心经营、亲力亲为、勤奋操劳令创业根基更加牢固。

(五)敏锐悟性

面对复杂多变的创业环境和创业风险,创业者需要具备敏锐的洞察力、敏捷的应变力、果断的决策力、快捷的执行力;需要具备一定的顿悟能力与预感能力;需要直觉的悟性与灵感的灵性。

(六)诚信品行

诚实守信是创业者的第一人品要素,是创业者的立命之本。信誉是创业者拥有的一笔无形、无价的品行财富,是创业者可享用终生的资源。讲求信用其实质是无限延长了新创企业的寿命,是创业者具有道德修养、遵循行业规范、坚守职业节操的厚道表现。

(七)反思习惯

反思力是创业者最可宝贵的创业品质元素。反思与反省的过程即为学习、反馈、进步、超越的过程。创业过程迂回曲折、遍布荆棘,需要创业者及时反思反省,总结经验继续前行。

(八)成熟心智

创业者的成熟心智是由沟通力、协调力、自控力、抗压力、决策力等一系列与创业者有关的能力所形成的综合素质,也是创业者心理软实力与创业智慧相融合的一种潜在资质。

(九)高阶情商

创业情商是创业者经营新创企业并使之后续生存、发展的一种非理性、非智力的需求,它能提升创业价值，是创业者顾及他人感受、克服内心冲突、协调人际关系的一种创业智慧。

（十）强健体魄

强健的体魄是创业者的重要财富，身心健康是创业成功的重要保障。健康的体格是创业之本，旺盛的精力和饱满的精神是创业成功必备的源动力。

四、创业者素质提升方法

提升创业者素质是一项涉及全社会的系统而复杂的工程，需要建立起家庭、学校、企业、政府四位一体的宏观培养体系。不过，本部分主要从大学生创业者自身的微观角度，阐述创业者素质提升的直接方法和间接方法。

（一）创业者素质直接提升方法

创业者素质直接提升方法，除了参加校内的创业赛事活动、勤工俭学、创业模拟实训、团学活动、校外假期兼职打工、企业实习、创业基地见习考察等第二课堂活动之外，还包括如下方法：

1. 拥有创业素质提升意愿

提升自身创业素质是创业者成功创业的基石，对此创业者必须拥有强烈的主观愿望，提高认识，端正态度，高度重视，形成内在的、自发的、潜意识的诉求，强化创业意识。

2. 参加校园创业文化活动

积极参加校园创业文化活动，直觉创业启蒙，普及创业政策，遵守职业道德，增强创业法律意识，提升创业诚信品行，树立新时代创业观念。

3. 入驻创业虚拟交流社区

通过注册创业者论坛、创业沙龙、企业家论坛等社区成为社员，同时关注创业公众号，加入创业群，从中获取创业信息，寻找合作伙伴，广泛交流，资源共享，增强自信。

4. 创建小微企业实战练兵

物色一个好点子，锁定一个小本或无本项目创业，比如微信创业（即微创业）。做微商成本低、风险小，特别适合大学生创业。大学生不妨从做代理业务起步，从中积累实战经验。

5. 挖掘好项目入驻创业园

积极参加校内外大学生创业园的各类创业活动，开阔视野，丰富知识，然后伺机付诸行动，努力挖掘一个小而精的项目入驻创业园，从创业实践活动中汲取创业素养。

6. 参加导师创业课题研究

积极参加创业导师关于创业课题的研究活动，能够提升大学生创业的综合素养，因为创业课题研究是一项理论联系实际的活动过程，既能提升参与者的创业理论素养，又能提高其创业实践能力。

（二）创业者素质间接提升方法

1. 选修各类创业课程

在校大学生无论何时创业，都应该选修各类创业课程，比如创业方法类、创业管理类、专业与创业嫁接类、创业实战类等课程，丰富知识结构，提升创业综合素养。

2. 阅读课外创业书籍

通过实体图书馆或电子图书馆，以及网络教学系统，创业者应该广泛阅读创业书籍，比如企业家传记、创业案例分析等，学习间接经验，降低创业成本，提升学习能力。

3. 关注媒体创业信息

创业者应该通过各种媒体广泛涉猎创业信息，比如借助报刊与杂志、电台与电视台、互联网媒体与移动新媒体获取创业资讯，随之去伪存真，加工处理管理信息，提升决策力。

4. 聆听专家报告讲座

创业者不要错过任何一场商界名流、专家学者的创业专题讲座、创业报告会、创业项目研讨会、创业咨询会等，这种高端交流能够开阔视野、激发创业热情、坚定创业信念。

5. 加入创业协会组织

创业者应该加入创业协会，比如大学生创业者协会、校友创业协会、青年创业联合会等，进而成为会员。创业协会既是创业者抱团取暖的行业协会，也是创业者心灵慰藉的家园，可以从中构建人脉，互助互利，互通有无，提升创业资源的优化整合能力。

6. 认知创业相关机构

创业者需要学会与风险投资机构、创业资质评定机构、创业培训机构、创业资源开发机构等机构，以及工商、税务、监管等政府部门打交道，要讲究与其相处之道，提升交际力、融资力、抗风险力，提升创业情商。

【知识应用】

1. 褚时健在1979年被调进濒临倒闭的玉溪卷烟厂任厂长。1999年因人举报而被判无期徒刑，从"中国烟草大王"降为阶下囚。服刑两年刑期减为17年。2002年保外就医。74岁古稀之年二度创业，携妻上山种橙，再创辉煌。褚时健的创业者素养给你带来哪些启示？

2. 在创立美团前，王兴被称为"最倒霉的连续创业者"。2003年王兴从美国中断博士课程回国创业，先后创办"多多友"网和"游子图"网失败。2005年创立校内网，掀起SNS社交潮，后因资金告急，校内网被收购，改名人人网。2007年创立饭否网被封杀。2010年创立美团网，引爆团购浪潮。2014年美团网成为团购老大，王兴被称为"O2O之王"。王兴的创业精神都体现在哪些方面？

任务四　创业者新创企业前的准备工作

【项目情境】

假如你是一名在校大学生，你通过对自己学校周围环境的调查发现了商机，捕捉到了一个很实际的创业金点子：在校园内创立一家"最后一公里"小快递公司，把送到校门口的快件用摩托车直接送到学生的宿舍里。这个创业小项目很接地气，因为你的学校面积很大，3个校门距离学生的生活区都很远，有1.5~2.0里路，学校规定校外的快递公司不允许进入校内送快件，每天同学们都到3个大门口去取快递，很不方便。根据3万人的在校生数量,你发现了市场需求和市场容量,所以你决定创立一家校园小快递,把快件递送到最后一公里。

任务要求:

1. 请分析创业的宏观与微观环境是否对你的创业项目有利?
2. 你怎样才能拟订一份切实可行、可操作性较强的创业规划书?
3. 如果你打算创立一家校园小快递公司,那么你的启动资金如何筹措?融资渠道有哪些?

【相关知识】

完成"**任务四 创业者新创企业前的准备工作**"所需要掌握的相关知识包括:分析创业环境、拟定创业规划、筹措资金。

一、分析创业环境

创业环境由新创企业所面临的宏观环境和微观环境构成,二者具体的环境构成要素分别叙述如下:

(一)创业宏观环境分析

创业宏观环境分析主要从政治环境、法律环境、经济环境、社会环境四个角度展开。

1. 政治环境

国家和各级政府非常鼓励和支持大学生自主创业,相继出台了一系列优惠、扶持政策,比如在一定条件下的自主创业税收减免政策、创业担保贷款和贴息、免收有关行政事业性收费等,非常有利于创业。

2. 法律环境

国家先后颁布了合同法、公司法、质量法、商标法、专利法、消费者权益保护法、环境保护法等,对创业者及其创业行为进行了限制、约束、规范,为新创企业的生存、发展保驾护航。

3. 经济环境

我国目前的经济形势是从经济下行逐步过渡到稳中求进的新常态,再加上高等教育大众化,大学生就业形势更加严峻,缓解就业压力已成为社会关注焦点。国家鼓励自主创业,以创业带动就业,推动"双创"模式,确保我国经济在转型时期稳定增长。

4. 社会环境

我国整个社会掀起了"大众创业、万众创新"的浪潮,随之步入了一个"创时代",形成了鼓励创业、尊重创业、宽容失败的良好社会文化氛围,为大学生创新创业营造出了宽松、和谐的社会环境,从而激发更多的大学生投身到滚滚的创业洪流中。

(二)创业微观环境分析

新创企业的微观环境包括行业环境、竞争环境、中介环境、顾客环境、公众环境、内部环境,共六大环境要素。分别阐述如下:

1. 行业环境

创业者创业不论进入哪个行业都会遇到很多方面的行业壁垒：一定程度的规模经济、投入巨资的风险程度、行业周期不同阶段供货商和消费者的议价能力，这些都是创业者需要考虑和分析的行业环境影响因素。

2. 竞争环境

竞争环境是影响新创企业生存和发展的关键因素。创业者需要考虑新创企业所入行业可能需求的产品或服务差异化程度、生产的产品或经营的商品是否有替代品、行业现有竞争者的强弱、行业潜在进入者的潜能大小，这些都是竞争环境影响因素。

3. 中介环境

创业者所面临的行业中的中介环境是由中间商和服务商两个群体及其行为要素形成的。一是由中间商，即代理商、批发商、零售商三方业务水平高低、渠道冲突大小、管控难易程度等因素形成的。二是由服务机构，即调研公司、咨询公司、策划公司、广告公司、金融机构（银行、信用社、信贷公司、保险公司）服务水平的优劣形成的。

4. 顾客环境

创业者及其新创企业需要分析所进入的行业的顾客需求及其消费状况，即分析消费者市场，发现潜在需求，锁定目标市场。尤其要关注和分析潜在消费者对处在行业周期不同阶段的产品或服务的不同需求。满足顾客需求是新创企业经营活动的起点和归宿。

5. 公众环境

创业者及其新创企业面临的公众环境包括：政府机构（主管部门、工商、税务、财政、物价等）、媒体（报纸、杂志、电台、电视台、网络）、社会团体（行业协会、权益保护组织、环保组织等）、地方大众（地方官员、居民群众、社区组织等）、网民群体。

6. 内部环境

新创企业的内部环境影响因素包括：创业者自身的能力和素质、新创企业成员的整体素养、组织结构、激励机制、公关水平、企业文化等。

二、拟定创业规划

创业者在创建企业之前需要拟定一份创业规划，对创业活动有一个总体安排和设计，按步骤有序展开，优化资源配置，降低创业成本，实现创业蓝图。

（一）创业规划概念

创业规划是创业者在创业准备阶段，将其创业理想和愿望进一步具体化的一项活动，是对创业项目的总体安排，是对新创企业经营思想和经营战略的统筹和策划。

（二）创业规划目的

创业规划目的表明创业者创业的基本思路和预期目标，阐述如何利用创业商机经营新创企业，分析影响创业成败的关键影响因素，确定新创企业筹资策略等。

（三）创业规划内容

创业规划的主要内容包括进入行业的类别与发展前景、创业活动的周密安排、资金的来源与利用、资源的采购与配置、生产经营的组织与管理、营销策略和财务计划等。

> **小资料**
>
> ### 冯仑的筹资智慧
>
> 现在很多人都佩服冯仑,但冯仑不是有了钱才有本事,而是有了本事才有钱。早在1991年,冯仑和王功权南下海南创业,当时口袋里总共只有3万块钱,想用这笔小钱做房地产,即便在当时的海南也是天方夜谭。冯仑认为信托公司是金融机构,资金雄厚,便找到一个信托公司的老板,先自我介绍自己耀眼的经历,使对方不敢轻视和怠慢;然后跟对方讲一通眼前的商机,说自己手头有一笔好生意,包赚不赔,说得对方怦然心动;接着提出建议:"这笔生意咱们一起做,我出1 300万元,你出500万元,你看如何?"信托老板想:这样好的生意,对方又是这样一个优秀的人,有这样辉煌的经历,对于合作有什么不放心的?好吧!于是该老板慷慨地甩出了500万元。冯仑就拿着这500万元,让王功权到银行做现金抵押,贷出了1 300万元。他们就用这1 300万元,买了8幢别墅,略作包装一转手,赚了300万元。这就是冯仑和王功权在海南淘到的第一桶金。冯仑说过:"做大生意必须先有钱,但第一次做大生意谁都没有钱。在这个时候,你可以知道自己没钱,但不能让别人知道。当大家都以为你有钱,都愿意和你合作做生意的时候,你就真的有钱了。"冯仑初到海南,即便没钱,也一定要把自己和公司上下都收拾得整整齐齐,言谈举止让人一看就是很有实力的样子。
>
> (资料来源:https://wenku.baidu.com,有改动)

三、筹措资金

创业资金的筹措无疑是阻碍大学生创业成功的一大拦路虎。创业筹资的风险是大学生在创业初期不得不慎重考虑的问题。

(一)筹措资金概况

创业者在筹措资金前,需要了解融资的基础知识。筹措资金需要通过一定的融资渠道,采用一定的融资方式。

1. 筹资原则

新创企业在筹资时,需要遵循效益性、合理性、及时性、合法性等筹资原则。

2. 筹资渠道

创业的筹资渠道有很多,包括国家财政拨款、政府设立创业基金、银行创业贷款、亲戚朋友筹资、合作伙伴筹资、风投商人筹资、高校创业基金、众筹等。

3. 筹资类型

可依据筹资的来源、方式、期限将筹资类型划分为:内部筹资与外部筹资、直接筹资与间接筹资、股权筹资与债权筹资、长期筹资与短期筹资等。

(二)筹措资金过程

1. 建立信用

市场经济是信用经济。信用是一种市场规则,它对国家、企业、个人而言都是一种珍贵资源。如果信用很低,筹资困难就很大。

2. 积累人脉

我国社会是一个关系本位的社会,社会关系网络以自身为中心,以血缘、亲缘、地缘等为纽带不断扩张。大学生应该学会广结善缘,这对创业筹资有直接的促进作用。

3. 估算筹资

创业者需要在筹资前,明确筹资数量、资金用途。首先估算启动资金,其次测算经营收入、成本、利润,最后编制预计财务报表。

4. 提供计划

创业计划书是新创企业筹资的重要文书。一份有说服力、体现创业前景的创业计划书,是说服投资者进行投资的有力工具。

【知识应用】

1. 在我国,大学生创业时很难筹措资金,其主要原因是什么?近期能否得到改观?
2. 在我国,目前大学生创业的宏观环境很好,各级政府出台优惠政策鼓励大学生创业,全国掀起大众创业、万众创新的浪潮。请分析大学生创业还需要哪些良好的宏观环境。

【模块知识小结】

本模块共设置了四个工作任务,在执行这些工作任务的过程中,需要学习相关理论知识和实际操作训练;熟悉创业过程和创业类型,防止陷入创业认识的误区;学习创业者的创业精神及其提升方法;明确创业前必须做好的准备工作。

【复习思考题】

1. 创新思维和创新能力的训练方法有哪些?
2. 创新精神需要从哪几个维度进行训练和培养?
3. 请说出创业的一般过程及容易陷入的各种误区。
4. 创业者应该具备的"十大素质要素"是什么?
5. 创业前,创业者应该准备哪三项工作内容?

【案例训练】

在创业大赛的备赛中强化创业规划意识

珠港澳青年创业大赛总决赛在珠海市电视台落幕,中山大学的4位本科生丘兆瀚等同学组成的创业团队——"印客传媒"勇夺冠军,同时获得了5万元奖金和"最佳创意"奖。今年,"印客传媒"的影响力覆盖了广州大学城,而明年小丘的计划是覆盖"广州加珠海",后年他希望能覆盖珠三角,再过一年希望"印客传媒"走出广东省。

创业大赛冠军在小丘看来只是一个阶段性的成果,是对自己的团队之前的艰辛努力做出的一种肯定。他要创业的理由简单而坦诚:"第一就是我比较喜欢创新,不想长大之后给别人打工;第二个动力来自我的父母,他们为我付出了很多,我想让他们在晚年的时候享有更好的生活条件"。

大二时小丘在一堂传播学理论专业课上自己领悟到了创意。课上老师讲了"免费DM报纸"的起源和成因。"由广告客户支付报纸的出版费用，并免费提供给读者。读者通过阅读报纸，获取广告信息。"这个在别人看来无甚重要、只用来应付考试的知识点，在小丘心里点燃了火花。"既然报纸可以免费，那校园里数量巨大的打印、复印业务可不可以免费呢？采取第三方支付的方式就能实现！"

小丘和几个好友分享自己的想法后，大家一拍即合，决定以此项目开始创业。经过一个寒假的筹备，组队、扩充设备、联络赞助商、写商业计划书等，他们得到不少人的支持，还邀请到一位市场营销专业的老师做顾问。"机会从来都是留给有准备的人的。"从广告的第一个客户"咕噜咕噜"饮品店开始，"印客传媒"的前身"福瑞印务"渐渐地被越来越多的同学所熟知，并在校内逐渐有了名气。

在校园赚到人生"第一桶金"

小丘的"福瑞印务"在参加第二届"赢在中大"创业技能及策划大赛中，荣获四个校区的总决赛季军，获得大赛奖金，随后入驻中山大学科技园，成立了广州福印广告有限公司。公司旗下的子品牌，以"免费打印"为主要业务的"印客传媒"已经成功进驻广州大学城中的多所高校，而且效益不错。

小丘说，参加比赛让他们更加了解了自己。两次参加创业大赛都获了大奖，小丘表示是因为自己和团队做了周密的计划和准备，将最高水平展现给评委。小丘说，比赛期间最辛苦的是三天两头地要在广州与珠海之间跑，打比赛的那一个月，他几乎有大半个月是在珠海度过的。但是比起比赛的辛苦，小丘认为得到的比付出的要多得多。他说："首先是我们通过参赛再一次确定了项目的价值，学会了做策划，还认识了很多朋友，从选手、评委的意见中学到了更多不同领域的知识，也更加清楚自己的不足与优势在哪里。"

启示

制定详细的创业规划很重要。有创业梦想是一件好事，敢于尝试创业的人是值得敬佩的。如果只是有想法、有激情，但不制订计划、不付诸行动，这是不行的。自己创业一定要按计划做好市场调研、SWOT分析（态势分析）、成本和收益核算、可行性分析等，然后通过自己所识别的机会整合资源，进而围绕创业机会设计出清晰的商业模式，向潜在的资源提供者陈述清晰的、有吸引力的盈利模式，解决创业融资难、资源匮乏等问题，从而提高成功的可能性。

时至今日，大学生创业已不再是一个遥不可及的梦想，它确确实实存在在我们周围。在这个大鱼吃小鱼、快鱼吃慢鱼的时代环境下，我们不能再漠然下去，要努力地寻找机会，适时地抓住机会，因为有时候成败就在我们犹豫的那一瞬间。

（资料来源：https://wenku.baidu.com/view，经过改编）

思考与训练：

1. 小丘在大学校园内创业时做了哪些创业规划？创业规划对其创业起到了哪些作用？
2. 小丘参加了两次大学生创业大赛，在备赛和参赛中，他的团队都做了哪些规划？
3. 小丘参加了两次创业大赛并获奖，这对他的校园创业活动有何影响？

【能力训练】

结合本章的内容,设计一份访谈提纲,找一位你身边的创业者进行访谈。要求如下:

1. 访谈时间设计在 1 小时,时间不要太短,太短你了解不到什么信息。

2. 认真准备和设计访谈提纲,问题可以涉及本章的主要知识点,也可以是你对创业、创业活动以及创业思维的理解,还可以是你不清楚的问题,甚至是疑问。设计访谈提纲时预想可能的答案。

3. 访谈结束后一定要仔细整理,对照访谈前你预想的答案,看你发现了什么。

4. 你觉得从你访谈的创业者身上学到了什么?哪些是你根本无法学习到的?

回头来看看你设计的访谈提纲。有哪些地方需要修改?重新修改并完善你的访谈提纲。

建设创业团队

【学习目标】

能力目标

通过本模块的学习和训练,能够做到:
1. 根据具体创业项目组建创业团队;
2. 根据具体创业项目管理创业团队。

知识目标

通过本模块的学习,应该能:
1. 了解创业团队的内涵;
2. 理解创业团队的价值;
3. 熟悉高绩效创业团队的特征;
4. 掌握组建创业团队的程序、原则;
5. 掌握创业团队的管理技巧;
6. 熟悉创业团队的冲突管理;
7. 理解新创企业文化建设。

素质目标

1. 通过资料收集、课外调查和课堂研讨,提高组织能力;
2. 通过小组集体学习和训练,培养团队协作精神。

为了将创业的想法付诸行动并有效实现创业机会背后隐藏的商业价值,创业者往往需要借助团队的力量。进入 21 世纪以来,企业所面临的外部环境瞬息万变,市场竞争也越来激烈，不但初创期的小企业越来越倾向于采用团队创业模式，就连大公司也为了提高自身应对风险的能力，不断导入团队管理方式。美国一家著名风险投资公司的合伙人曾说过，当今的世界充斥着丰富的技术、充裕的风险资本和大量的创业者，但真正缺乏的是出色的团队，如何创建一支优秀的团队是初创小企业和大公司未来面临的最大挑战。

任务一　认知创业团队

【项目情境】

张山第一次创业，因跟伙伴出现了意见分歧而退出了创业团队。有一天，张山在网上认识了一位网友，这位网友将近40岁，刚从外国回来。张山心情不好想倾诉，就跟他聊了起来。聊着聊着，竟发现两人的共同语言越来越多。于是，张山就对"海归"说出了自己的想法，说自己很想弄山寨笔记本，问"海归"有什么想法？这位"海归"网友认为张山的点子很好，并表示他俩可以合伙，还向张山透露他有平台，有资源。张山听完非常高兴，这时"海归"又表示，他是高校创业联盟的首席顾问，可以利用该平台做推广，在高校推广山寨本；同时，他们还可以OEM（代工生产），做自己的品牌；利用该平台找代理，先选个高校做推广代理，若成功了，再将这个模式向全国各大城市复制，还可以在自己品牌的笔记本上做关联营销，收取广告费等。

任务要求：
1. 请你说出创业团队的价值所在。
2. 创业团队要高效运行，需要具备什么样的特质？
3. 根据上面的情境，如果你是张山，你是否决定和这个"海归"合作？为什么？

【相关知识】

一、创业团队的内涵

美国考夫曼基金会创业领导中心创始人考夫曼（Kauffman）认为，伟大的创业具备三大原则：像你希望别人对待你一样对待别人；与人分享共同创造的财富；回报社会。明显看出，这三大原则关注的核心是卓有成效的创业团队。

新创企业既可能是一个只为某个创始人或其亲友提供了就业机会的公司，也可能是一个具有较高发展潜力的公司，两者之间的主要区别就在于是否拥有一支高效能的创业团队。有高效能的创业团队，就可以实现新创企业人力资源的最大化。

（一）群体与团队

群体是指两个以上相互作用又相互依赖的个体，为了实现某些特定目标而结合在一起。群体成员共享信息，做出决策，帮助每个成员更好地担负起自己的责任。团队是群体的特殊形态，是为了实现某一目标而由相互协作依赖并共同承担责任的个体所组成的正式群体。二者的根本区别在于团队成员的作用是互补的，因为团队是由两个或两个以上拥有不同技能、知识和经验的人组成的，而群体成员之间的工作很大程度上是互换的。简单地说，在团队中离开谁都不行,在群体中离开谁都行。

团队和群体的差异,还表现在以下六个方面:

1. 领导方面

群体应该有明确的领导人,而团队可能就不一样,尤其是团队发展到成熟阶段,其成员是共享决策权的。

2. 目标方面

群体的目标必须跟组织保持一致,而团队除了这点之外,还可以产生自己的目标。

3. 协作方面

协作性是群体和团队最根本的差异。群体的协作性可能是中等程度的,有时成员还有些消极,有些对立,但团队中是一种齐心协力的气氛。

4. 责任方面

群体的领导者要负很大责任,而团队中除了领导者要负责之外,团队的每一个成员也要负责。

5. 技能方面

群体成员的技能可能是不同的,也可能是相同的,而团队成员的技能是相互补充的,不同知识、技能和经验的人综合在一起,形成角色互补,从而达到整个团队的有效组合。

6. 结果方面

群体的绩效是每一个个体的绩效相加之和,而团队的绩效是由大家共同合作完成的结果。

(二) 一般团队与创业团队

一般团队与创业团队的比较如表 2-1 所示。

表 2-1　一般团队与创业团队

比较项目	一般团队	创业团队
目的	解决某类或者某个具体问题	开创新企业或者拓展新事业
职位层次	成员并不局限于高层管理者职位	成员处在高层管理者职位
权益分享	并不必然拥有股权	一般情况下在企业拥有股权
组织依据	基于解决特定问题而临时组建在一起	基于工作原因而经常性地一起共事
关注视角	战术性的、执行性的问题	战略性的决策问题
领导方式	受公司最高层的直接领导和指挥	以高管层的自主管理为主
成员对团队的组织承诺	较低	高
成员与团队间的心理契约	心理契约关系不正式,且影响力小	心理契约关系特别重要,直接影响到公司决策

(资料来源:陈忠卫.创业团队企业家精神的动态性研究 [M].北京:人民出版社,2007:83-85)

初创时期的创业团队组建的目的在于成功地创办新企业;随着企业的成长,创业团队可能会发生成员的进进出出变化,新组建的高管团队是创业团队的延续,其目的在于发展原来的企业或者开拓新的事业领域;创业团队成员往往拥有股份,有更高的责任感,参与决策,关心企业成长,对企业有一种浓厚的感情。然而,一般团队的组建只是为了解决某个或者某类特定问题;一般团队成员往往是由一群解决问题的专家所组成,绝大多数成员并不处于企业高层的位置,只是为了解决某问题而临时组成团队;一般团队成员未必拥有股份;一般团队只是关注战术性或者执行层面的问题。

(三) 创业团队的构成要素

创业团队需要具备五个重要的团队组成要素,即5P。

1. 创业目标(purpose)

创业团队有一个明确的目标,目标引导团队成员的思想和行为。没有目标,团队就没有存在的价值。

2. 创业人员(people)

人是构成创业团队最核心的力量,三个或者三个以上的人就可以构成团队。目标是通过人员具体实现的,所以人员的选择是创业团队中非常重要的一个部分。在一个团队中可能需要有人出主意,有人定计划,有人实施,有人组织协调,还有人监督团队工作的进展,评价团队最终的贡献。不同的人通过分工来共同完成团队的目标,因此在人员选择方面要考虑到人员的知识、能力和经验如何,技能是否互补。应充分调动创业者的各种资源和能力,将人力资源进一步转化为人力资本。

3. 创业团队的定位(place)

创业团队的定位包含两层意思:一是创业团队的定位,确定团队在企业中处于什么位置,由谁选择和决定团队的成员,团队最终应对谁负责,创业团队采取什么方式激励下属;二是个体(创业者)的定位,对团队成员进行明确分工,确定成员在创业团队中扮演什么角色,是制订计划,还是具体实施或评估。

4. 权限(power)

在创业团队当中,领导人的权力大小与创业团队的发展阶段相关,与创业实体所在的行业相关。一般来说,在创业团队发展的初期,领导权相对比较集中;团队越成熟,领导者拥有的权利相应越小。

5. 创业计划(plan)

计划是对达到目标所做出的安排,是未来行动的方案。可以把计划理解成目标实施的具体工作程序。

一般来说,创业团队的构成要素之间相互影响、相互作用,缺一不可。

延伸阅读 小而美创业团队必不可少的5种人

1. 一个懂得审美的全能设计师

没有审美根本谈不上创意。创意不是鹤立鸡群、稀奇古怪,而是在符合大众审美基础上出类拔萃的设计。全能,顾名思义,网站、平面、UI等样样精通,甚至还玩得了PPT,做得了Flash。这类人多半也是文艺青年,摄影摄像功夫也常常一流。初创公司需要有这样一名设计师,因为有这样一个设计师足以使企业的形象高端大气上档次。

2. 一个逻辑清晰的产品经理

在互联网,尤其是移动互联网领域,产品经理绝对是香饽饽。人们对产品经理的期望也日渐增高,产品经理号称综合能力要求最高的岗位之一。一个合格的产品经理,既要能敏锐地洞察到客户的需求,又要精通运营和推广;既要有对设计的独特审美能力,又要有统领项目的管理能力。

3. 一个精通实战的营销经理

初创公司最重要的是根据自身的条件和资源策划营销活动,很多时候都需要摸着石头过河,切莫想一步登天。初创公司特别需要一个既有很多实战经验,又愿意弯腰干活的人。当然,对这个人,也必须给予足够的信任和授权。其实这一点最难,因为在常人看来,营销有其独有的专业性,不像财务、设计等工作。

4. 一个善解人意的行政经理

初创公司可以没有豪华的办公环境,可以没有完善的管理规范和福利制度,但必须有人性化的关怀。如果公司里有一位可以善解人意的行政经理,可以在工作中时刻关怀和爱护员工,可以游刃在规范和制度之外,给予员工适当的人性化管理,可以营造一种让员工在企业中自由呼吸、荣辱与共的工作氛围,那么无意中会大大提升员工的积极性,也许高效率的工作和无穷尽的创意也会随之而来。

5. 一个会讲故事的老板

一个初创公司能否成功,最重要的是什么?毫无疑问,是老板,是掌舵的人。一个会讲故事的老板,能够润物细无声地把公司的产品、文化和品牌传播出去。一个会讲故事的老板,通常善于观察周围的人、事、物,能够将感性的关怀渗透在理性的工作中。

(资料来源:http://www.cyzone.cn/a)

二、创业团队的价值

创业团队共同创业有利于分散创业的失败风险;通过团队成员之间的技能互补可提高驾驭环境不确定性的能力,也能降低创业的经营失败风险;重要的是能有效地整合资源,利于创业的成功。现代不再是追求英雄主义的时代了,创业成功与否与是否发挥团队的作用密切相关。

(一)团队能提高机会识别、开发和利用的能力

团队成员不同的知识、性格、经验和技能的组合,可以使团队对创业机会进行更科学、理性的评价,对机会开发方案进行更准确、全面的选择,以避免决策失误。同时,团队成员有着更广泛的人脉,可以有效地获得开发机会所需要的资源,增加机会开发成功的可能性。

(二)团队能提高初创企业的运营能力,发挥协同效应

互补的技能和经验组织到一起,超过团队中任何个人的技能和经验。这种技能和经验在更大范围内的组合使团队能应付多方面的挑战,比如创新、质量和客户服务,并形成一种协同工作的整体优势。

(三)团队能为加强组织发展和管理工作提供独特的社会角度

团队中的成员通过共同努力克服各种障碍,有利于成员之间建立起信任和信心,产生并

增强共同追求高于个人之上的团队业绩的愿望。工作的意义和成员的努力可以使团队的价值不断深化,团队的业绩最终成为对团队自身的激励。

(四) 团队有利于营造更轻松愉快的心理环境

团队的良好氛围与团队的总体业绩是相辅相成的,它能使团队成员愿意为了实现团队的目标而一起工作,并且为了团队的业绩成果而相互充分信任。这种令人满意的心理环境支持创造了团队的业绩,也因团队的优异业绩而得以延续。

没有团队的创业也许并不一定会失败,但要建立一个没有团队仍具有高成长性的企业是十分困难的。一般而言,个人创业型的新企业成长较慢,因为风险投资者很看重团队因素的作用,而不愿意考虑投资这种个人创业型企业。

小资料

飞行的大雁

大雁有一种合作的本能,它们飞行时都呈 V 形。这些雁飞行时定期变换领导者,因为为首的雁在前面开路,能帮助它两边的雁形成局部的真空。科学家发现,雁以这种形式飞行,要比单独飞行多出12%的距离。合作可以产生 1 + 1 > 2 的倍增效果。据统计,诺贝尔获奖项目中,因协作获奖的占2/3以上。在诺贝尔奖设立的前25年,合作奖占41%,现在则占80%。

分工合作正成为一种企业中工作方式的潮流而被更多的管理者所提倡。如果我们能把困难的事情变得简单,把简单的事情变得很容易,我们做事的效率就会倍增。合作是简单化、专业化、标准化的一个关键。世界正逐步向简单化、专业化、标准化发展,于是合作的方式就理所当然地成了这个时代的产物。一个由相互联系、相互制约的若干部分组成的整体,经过优化设计后,其功能能够大于部分之和,产生 1 + 1 > 2 的效果。

(资料来源: https://wenku.baidu.com/view/929ace5859eef8c75ebfb33b.html)

三、高效创业团队的特征

一般而言,一个高效创业团队应该具备以下特征:

(一) 清晰的目标

高效的团队对要达到的目标有清楚的理解,并坚信这一目标包含重大的意义和价值。而且,这种目标的重要性还激励着团队成员把个人目标升华到群体目标。在高效的团队中,成员愿意为团队目标做出承诺,清楚地知道团队希望他们做什么工作,以及他们应该怎样共同工作以实现目标。

(二) 高度的凝聚力

高效的创业团队都具有很强的凝聚力,凝聚力能使团队成员紧紧地团结在一起,从而最大限度地发挥自己的作用,促使组织的目标实现,形成组织发展的强大生命力。一个具有发展潜力的企业一定要拥有一支相互忍让、协调合作的创业团队,而不仅仅是一两名杰出的企业家或管理者。高效的创业团队往往注重成员之间的相互配合,提高团队的整体效率,而且通过团队成员之间的合作来发展团队成员之间的友谊,扩大团队成员的合作基础和增强凝聚力。

（三）互补的技能

有精湛技术能力的人并不一定就有处理群体内关系的高超技巧，而高效团队的成员则往往兼而有之。创业者寻找团队成员的目的，主要在于弥补创业目标与当前能力的差距。高效的团队成员之间要有良好的技术和能力的互补，并且相互之间有良好的合作关系，只有这样才能保证整个团队的战斗力，更好地发挥团队的作用。

（四）良好的沟通

毋庸置疑，良好沟通是高效团队一个必不可少的特点。群体成员通过畅通的渠道（包括各种语言和非言语交流）交流信息。此外，管理层与团队成员之间健康的信息反馈也是良好沟通的重要特征。通过团队成员之间的沟通可以获取超过个人水平的见解，一些最困难、最复杂、最具冲突性的问题常常会被放到团队中讨论，每个人真实的想法在交流中碰出火花。

（五）经营成果的合理分享

要使团队高效运行，不仅要对创业团队成员实行合理的分配机制，对员工也要实行合理的分配制度。能让大家共同分享经营的成果，企业才能够长存。国外企业一般会拿出10%~20%的利润分配给关键岗位的员工。一些创业成功的企业，尤其是一些高新技术的企业，通过员工持股的办法，使员工合理享受到企业的经营成果。

（六）恰当的领导

高绩效团队的领导者能够让团队跟随自己共同度过最艰难的时期，因为他能为团队指明前途方向所在，他向成员阐明变革的可能性，鼓舞团队成员的自信心，帮助他们更充分地了解自己的潜力。高绩效团队的领导者不一定非得是指示者或控制者，他们往往担任的是教练和后盾的角色。

（七）内部和外部的支持

要成为高效团队，最后一个必需条件就是要有支持环境。从内部条件来看，团队应拥有一个合理的基础结构。这包括适当的培训，一套易于理解的、用以评估员工总体绩效的测量系统，以及一个起支持作用的人力资源系统。恰当的基础结构能够支持并强化成员行为以取得高绩效水平。从外部条件来看，管理层应给团队提供完成工作所必需的各种资源。

小案例　　　　　　　　　　　　**绝配的携程创业团队**

梁建章、沈南鹏、季琦和范敏构成的携程创始人团队是中国互联网企业里构成最复杂、职位变动和交接最多的一个，却是过渡最平滑、传闻最少的一个。如果他们不曾为彼此安排好发展空间并保证利益，不曾为大局做出妥协，携程绝难安存至今。

携程创立之初的1999年，四位创始人依据各自经历大体定下了人事架构。沈南鹏出任CFO，他此前是德意志银行亚太总裁。季琦和梁建章相继出任CEO，前者此前创办上海协成科技，擅长市场和销售，主外；后者是甲骨文中国区咨询总监，擅长IT和架构管理，主内。最后一个加入的范敏，此前是上海旅行社总经理和新亚酒店管理公司副总经理，则出任执行副总裁，打理具体旅游业务，而后逐步升任COO以及CEO。

2000年年初，携程创始人之一季琦的职位由CEO变为了联席CEO，另一创始人梁建章开始分权、同任CEO。年中，季琦改任总裁，梁建章为唯一的CEO。2002年，携程和首旅共同投资创建连锁酒店如家，季琦离开携程、执掌如家。为达上市要求，携程在2003年撤清了和"交易关联方"如家的投资关系。季琦成为如家的独立当家人。

论及性格，季琦有激情、锐意开拓，沈南鹏风风火火，一股老练的投资家做派。而梁建章偏理性，用数字说话，眼光长远；范敏则善于经营，方方面面的关系处理得体。四人特长各异，各掌一端；在公司内部有相当的共识。

范敏打了一个比喻来形容四个创始人的定位："我们要盖楼，季琦有激情、能疏通关系，他就是去拿批文、搞来土地的人；沈南鹏精于融资，他是去找钱的人；梁建章懂IT、能发掘业务模式，他就去打桩，定出整体框架。而我来自旅游业，善于搅拌水泥和黄沙，制成混凝土去填充这个框架。楼就是这样造出来的。"

（资料来源：https://wenku.baidu.com/view/d9ebbf2658fb770bf78a55a2.html，经过改编）

【知识应用】

1. 请你通过实地访谈或者网络途径，寻找三家成功企业，分析其在团队构成方面有何特色，有何可借鉴之处。

2. 创业一定要组成团队吗？

任务二　组建创业团队

【项目情境】

小王在大学阶段学习的是英语专业，一次和几个同学交谈的时候，萌生了创业的想法。大家认为，现在学校的课程并不能满足所有的学生学习外语的需求。于是小王和几个要好的也是学英语专业的同学，一起组成了一个创业团队，利用学校的大学生活动中心开起了英语交流俱乐部。他们选择流行的美剧作为培训素材，结合语言沙龙、化装舞会、演讲比赛等学生喜闻乐见的形式开展外语学习交流活动。因为和学生的需求吻合，很快就有很多学生报名。一个学期过后，几个人算了一下，扣除成本后竟然盈利7万元左右。但是，对于这7万元如何分配，小王和几个合伙人有了分歧。小王认为自己是发起人，工作又多，应该多分一些，剩余的钱应该投入到俱乐部以后的经营上。有的人认为大家都很辛苦，应该把钱平均分了。小王还觉得这个模式不错，可以推广到一些学校去，但在这方面，团队成员也产生了分歧。为了使小王未来的创业能够成功，请围绕以下问题进行讨论，为小王组建创业团队。

任务要求：

1. 根据小王创业的业务，你认为组成创业团队的标准有哪些？
2. 组建创业团队，需要考虑哪些因素，请你罗列出来。
3. 如何才能组建高效的创业团队？

【相关知识】

俗话说："一个好汉三个帮"，刘、关、张拧成一股绳才有了三分天下。在这个竞争日趋激烈的时代,在创业路上找一些志同道合的人结伴而行,将解决你单打独斗的许多麻烦。创业团队能让你的创业之路从不可能到可能,从小打小闹到大规模作战。

一、寻找创业团队的标准

人的因素是创业成功与否的决定性因素。找创业合伙人是一个慎重挑选的过程,首先要了解自己找合伙人的目的,分析对方的优缺点,进行综合考虑再选择。找到合伙人并非就万事大吉,还要经历日后经营的磨合期。创业者在挑选创业合作伙伴时若不加以注意,容易在日后的经营过程中产生重大的分歧,不利于创业的稳定运行。那么,创业到底应该找什么样的人合作呢?应该怎样选择合作人呢?选择创业团队时应遵循以下几个标准:

(一)志同道合

创业合伙人合作的最大基础就是志同道合、目标一致。"志"指的是动机,从广义上讲包括了创业的动机、目标及创业者确定的目标、规划等众多复杂的内容,可以是挣钱、扬名、实现理想等;"道"是实现"志"的方法、手段,即经营理念和经营策略。拥有共同的目标和经营理念是合作的基础。

较高级别的创业合作伙伴,首先要尽量和创业者有相同的背景,避免各自的价值观发生冲突。这种背景并不仅仅指工作背景,比如从 BAT(Baidu 百度、Alibaba 阿里巴巴、Tecent 腾迅)出来的,或者从小型创业公司出来的,更多的是经历以及沉淀下的感悟。背景相同,可以减少磨合期,快速融入团队。其次是价值观要相同。如果价值观不同,后期沟通的时候就会非常费劲。

需要注意的是,如果只是招一个普通员工,那么你只需要关注他的工作价值观,即他选择工作的标准是什么。这是他的工作驱动力。但如果你要招一个合伙人,就一定要关注他的生活价值观,即他是一个什么样的人,他想过什么样的生活。因为你找的不是职业经理人,而是一个事业的伙伴。

(二)德才兼备

挑选创业团队时要全面衡量合伙人的素质,力求合伙人德才兼备,切不可只顾其一,不顾其二,因为有德无才是庸人,有才无德是小人。重德轻才,往往导致与庸人合作;重才轻德,往往导致与小人合作。无论是庸人还是小人,与之合作注定要失败。

(三)学习力强

学历代表过去,学习力掌握将来。合伙人要懂得从所有的细节、所有的人身上学习和感悟,并且要懂得举一反三。在更多时候,学习是一种态度。只有谦卑的人,才能真正学到东西。

(四)明确利润分配

许多人合伙创业时喜欢采取平均的权益分配方法,但这种方法常常因合作方的意见不一而导致经济纠纷,无形中阻碍了创业企业的发展。

俗语说,"一山不容二虎。"创业也是一样的。决策权往往只能集中在一个人的手里,只有这样才能在众人意见不一时做出最终决断。

企业一旦开始盈利,冲突就会随之产生,此时合伙人意见可能不同,尤其是涉及金钱时,其中的矛盾可能会变得不可调和，所以只有明确合伙人的权益企业才能获得长久的发展。

（五）优势互补

一个优秀的创业团队是由才能和背景各不相同的人合作创造出来的，它不仅能为个人能力的发挥创造良好的条件，还会产生一种新的力量，使各自的能力得到最大限度的发挥。

选择合伙人时要注意知识和能力的互补。《西游记》中由唐僧率领的取经团队被公认为是一支"黄金组合"的创业团队。四个人的性格各不相同，却又同时有着不可替代的优势。比如说，唐僧慈悲为怀，使命感很好，有组织设计能力，注重行为规范和工作标准，所以他担任团队的主管，是团队的核心；孙悟空武功高强，是取经路上的先行者，能迅速理解、完成任务，是团队业务骨干和铁腕人物；猪八戒看似实力不强，又好吃懒做，但是他善于活跃工作气氛，使取经之旅不至于太沉闷；沙僧勤恳、踏实，平时默默无闻，但关键时刻他能稳如泰山、稳定局面。

新东方的创业团队就有些类似于唐僧的取经团队。徐小平曾是俞敏洪在北大时的老师，王强、包凡一同是俞敏洪北京大学西语系80级的同班同学，王强是班长，包凡一是大学时代睡在俞敏洪上铺的兄弟。这些人个个都是能人、牛人。所以，新东方最初的创业成员，每个人都很有才华，而个性却又都很独立。俞敏洪曾坦承：论学问，王强出自书香门第，家里藏书超过5万册；论思想，包凡一擅长冷笑话；论特长，徐小平能用他沙哑的嗓音做校园民谣——他们都比我厉害。俞敏洪敢于选择这帮牛人作为创业伙伴，并且真的在一起做成了大事，成就了一个新东方传奇，从这一点来说，他是一个成功的创业团队领导者。

（六）舍得付出

要想杰出一定得先付出。斤斤计较、没有奉献精神的人，是不适合作创业合伙人的。合伙人要先用行动让别人知道，你有超过所得的价值，这样别人才会开更高的价。

（七）诚恳大方

每个人都有不同的立场，要求的利益不可能都一致。关键是大家都要开诚布公地谈清楚，不要委曲求全。诚恳大方才是合作的最好基石。

> **小资料　柳传志强调带队伍要分得清团队中的五类人**
>
> 一个团队中无外乎五类人：人员、人手、人才、人物和人渣。
>
> **1. 人员**
>
> 就是只领工资不爱做事，与自己无关的工作不愿干，属庸人之列。
>
> **2. 人手**
>
> 就是安排什么做什么，不安排绝对不做，等着下命令的人。
>
> **3. 人才**
>
> 就是每天发自内心做事，做事有责任、有思路、有条理，知道公司的事做好了，受益的是自己，同时真心为公司操心的人。
>
> **4. 人物**
>
> 就是全身心投入，用灵魂去思考、做事，决心要和企业做一番事业的人。

5. 人渣

就是牢骚满腹、无事生非、拉帮结派、爱挑事端、吃里爬外的破坏分子。

总之，人渣总是滋事坏事，人员会斤斤计较，人手需要引导，人才一定关注当下，人物则是放眼未来。

管理者凝聚力量要靠人员、人手的整体调度，对人员、人手要做到不放弃、不放任；企业快速发展要靠人才的推进，要不断挖掘和培养人才；办要务、做大事则只能依靠企业人物；人渣则毫无用处，要坚决予以清除！

（资料来源：https://www.cc362.com/content/wP9ownzEa5.html）

思考讨论：

现有唐僧师徒四人，在创业的路上，如果只能从这四个人中挑选自己的创业成员，你会挑选谁？

二、寻找创业团队的方法

创业路上最宝贵的资源不是金钱，而是人。很多创业者抱怨很难在茫茫的人海中找到合适的创业伙伴。其实，他们只是没有找到合适的方法而已。创业团队合伙人的选择是以信任为基础的，因此很多人选择从熟人圈子里找合伙人，如Google的创始人是同学关系，当当网的创始人是夫妻关系。即便在熟人中没有合适的人选，也可以通过很多方法寻找到合作伙伴。

（一）刊登广告

针对自己需要的创业团队合伙人类型，刊登合作广告。这样的合作意愿传播速度快、覆盖面广、重复性好，合作的内容也可以清晰明确地公布出来。

（二）委托猎头

委托猎头更加有针对性。通过有偿的方式委托猎头根据自己的需求去收集信息，比起自己盲目的寻找，效率更高。

（三）介绍寻找

如果熟人圈中没有适合的人选，可以通过熟人圈，请亲戚朋友在他们的圈子内帮忙寻找合适的人选。

（四）从客户中寻找

在以前靠工作关系建立起来的客户中，有不少可以作为创业的帮手。因此，要跟客户保持良好的关系，留作以后创业的资源。

对一个初创企业来说，创业者就是一位知根知底的管家，应该很清楚自己缺乏什么样的创业伙伴，以及应该采取什么样的方法才能找到合适的创业合伙人。在某种程度上，选取合伙人是衡量创业者水平的一个重要标志。"用金银总有尽时，用人才坐拥天下"，找准创业伙伴是一门学问，创业者应用心揣摩，做出正确的决策。

小资料

马云眼中的创业团队

马云说："阿里巴巴需要我的时候越来越少，但我需要阿里巴巴还是那样多。没有人能够伟大到独自建立一个像阿里巴巴这样的企业。是团队和制度使公司能够不断发展，而不是个人；文化是把伟大的人团结起来的红线。就像我一直说的，我不是公司的英雄。如果我看起来像，那是因为我们的团队造就了我，不是我造就了团队。阿里巴巴最宝贵的财富是我们的员工，他们是我们的一切。"

马云的团队故事应该从1999年10月讲起。当时，阿里巴巴注册成立刚一个月，由高盛牵头的500万美元风险资金到了公司账上。马云用这笔钱做的第一件事情，就是从香港和美国引进大量的外部人才。这个时期，也正是马云对外称"创业人员只能够担任连长及以下的职位，团长级以上职位全部由MBA担任"的时候。彼时，12个人的高管团队中除了马云自己，其他全部来自海外。因为有钱，所以马云当时希望有高手进来。马云后来对这一经历进行了反思，说自己其实犯过很多公司都曾犯过的错误。

"创业初期，不仅需要公司英雄，更需要团队英雄。最好是唐僧团队。中国人认为最好的团队是'刘、关、张'的团队，还有赵子龙、诸葛亮，这样的团队真是'千年等一回'"。

马云认为世界上最好的团队是唐僧团队。唐僧是领导，也是最无为的一个，但他知道"获取真经"才是最后的目的。孙悟空脾气暴躁却有通天的本领。猪八戒好吃懒做但情趣多多。沙和尚中中庸庸但是任劳任怨挑着担子。这样的团队无疑比"一个唐僧三个孙悟空"的团队更能够精诚合作、同舟共济。有了猪八戒才有了乐趣，有了沙和尚就有人担担子，少了谁都不可以，这就是团队的精神互补，相互支撑。关键时也会吵架，但价值观不变。阿里巴巴就是这样的团队。在互联网低潮的时候，所有的人都往外跑，但是阿里巴巴的流失率是最低的。

对创业公司而言，要想度过残酷的低潮期，就要依靠团队的力量，这也是马云推崇唐僧团队的出发点。唐僧团队的经历，就是在与残酷斗争。借用马云的话，一个人在黑暗中走，很恐怖，但是如果是十几个人、两百多个人一起在黑暗中手拉手往前冲就什么都不怕。团队能使平凡的人做出不平凡的事。做不好士兵的人永远当不了将军。

马云认为公司里最大的财富是老员工。

"我的COO，25年前从伦敦商学院毕业，在通用电气工作了16年，在BTR工作了6年，他的经验告诉我们，MBA必须和现实结合，必须有实践经验才能获得成功。

"MBA不是职业经理人，我本人对职业经理人这个提法有很多很多的看法。我现在请来的职业经理人，他们也认为我们不需要经理人。

"千兵易得，一将求得。MBA要培养的是一个领导人。中国有5 000年的文化，我们一直以人为本，如果把人抛弃了，纯粹是中国时代的一套肯定不行。大家可以想想，今天全世界这么多.com里，纯MBA建立起来的公司并不多。

不想当将军的士兵不是好士兵，但是做不好士兵的人永远当不了将军。"

——马云在2002年中国企业高峰会上的演讲

背景分析

可能因为一开始创业就遭受了招MBA带来的教训，所以马云一直对MBA意见颇多。有一次，马云甚至向商学院发飙："教授总是认为自己是最好的，但是你认为商学院的客户是谁？是我们这些企业和用人单位。企业的声音要听！"

马云对MBA有一个比喻：拖拉机里装了波音747的引擎，把拖拉机拆了还跑不起来。

"我希望MBA调整自己的期望值。MBA自认为是精英,但精英在一起干不了什么事情。我跟MBA坐在一起,发现他们能用一年的时间讨论谁来当CEO,而不是谁去做事。"

行动指南

MBA不能只是务虚,而要务实地做事;做不好士兵的人永远当不了将军。

(资料来源:http://people.techweb.com.cn/,经过改编)

三、创业团队组建的程序

创业团队的组建是一个相当复杂的过程。不同类型的创业项目所需的团队不一样,创建的步骤也不完全相同。概括来讲,组建创业团队的大致程序如下:

(一)确定创业目标

先确定创业总目标,总目标确定之后,为了推动团队最终实现创业目标,要再将总目标加以分解,设定若干可行的、阶段性的目标,根据目标寻找合适的创业团队。

(二)制订创业计划

一份完整的创业计划,必然包含创业核心团队计划和人力资源计划。在创业计划中可以进一步明确创业团队的具体要求,比如要求德、才、资兼备。德是指品质,即具有高尚的道德情操;才是指才能,即具备能够胜任工作的能力;资是指资历,包括学历、经历、经验和工作成绩。

(三)拟定选择创业团队的方案

这是创业团队组建过程中最关键的一步。创业者要根据需要,制定选择创业团队的方案,包括确定合伙的对象,规定合伙的内容,确定要采取的具体的方式、方法,拟定具体的时间和程序。

(四)划分职权

创业团队的职权划分就是根据执行创业计划的需要,具体确定每个团队成员所需要担负的职责以及所享有的相应权限。

(五)构建创业团队的制度

创业团队的制度主要包括团队的各种约束制度和激励制度。

(六)调整融合团队

随着团队的运作和业务规模的发展,团队组建时的人员匹配、制度设计、职权划分等方面的不合理之处会逐渐暴露出来,这时就需要对团队进行调整融合。这是一个动态持续的过程。

延伸阅读 **加入创业团队前要了解的六大细节**

我们自己不组建团队,并不意味着不可以创业。我们可以加入那些待创建或已经创建好的团队。当然,这种加入不能是盲目和随意的,加入前必须对其进行了解和考察。

1. 产品

对于创业公司来说,产品就是一切的根基。好的产品才能有未来。你在选择创业团队时，千万不要因为团队有美女、公司福利好、期权给得多等因素而加入团队。一定要先从多种途径了解产品的前景，再去决定是否加入团队。

产品的前景可以从三个方向去判断：第一，产品是否有看得到的大量用户基础；第二，产品与同类型产品相比差异在哪里；第三，产品未来的发展空间在哪里。如果有两个问题你都得不到明确的答案，那你还是重新选择团队吧。

2. 创始人的背景

创业公司的成功与否和创始人有着极其重要的关系。如果你想加入某个创业团队，一定要"面试"创始人，不要只傻傻地被人家面试。要了解创始人是怎样的一个人，有怎样的背景，是否有真实的能力来创建和经营这个团队，以及是否有能力为团队带来更好的效益。千万不要把自己放在求职者的位置，因为你是合伙人，不是求职者。

3. 团队其他人的背景

如果已经有一些人加入创业团队中，一定要了解一下这些人的背景。可以通过与他们进行面谈的方式来了解该团队的经营管理情况、团队创始人的基本信息、公司信息及产品信息。只要有机会，一定要和团队里其他人沟通，从侧面了解一些信息，知己知彼，百战不殆。

4. 公司愿景

加入团队，目的是获得效益和发展，所以要了解公司愿景。主要看创始人对于创办这家公司到底有多大的决心，有多宏大的规划，是否有一些初步的计划，怎样实现这些规划，投入多少人力、财力，从而判定这个团队的发展前途和方向。

5. 股权结构

加入他人的团队，不是入职成为工作人员，所以必须清楚自己占有多少股份及创始人的股份结构。对于你自己的股份，一定要持有为自己多争取一点是一点的心态，因为等你进入团队后，这个比例就不好再变了。

了解了股权比例，还要了解股权的分配方式，比如股份是在母公司，还是子公司。这一点一定要搞清楚，有些创始人会把你的股份挂在子公司，一定要问清楚为什么这样操作，以免后期自己的股份打了水漂或者获得的收益和自己期望的不一致，追悔莫及。

6. 个人诉求

在选择加入团队时，最重要的影响因素其实是自己。一定要搞清楚自己的出发点及内心的真实想法，可以从以下几个方面来进行考量：

第一：你为什么想创业？

第二：你想在哪个行业进行创业？

第三：你想和什么样的人一起创业？

第四：你想在创业过程中得到什么或者学到什么？

第五：你能承受的最差结果是什么？

等你想清楚了这些问题，再去寻找心仪的创业团队吧！

（资料来源：https://baijiahao.baidu.com/s? id = 1569692236816301&wfr = spider&for = pc，经过改编）

四、团队组建的误区

在组建创业团队时,不仅要找到合适的人员,授予相应的权限,而且还要避开一些误区,从而让团队建设工作更稳、更高效。常见的误区如下:

(一) 浪费时间寻找"资深人士"

在创业初期或组建创业团队初期,不一定要寻找行业中的"资深人士"来加盟。主要基于以下几点考虑:

(1) 这些资深人士较为稀缺,不容易找,即使找到,人力成本也太高;

(2) 按常理推断,资深人士一般不愿意加入不知名、没有规模的创业团队;

(3) 创业初期,团队需要创新、有冲劲的成员,而那些资深人士往往会按照固有模式进行思考和工作。

(二) 忽视"低端"人脉

谁都知道,要想创业成功,人脉很重要。因为有了人脉,创业的路子会更广、更顺。但大多数人只重视了"高端"或"上档次"的人脉,却忽视了身边的普通人,这是非常得不偿失的。作为创业者,你应该问一问自己:那些所谓的高端人士,真的会重视你吗?你对人家的价值有多少呢?你辛辛苦苦攒下一叠叠名片、一张张合影,但真正需要帮助的时候发现,这些所谓的"高端"人脉根本就指望不上。

我们在努力攀爬职场金字塔的时候,需要上面有人拉我们一把,更加需要下面有人托着我们。我们要重视那些"低端"人脉,也许他们就是未来助你成就大业的大将。

(三) 总想着要留住员工

在团队的创建和管理中,出现人员变动或流失是必然的。这一方面是团队的原因,另一方面是员工个人的原因。对于第一种原因造成的人员变动或流失,可以在实际过程中通过完善团队管理加以改善。而对于第二种原因造成的人员变动或流失,创业者应该从两个角度理解:

(1) 每个员工都有自己的职业规划。当团队不能满足员工的需求时员工离职是一种很正常的现象。

(2) 有些员工,特别是那些定位不准或对企业的文化不是很认同的员工,他们的离开对于团队而言是好事,因为可以有效地避免"螃蟹效应"的产生,增加团队的凝聚力。

(四) 团队内部不能有竞争

有人认为,要讲团队精神,团队内部就不能搞竞争。这种观点肯定是错误的。如果一个团队内部没有竞争,起初团队成员也许会凭着一股激情努力工作,但时间一长,他们会发现无论干多干少,干好干坏,结果都一样,那么他们的热情就会减退,在失望、消沉后最终也会选择"做一天和尚撞一天钟"。

团队只有引入竞争机制,实行赏勤罚懒,赏优罚劣,团队成员的主动性、创造性才会得到充分的发挥,团队才能保持长久的活力。

(五) 让团队成员放弃个性,追求趋同

很多人认为,要培育团队精神,团队的每个成员就要牺牲小我,换取大我,放弃个性,

追求趋同,否则就有违团队精神。这其实是个人主义在作祟。诚然,团队精神的核心在于协同合作,强调团队合力,注重整体优势,远离个人英雄主义。但追求趋同的结果必然是团队成员的个性创造和个性发挥被湮没。而没有个性,就意味着没有创造,这样的团队只有简单的复制功能,而不具备持续创新能力。

其实,团队不仅仅是人的集合,更是能量的结合。团队精神的实质不是要团队成员牺牲自我去完成一项工作,而是要充分利用和发挥团队所有成员的个体优势去做好这项工作。团队的综合竞争力来自于对团队成员专长的合理配备。只有营造一种适宜的氛围,不断地鼓励和刺激团队成员充分展现自我,最大限度地发挥个体潜能,团队才会迸发出如原子裂变般的能量。

小资料

造物必先造人

有一次,松下电器举办了一期人事干部研讨会,与会者都是各部门的人事主任、人事课长。松下幸之助莅会讲话,他单刀直入地发问:"在拜访客户的时候,如果客户问你们,松下电器到底是制造什么产品的公司,你们都怎么回答?"业务部的人事课长A君恭恭敬敬地回答道:"那我就回答对方,松下电器是制造电器产品的。""像你这样回答是不行的!你们这些人脑子里装的是什么呀?"松下幸之助的训斥突然响彻整个会场。这难道错了吗?难道公司不是制造电器产品的吗?大多数与会者莫名其妙,遭训斥的A君更是丈二和尚摸不着头脑。

松下先生拍打着桌子怒气冲冲地说道:"你们这些人不都是在人事部门任职的吗?如果有人问你们松下电器是制造什么的,你们要是不回答松下电器是培育人才的公司,并且兼做电器产品的话,就表示你们对人才的培育一点都不关心,就是严重渎职!"

"造人先于造物"是松下幸之助人才观的直接反映。90年来,松下电器始终把它作为用人的首要原则。因此,很多客户这样评价松下:"别的公司输给松下电器,不是输在别的,而是输在人才!"

(资料来源:http://www.js-yx.cn/news_show1.asp?showid=548,经过改编)

五、团队组建的原则

人力资源是企业的根本。一个企业要是不能拥有优势的核心人力资源,其成功的可能性几乎为"零"。为此,组建一个合适的、具有战斗力的创业团队就是团队领导的当务之急。

(一)合伙人原则

合伙人原则,是指把团队中的员工当作或培养成自己的创业合伙人。这样,他们就会把工作当成事业来做,而不是为了工作而工作。如此可保障团队的迅速成长和个人能力的提升。一般企业都是招员工,而员工都是在做"工作"。但创业团队需要招的是"合伙人",因为合伙人做的是"事业"。一个人只有把工作当作事业才有成功的可能,一个企业只有把员工当作合伙人才有机会迅速成长。所以,创业团队要先解决价值分配问题,然后才去找自己的"合伙人"。

(二)激情原则

在创业初期,团队需要对工作有热情和激情的人员,因为有很多工作和困难在前方等候。

任何人，不管专业水平如何，如果对事业的信心不足，将无法适应创业的需求，而这种消极因素对创业团队所有成员产生的负面影响可能是致命的。因此，创业初期，整个团队需要其成员在高负荷的压力下仍能保持创业的激情。

（三）团队原则

如果成员能够同甘共苦，经营成果能够公开且合理地分享，团队就会形成坚强的凝聚力与一体感。

团队中没有个人英雄主义，每一位成员的价值，表现为其对于团队整体价值的贡献。每一位成员都应将团队利益置于个人利益之上，明白个人利益是建立在团队利益基础上的。如果成员愿意牺牲短期利益来换取长期的成功果实，不计较短期薪资、福利、津贴等，将个人利益放在团队的成功之后，这样的团队是不可能不成功的。

小故事

有人和上帝谈论天堂与地狱的问题。上帝对这个人说："来吧，我让你看看什么是地狱。"他们进了一个有一群人围着一大锅肉汤的房间。里面每个人看起来都营养不良、绝望又饥饿；每个人都拿着一支可以够到锅子的汤匙，但汤匙的柄比他们的手臂长，没法把东西送进嘴里，他们看来非常悲苦。

过了一会儿，上帝说："来吧！我再让你看看什么是天堂。"他们进入另一个房间，房间和第一个没有什么不同，同样是一锅汤、一群人、一样的长柄汤匙。但每个人都很快乐，吃得也很愉快。

"我不懂，"这人说，"为什么他们很快乐，而另一个什么都一样的房间中，人们却很悲惨？"

上帝微笑着说："很简单，在这儿他们会去喂别人。"

（资料来源：http://iask.sina.com.cn/b/14556863.html）

思考： 从这则古老的寓言中，你得到何启示？

（四）互补原则

一个优秀的团队，成员之间的契合程度非常高，也就是互补性非常强。建立优势互补的团队是创业成功的关键。创业者在寻找团队成员时，首先要弥补当前资源能力上的不足，要针对创业目标与当前能力的差距，寻找所需要的配套成员。

好的创业团队，成员间的能力通常都能形成良好的互补，而这种能力互补也会有助于强化团队成员间的合作。

（五）匹配的原则

组建创业团队时，一定要根据任务或目标的大小来组织人员和架构，否则容易出现任务目标太大而团队能力不够，或任务目标太小而团队能力过剩的情况。前者会导致任务目标不能实现，后者会导致资源浪费，甚至影响其他任务目标的进展和完成。

（六）完整性原则

创业团队在人员和功能方面必须完整，也就是要有领导和队员，不能只有光杆司令，也不能是群龙无首。

小案例

因为共同的创业理想和对"吃"的极致追求,22岁的深圳大学物理学院应届毕业生廖修宇和他的5个小伙伴用一个微信号卖水果搞活动,做到了月售10万元。因为将水果生意做到了月售10万元,廖修宇被一些网友称为"销售奇迹"创造者。廖修宇却说公司的发展主要还是依靠团队的力量。据了解,在创业之初,廖修宇一天只睡四五个小时。他说:"创业时整个人的神经都紧绷着,连吃一顿悠闲好吃的晚餐,都觉得是最放松的时候。"

事实上,廖修宇和他的团队所做的并非是简单的转手水果的简单模式。"目前他们使用的是一种进货、加工、出货的模式。产品主要是一些西式沙拉和水果拼盘,因此应该叫西式冷餐更合适一些。"廖修宇表示,这样的模式代表着库存压货的风险。

面对创业中的风险和挑战,廖修宇认为创业过程中"困难一定有,梦想需坚持"。在廖修宇看来,这也许不是最好的项目,但是也收获了一个有能力的团队,同时累积了一定的资源。正是这种"坚持"的正能量才能战胜一切不可能。

(资料来源:http://www.people.com.cn/n/2014/0806/c347759-25416722.html,经过改编)

六、团队成员的评估

(一) 知识评估

随着知识经济的到来,知识成了最重要的生产力因素。创业团队合伙人的受教育水平一定程度上可以反映其知识掌握的程度。一般而言,受教育程度较高的团队合伙人在重要的技能,如研究能力、洞察力、创造力及计算机运用能力等方面略胜一筹,而这些是创业成功的关键性因素。如果创业的项目领域具有较强的专业特征,那知识评估就显得更重要了。

(二) 经历评估

具有创业经历的创业团队合伙人,无论曾经取得成功还是遭遇失败,都可以成为新创企业成功经营的有利因素,因为这种人比初次接触创业的创业者更熟悉创业的过程,可以在新创企业中复制以前的成功创业模式,或者有效规避导致巨大失败的错误。

(三) 经验评估

创业合伙人所拥有的相关行业经验,有利于团队更为敏锐地理解相关行业的发展趋势,有助于新创企业更加迅速地开拓市场和开发新产品。

(四) 关系评估

具有广泛社会人脉关系的创业团队往往更容易获得资金和消费者的认同。新创企业应当善于开发和利用网络化关系。构建并维持与兴趣类似者或能够给企业带来竞争优势者的良好人际关系。这种网络化的关系也是创业者社会资本的具体体现。

(五) 能力评估

创业团队成员要有能力、有经验,愿意给出建议并能够提出具有洞察力和深入性的问题,成员之间在能力上要能够形成有效的互补。

【知识应用】

通过网络途径,搜集一两家公司创业团队的案例,并注意比较和分析高管团队成员的变化对企业不同成长阶段策略的选择和具体方案的影响。

任务三　管理创业团队

【项目情境】

小罗和小王是大学同学，关系比较好，毕业工作两年后，两人都有了一定的积蓄，各投资20万，合伙开了一家电器设备租赁公司，并各占50%的公司股份。小罗和小王都是学会计专业的，性格都比较内向，善于融资理财，不善于客户的开发等市场性的工作，对维修技术方面的工作也一窍不通。所以，一开始基本都是等客户上门来做生意，业务不是很多。时间一长，有些客户对公司的设备维修服务不是很满意。因为当时两个人的股份一样多，两个人的责任没有清晰地划分好，所以在管理过程中存在一些分歧和矛盾。要想改变公司的现状，小罗和小王必须改善团队的管理。围绕以下问题讨论，为小罗和小王拟定创业团队建设方案。

任务要求：

1. 根据小王和小罗的情况，你认为他们合伙创业合适吗？
2. 在选择创业团队成员时应考虑哪些问题？如何进行团队建设才能使电器设备租赁公司得到发展？
3. 团队成员之间存在矛盾是正常的，如何减少或解决创业团队成员之间的冲突？

【相关知识】

团队创业的成功率有时并不是很高，其主要原因不外乎两点：一是团队失败于决策分歧；二是团队困于利益冲突。决策分歧和利益冲突问题的解决，有赖于创业团队的有效管理。

一、创业团队的管理技巧

（一）创业团队管理的特殊之处

创业团队的管理不同于工作团队的管理。对于大多数企业内的工作团队，如研发团队、销售团队和项目团队等，因为人员和岗位稳定性相对较高，人们习惯性地将重点放在过程管理上，注重通过建设沟通机制、决策机制、互动机制和激励机制等发挥集体智慧，实现优势互补，提升绩效。但创业团队管理正好相反：重点在于结构管理，而不是过程管理。

首先，创业团队管理是缺乏组织规范条件下的团队管理。在创业初期，创业团队还没有建立起规范的决策流程、分工体系和组织规范，"人治"味道相当浓厚，处理决策分歧显得尤为困难。此时，团队成员之间的认同和信任尤其重要，但又很难在短期建立起来，只能取决于创业团队的初始结构。

其次，创业团队管理是缺乏短期激励手段的团队管理。成熟企业内的工作团队可以凭借雄厚的资源基础、借助月度工作考核等手段，在短期实现成员投入与回报的动态平衡。相比之下，创业初期需要团队在时间、精力和资金等资源的高强度投入，但短期无法实现期待的激励和回报，不仅是因为没有资源，更主要的是创业团队的回报是以创业成功为前提的。成功不可一蹴而就的时候，创业团队只能找适应的合伙人。

最后，创业团队管理是以协同学习为核心的团队管理。成熟企业内工作团队的学习以组织知识和记忆为依托，成员之间共享着相似的知识基础。但是创业过程充满不确定性，需要不断试错和验证，并在此基础上创造并存储组织知识和记忆。创业团队的协同学习，建立在团队成员之间在创业之前形成的共同知识和观念基础上，这仍旧取决于创业团队的初始结构。

核心创业者对于团队成员的选择，决定了创业团队管理的基础架构，这是实现有效的创业团队管理的重要前提。

小资料

创业团队中十种让人无法忍受的人

要想创业成功，创业者必须警惕团队中出现以下10种让人无法忍受的人：

1. 让人无法忍受的傲慢者

自信和傲慢之间是有着一道明显的分界线的。自信会让身边的人获得启发，而傲慢只会让身边的人感到反感甚至害怕。傲慢的人有一个最大的特点，那就是他总觉得自己无所不知，而且在其他所有人面前都有一种莫名的优越感。当其他人展示出自信的时候，他从来不会为这个人感到高兴，因为别人的自信会影响到他的傲慢。

2. "受害者"

团队中最危险的人，就是那些受害者心态非常严重的人，那些总觉得自己受了委屈的人。当这些人自己出现了问题或者犯了错误的时候，他们总是第一时间寻找替罪羊，责怪其他人。他们有的时候会埋怨老板不讲情理，有的时候会埋怨父母没有给自己足够的爱。简单来说，这些人永远不知道自己才是生活的掌控者。

3. 超级控制狂

控制狂们也总是觉得自己无所不知，而且觉得自己知道解决一切问题的最好的方式。其实这些人的内心往往都十分缺乏安全感。只要这些人在场，其他人永远没有机会提出自己的想法，也没有机会按照自己的方式去完成工作。

4. 严重"红眼病患者"

这些被嫉妒心理操纵的人从来不会对自己已经拥有的东西感到满意，而当其他人有好事的时候，他们也从来不会为对方感到高兴。他们无法欣赏其他人的成就或者进步，他们总是觉得，如果有好事发生，那么这件事就必须发生在他自己的身上。

5. 撒谎精

世界上只要有人，就会有撒谎的人和他们的谎言存在。但是对一个创业团队来说，撒谎成性的人极其危险，因为你永远无法知道他哪句话是真的，你无法相信他和他所说的每一个字。当他与你谈论别人的时候，他会对你撒谎；当他和别人谈论你的时候，他一样会撒谎。有这样一个人在你的团队中，你的团队永远别想团结。

6. 消极情绪散播者

你的团队中也许会有这样一个人，他对任何事情都感到不满、愤怒以及怀疑。他总是会产生消极的情绪，而这种消极情绪会影响团队关系。更糟糕的是，这种情绪还会传染，待在这样一个人的身边，你会觉得他在吸走你的灵魂。慢慢地，团队中的所有人都会变得消极，到时候整个企业就会变得像坟地一样死气沉沉。

7. 贪得无厌者

我们生长在一个强调成长和竞争的社会之中。作为创业者，我们总是想要更多，获得更多的成就，赚更多的钱。在一定的范围内，这种欲望和志向是一个好东西，它会让我们获得不断前进的动力。但是如果超过了这个范围，它就会让人变成让别人讨厌的贪得无厌的人。这种人什么都想要，属于自己的东西想要，不属于自己的东西更想要。占有欲占据了这种人的内心，他们只是要占有，却不想为之努力。

8. 专业"评论员"

评论别人和对别人品头论足是完全不同的两个概念。对别人进行评论，是基于客观事实和仔细的观察之上的。而品头论足则纯粹是为了挑毛病。这种专业"评论员"总是时刻准备着跳出来对别人品评一番，而且他们很少会阐述事实，而是直接给出一个结论。他们不会聆听，也不懂沟通。

9. 绯闻制造机

这些爱传闲话的人总是喜欢和别人谈论团队中的其他人，而且专说闲话。他们这样做的目的是为了隐藏自己内心的不安全感，让自己成为一个"受欢迎的人"。但是他们所说的闲话基本都只是自己的猜测，而并非来源于事实。

10. 心理阴暗者

这种人最可怕。当一个人的心理过于阴暗的时候，他什么事都干得出来。欺骗、假话、利用别人、制造绯闻以及贪婪在这种人面前根本不值一提。如果这种人认为你是他们的障碍，他们就会在你后面偷偷尾随，试图除去你，而且他们什么手段都有可能用上。

(资料来源：http://www.ceconlinebbs.com/)

(二) 培育创业团队精神

团队通过最佳的排列组合培育团队精神，实现由个体能量相乘所形成的整体能量的超水平释放，形成整体大于部分之和的裂变效应。创业团队只有在目标的认同上凝聚在一起，才能形成强大的团队，才能激励团队成员团结奋进。因此，团队要有导向明确、科学合理的目标，把经营目标、战略、经营观念，融入每个员工头脑中，成为员工的共识。同时，必须把目标进行分解，使每一个部门、每一个人都知道自己承担的责任和应做出的贡献，把每一个部门、每一个人的工作与团队总目标紧密结合在一起。

1. 培育共同的企业价值观

领导者要以身作则、言行一致。还要不断地向员工灌输企业价值观，同时建立、健全和完善必要的规章制度，特别是相应的激励和约束机制，使员工既有价值观的导向，又有制度化的规范。

2. 树立领导者自身的威望

领导者是团队的核心。一个富有威望的领导者，自然能把创业团队成员紧紧团结在自己的周围。

3. 激发全员参与的热情

初创企业团队精神的形成也有赖于员工的全员参与。在团队当中不要所有的事情都由管理者执行，应当让每个成员都有机会参与。只有将个人的命运与企业的未来捆绑在一起，员工才会真心关心企业，才会与企业结成利益共同体、命运共同体。为了激发员工的参与热情，可以请员工提合理化的建议，让员工参加管理，实施"从群众中来，到群众中去"的群众路线；可以让员工成为股东，通过合理的激励机制培育员工的主人翁精神。

4. 培养共同的危机意识

危机意识是团队精神形成的外在客观环境。不管我们承认与否，没有压力就能够生存下来的企业是不存在的。

（三）创业团队管理的要点

1. 管理者要充分了解创业团队成员

完成创业团队的任务和目标就好比修建一个大房子，管理者画蓝图，队员则负责墙、柱子、门和窗等工程建设。所以，团队任务目标的实现需要每个成员的努力。在工作中，管理者要让创业团队成员知道自己的目标，让每个成员都清楚自己应该做什么，直到完成目标。同时，管理者要了解成员在实现个人目标时是否有压力，压力是否在可承受范围内，是否需要帮助和减压，以及在工作中有什么要求。此外，创业团队的管理者一定要了解员工的个人需求，关心他们的工作生活，帮助其解决问题，这样成员在心里就会觉得温暖，从而心甘情愿地为团队卖力效劳。

2. 创业团队成员要遵循制度

要管理团队，就必须有管理的依据和准则。这些依据和准则通常是规章制度、条款和大家的共识等，从而让团队成员的行为符合整体行为规范和利益。要保证团队有战斗力，就要有铁的纪律来对团队成员的行为进行约束，对其进行指导，从而完成团队的任务目标。如果没有铁的纪律，团队就会面临组织涣散、人心不齐的风险，从而导致团队凝聚力不够，整个团队面临瓦解。

严密的制度是高效管理创业团队的关键。制度是创业团队为了规范成员自身的行为，加强考勤管理、维护工作秩序和提高工作效率，经过一定的严格程序而制定的相应制度。对于创业团队处罚制度的制定，要宽严适度，以奖励的手段和方法来鼓励队员的努力，为其指引奋斗的方向，同时以惩罚的手段和方法让成员认识到自己的错误行为和不足之处等。无论是奖励还是惩罚，都必须根据制度的相关规定进行适度的执行。不能凭个人喜欢而多赏，也不因个人厌恶而重罚；不因个人交情好，就小功大赏赐，也不因不悦而对小错施以重罚。一旦违背了客观标准和公平的原则，无论赏多大，罚多重，都难以让人心服。创业团队的行为约束、任务流程以及奖惩方法等，都应有明确的制度规定，用制度的标尺进行衡量和测评。在创业团队管理过程中，如果将人情带到工作当中，就会导致"法治"变成"人治"，失去客观和公平，也使制度流于形式。

3. 团队成员之间要明确责、权、利的划分

团队成员在完成任务和达成目标时，就像打猎。管理者必须将每一项任务分清楚，谁该干什么，负责什么，这样才能保证各项事务都有人负责。让团队成员清楚"猎物"一旦到手他们可以分到多少"肉"或"汤"也是很有必要的。只有这样才可以保证团队成员干劲十足，努力完成团队的目标。

4. 流程和制度要被团队成员认同

团队的流程和制度要应用于团队成员之中，不是只写在纸上，或者只停留在创业团队领

导者的嘴上，或者由公司强迫执行，而不被创业团队成员认同。一般来说，要想让创业团队的制度被团队成员认同，需要注意以下五方面：

（1）由创业团队成员代表参加制定团队流程和制度；
（2）团队流程和制度要符合大多数成员的使用习惯和利益；
（3）先对团队流程和制度进行试行并不断进行更正和完善；
（4）要求创业团队成员严格遵守流程和制度，同时应用于所有人；
（5）创业团队成员对流程和制度有不清楚的地方，管理者要耐心进行解释。

二、创业团队的冲突管理

（一）认知冲突与情感冲突

有些学者把团队内的冲突分为两大类，即认知冲突与情感冲突。冲突的发生是企业内外部某些关系不协调的结果，表现为冲突行为主体之间的矛盾化和行为对抗。有效的创业团队应该知道如何进行冲突管理，从而使冲突对组织绩效的改善产生积极的影响。在无效或低效的创业团队中，团队成员在一起时总是极力避免冲突的形成，因为他们认为冲突对团队的有效性和组织绩效的提高产生消极的影响。

1. 认知冲突

认知冲突是指团队成员对企业生产经营管理过程中出现的有关问题的意见、观点和看法的不一致性。一般来说，创业团队成员之间在生产经营管理过程的相关问题上存在分歧是一种正常现象，有时这种冲突有助于改善团队决策质量和提高组织绩效。比如，当创业团队成员在分析、比较和协调所有不同的意见和看法时，认知冲突就会产生，但这一过程对于团队形成高质量的方案起着关键性的作用。通过认知冲突得出来的方案也容易被团队成员所理解和接受，能大大改善团队的有效性。同时，认知冲突也能够促进决策本身在团队成员中的接受程度。它通过鼓励和坦率的沟通，将团队成员不同的技术、能力加以整合，推动团队成员对团队目标和决策方案的理解，增强对团队的责任感，从而也有助于创业团队形成创业决策方案。

2. 情感冲突

当创业团队内的冲突引发团队成员的不满，甚至仇恨时，这种情感冲突将极大地降低决策质量，并影响到创业团队成员在履行义务时的投入程度，影响对决策成功执行的必要性的理解。情感冲突基于人格化，关系到个人导向，往往会破坏团队绩效。情感冲突会引起创业团队成员之间的冷嘲热讽、不信任和回避，这样会阻碍开放的沟通，降低团队的绩效，导致创业团队形成的方案质量下降。

存在创业团队成员之间的冲突，既可能是有益的，也可能是有害的，主要取决于这种冲突是认知冲突还是情感冲突。认知冲突可以改善决策质量和提高成功执行决策的概率，进而提高团队绩效。情感冲突却会降低决策质量，破坏成员对成功执行决策的理解，甚至不愿意履行作为团队成员的义务，进而导致团队绩效下降。

（二）创业团队的所有权分配

在确定好创业团队成员之后，创业领导者面临的一个关键问题就是决策成员之间的工作分工与所有权分配方案。工作分工是对成员所承担任务以及协调方式的规划，有利于在短期内维持创业过程以及新创企业早期运营管理的有序性。而所有权的分配是对创业利益分配方式的约定，是维系创业团队凝聚力的基础，有利于长期内维持团队稳定和新企业的稳定成长。

所有权分配是创业者和团队成员都非常关心的一个问题，创业者要在公平和激励之间做出良好的权衡，即要重视公平性和激励性。要做到这一点并不是一件容易的事情。它首先要挑战的是创业者的心胸和格局。创业者一定要有与帮助自己创造价值和财富的人一起分享财富的思想，并且要有通过团队成员间的努力协作将企业的蛋糕做大的思想。有的创业领导者自己太贪婪，控制欲又很强，把公司大部分的利益都揽在自己手里，不情愿与其他创业伙伴分享共同创造的蛋糕，那一切可能成为泡影。蒙牛的牛根生曾多次强调"财聚人散，财散人聚"的道理。在公司经营过程中，他也始终注重与初始创业团队共分利益，在公司的快速成长阶段，他将利益分享从核心创业团队拓展到了高层管理团队，乃至普通员工。

在确定所有权分配时，创业者如果遵循三个重要原则，就会避免后续纠纷和冲突的发生：

第一，重视契约精神。在创业之初，就要把确定的所有权分配方案以公司章程的形式写入法律文件，以契约形式明确创业团队成员利益分配机制，这有助于在长期内保障创业团队的稳定。

第二，遵循贡献决定权利原则分配所有权比例。团队的目的是把创业蛋糕做大，而不是在蛋糕没有做大之前就吵着在未来怎么分家。

第三，控制权与决策权统一原则。所有权分配方案本质上是对公司控制权的分配方案。在实践中，股份比例最大的团队成员不拥有公司控制权的情况在初创期非常危险，因为他/她在心理上会比其他成员更看重创业和新企业，更容易去挑其他成员的决策错误，甚至挑战决策者的决策权威，进而容易引发团队矛盾和冲突。在创业初期，公司更需要集权和统一指挥，控制权和决策权统一至关重要。

小案例 **苹果、谷歌、Facebook 三大巨头的股权分配**

理想状态下，创业公司会经历五个阶段：起始→获得天使投资→获得风险投资（通常不止一轮）→Pre-IPO 融资→IPO。通常而言，如能进展到 Pre-IPO 阶段，创业基本上就大功告成了。股权安排是一个动态过程，即使公司已经上市，也会因发展需要而调整股东结构。但无论哪个阶段，股权分配都遵循三个原则：公平、效率、控制力。公平是指持股比例与贡献成正比。效率是指有助于公司获得发展所需资源，包括人才、资本、技术等。控制力是指创始人对公司的掌控度。

在创业起始阶段，产品尚未定型，商业模式还在探索之中，核心团队也没有最后形成。此时，股权分配的要义是公平，体现既有贡献，确定拿最多股权的公司主心骨，同时为未来发展预留空间。

以硅谷最有名的三家公司为例。起始阶段的股权比例，苹果是乔布斯和沃兹尼亚克各 45%，韦恩 10%；谷歌是佩吉和布林一人一半；Facebook 是扎克伯格 65%，萨维林 30%，莫斯科维茨 5%。

Facebook 是扎克伯格开发的，他又是个意志坚定的领导者，因此占据 65%；萨维林懂得怎样把产品变成钱,所以占30%;莫斯科维茨在增加用户上贡献卓著,占5%。

不过,Facebook起始阶段的股权安排为日后埋下了隐患。由于萨维林不愿意和其他人一样终止学业全情投入新公司,而他又占有1/3的股份,因此,当莫斯科维茨和新加入但创业经验丰富的帕克两个人的贡献与日俱增时,就只能稀释萨维林的股份来增加后两者的持股,而萨维林则以冻结公司账号作为回应。A轮融资完成后,萨维林的股份降至不到10%,怒火中烧的他干脆将昔日伙伴们告上了法庭。

苹果电脑是沃兹尼亚克开发的,但乔布斯和沃兹尼亚克股份一样(沃兹尼亚克的父亲对此非常不满),因为乔布斯不仅是个营销天才,而且拥有领导力,对公司未来意志坚定且激情四射。而沃兹尼亚克生性内敛,习惯于一个人工作,并且只愿意兼职为新公司工作,乔布斯和他的朋友家人百般劝说才同意全职。至于韦恩,他拥有10%是因为其他两人在运营公司方面完全是新手,需要他的经验。由于厌恶风险,韦恩很快就退股了,他一直声称自己从未后悔过。

(资料来源:http://www.360doc.com/content/)

(三) 团队内部的冲突管理

在一定范围内,冲突有助于团队成员激发和分享不同的观点,进而形成更好的决策,但如果冲突超越了认知的范畴,就可能导致创业团队的决策失效,甚至会引发团队分裂和解散。因此,管理团队冲突是核心创业者必须具备的才干之一。创业团队结构优势在很大程度上可能转化为更具有创新性的战略选择,但这种优势的发挥依赖于恰当的冲突方式与之匹配。

在创业团队的冲突管理中,核心创业者首先要注意利用激励手段来鼓励正面冲突,让团队成员感受到在通过知识分享实现创业成功后,能获得相应的收益和价值。在制定激励方案时,创业者需要注意以下几个方面:

1. 差异化

虽然民主方案可能行得通,但是与根据个人贡献价值不同来实行薪酬制度的差异化方案相比,它包含的风险更大,缺陷也更多。一般情况下,不同的团队成员很少会对企业做出同样大小的贡献。因此,合理的薪酬制度应该反映出这种差异。

2. 关注业绩

报酬应该与业绩挂钩,而且该业绩指的是每个人在企业早期生命的整个过程所表现出来业绩,而不仅仅是此过程中某个阶段的业绩。有许多企业,它们的团队成员在企业成立后几年内所做出的贡献程度变化很大,但报酬没有多大变化,这种不合理的薪酬制度使企业很快就土崩瓦解了。

3. 灵活性

无论哪个团队成员在哪个既定时间的贡献多大或多少,这种情况都很可能随着时间的改变而发生变化,而且创业团队成员的业绩也会和预期的有很大出入。另外,创业团队成员很可能会由于种种原因而必须被替换,这样的话就需要再另外招聘新成员并添补到现有团队中去。灵活的薪酬制度包括年金补助、提取一定份额的股票以备日后调整等,这些机制让人们产生一种公平感。

除了规划科学的激励机制,创业者还要保持开放的心态,要塑造创业团队是一个整体而不是特意突出某个人的集体印象。这样有助于把团队成员之间的观点争论控制在可管理的范围之内，而不是演化为团队成员之间的矛盾。一旦发生情感冲突，创业者就应该理性地判断团队存续的可能性，有时通过替换新成员来及时化解情感冲突，比维持旧成员会更加有效。

小资料　　　　　　　　**马云管理团队的四个原则**

马云在艰难创业的历程中，多次化险为夷，巧渡难关，这都得益于他高超的沟通艺术。根据现代管理的要求，团队内部的沟通有四大原则。领导者只有把握了这四大原则，才能成为合格的团队领袖。

第一原则，团队思维。

团队像一个人的大脑，它的整体思维是统一的，在做一项决策时，不存在多数战胜少数或少数超越多数的情况。团队思维是最完美的境界，虽然不易实现，但我们仍然可以看到，一些著名的世界级企业在具体的沟通和决策中，总在尽可能尊重每一个人的意见，以达成团队思维的统一。

第二原则，团队语言。

一个团队对于人与人沟通的语言和方式，有着极为特殊的要求。在工作或部门环境中，沟通时要避免情绪化和个人中心主义，使用大家都理解及熟悉的语言。与员工真诚直率的沟通正是马云的个人魅力所在。

第三原则，团队文化。

团队文化是指团队成员在相互合作的过程中，为实现各自的人生价值，并为完成团队共同目标而形成的一种潜意识文化。正如马云在不同场合说过的，当整个团队形成这样的文化的时候，人就很难被挖走了。就像一个在空气很新鲜的土地上生存的人，突然被放到一个空气污浊的地方，工资再高，他过两天还会跑回来。

第四原则，团队协调。

团队协调就是能够正确处理团队内外各种关系，为团队正常运转创造良好的条件和环境，促进团队目标的实现。

（资料来源：http://www.360doc.com/content/）

三、新创企业的文化建设

（一）新创企业文化建设的意义

当前很多企业已经开始重视企业文化建设。企业文化建设可以使企业员工形成共同的价值观，帮助企业增强员工凝聚力，在企业的发展过程中起着重要的作用。

企业文化需要很长时间才能形成，一旦形成就趋向于稳定不变。而一个强的企业文化，由于得到员工们的普遍认同，要改变它更是困难。因此，在企业的初步阶段，创业者应该意识到，这是企业文化建设的最好时机。因为企业年轻，规模较小，企业文化尚处于雏形阶段。企业成立的时间越短，企业文化越不稳固。此外，在创业初期，创业者也更容易与员工沟通以建立新的价值观念。越是强势的文化，渗透得就越广，企业成员对其认同率就越高，企业文化就越难改变。在企业创立初期进行企业文化建设有着特殊的意义，可以起到事半功倍的效果。

(二) 新创企业文化建设的方法

创业者在企业文化的形成过程中负有不可推卸的责任,应有意识地去引导良好的企业文化的形成:

(1) 分享企业的愿景,倡导创业精神,以良好的企业精神来激励员工;
(2) 确定企业长远目标,使员工围绕目标开展工作;
(3) 建立一整套规章制度,规范员工的行为;
(4) 处理事情客观公正,使企业内部形成民主的气氛;
(5) 关心和体贴下属,使员工团结一致,产生向心力;
(6) 以身作则,在企业中树立榜样,以榜样的力量感召员工;
(7) 运用宣传灌输、自我教育、寓教于乐等多种方式方法来引导员工树立新的价值观念。

【知识应用】

1. 中国的高技术创业企业总是长不大,在创业团队建设管理方面有哪些原因?请举例说明。

2. 小李是创业的发起人,小王是他的创业合作伙伴。小李由于手头资金有限,只能出资15万,而小王出资30万。小李准备辞掉手头工作全职投入创业,负责公司的销售。小李有客户资源,已经拿到约800万的合同订单,并从公司领取8万年薪。小王在一家国企上班,在创业的前两年不想加入创业企业,不拿工资,但会提供技术支持。同时,小王说服他的朋友小张为公司投资200万元,并保证还可以为公司拉到后续融资。小王自己也在经营一家教育培训公司,他不想把这块业务装进创业企业。他们现在面临的问题是:应该如何分配股权?小王相当于大股东,占股50%以上。小李的想法是,公司作价1 000万,投资人小张投了200万,占20%,小王和小李各占40%。

请问你对他们的股权分配有什么建议?

【模块知识小结】

本模块主要介绍了建设创业团队的三个任务,分别是:认知创业团队、组建创业团队、管理创业团队。

认知创业团队部分详细介绍了创业团队的内涵、创业团队的价值、高效创业团队的特征。

组建创业团队部分主要介绍了寻找创业团队的标准、寻找创业团队的方法、创业团队组建的程序、团队组建的误区、团队组建的原则、团队成员的评估。

管理创业团队部分主要介绍了创业团队的管理技巧和创业团队的冲突管理。

【复习思考题】

1. 简述创业团队的价值所在。
2. 如何组建一支高效的创业团队?
3. 简述创业团队组建的程序。
4. 简述团队组建的原则。

5. 简述创业团队的管理技巧。
6. 如何做好团队成员之间的所有权分配？

【案例训练】

"三剑客"创业：成也友谊 败也友谊

大学毕业的第二年，老爸问我有什么打算，我说我想尝试做做生意。老爸非常支持，说如果有需要，他可以先借钱给我。不过老爸最后对我说了一句话："做老板容易，不过，做好老板就不容易了呀。你要记住这一点。"我当时听了微微一笑，没怎么放在心上。恰巧，大学时两个玩得挺好的同学阿波、黑子和我一样，也有自己创业的打算，家里也有条件拿出一笔钱来。于是，我们三个人聚在一块商讨经营方向的问题，在考虑了这个城市的各种行业的发展前景以及周边环境之后，我们最终决定经营一家卡拉OK厅。

一、创业开始——"三剑客"卡拉OK厅开业

大方向确定了，接下来就是找一块风水宝地了。说实话，市区热闹的场所早就被别人看中了，况且那里的租金也不是我们所能够接受的，于是我们将目光放到了市郊。虽然家里人都反对去市郊，但是我们成竹在胸，因为我们对那块地方充满了信心。那里附近有两所大专学校，而周围一家卡拉OK厅都没有，门面租金便宜，且政府已将那里作为下半年的开发区。天时、地利、人和，还有什么理由不选这块地方呢？为防有变，我们三个人马上各自向家里借了2万块钱，开始必要的准备工作。我负责进行店内的装修工作，阿波负责购买音响以及茶水饮料等，黑子负责"搞定"营业执照以及相关的税务等工作。三个人干劲十足地忙活了半个月，卡拉OK厅的雏形终于呈现在我们面前了。因为这个卡拉OK厅是我们三人合伙开的，所以最后我们决定将它取名为"三剑客"。

二、创业中期——"三剑客"火爆异常

因为我们将消费群体主要定位在那两所大专学校的学生，所以在接下来的半个月中，我们在他们学校门口进行广告宣传，并且还聘用了两名来自这两个学校的女大学生在店内做工。为了吸引顾客，我们决定，在开张当天唱歌免费，酒水饮料一律七折。本来，我们的宣传就已经很到位了，加之又是节日，所以那一天来的人多得超出了我们的想象，差不多有100多人，大部分都是学生。楼下的大厅挤满了人，楼上的六个包厢也都爆满了。到了凌晨1点，顾客全都散去，我们三个人站在门外，每个人的脸上都兴奋地泛起了红晕，因为即使唱歌免费，那一天所挣的酒水饮料钱也有1 000多元。望着"三剑客"的招牌，我们三个人的眼里似乎都看到了未来的自己——少年得志的自己。当时三个人谁都没有想到"三剑客"最后会以失败解体而告终。

最初的三个月，我们的生意十分红火，每天晚上都爆满。这三个月我们净赚了两万多元。大家将这笔钱存进了一个共用的存折里，因为我们当时都认为，这些钱是属于三个人共有的，谁也不知道这为后来的矛盾激化埋下了导火线。

三、创业后期——分配不均"三剑客"终解体

今年的一月份，黑子突然提出要扩大经营范围，要在大厅内同时经营饮食业，以此增加收入。这一计划遭到阿波和我的反对，因为饮食业对卫生设施要求高，同时也会对在一楼大厅内唱歌的顾客产生影响。可是黑子执意要做，他说要是我俩不同意的话，他就独自去别的地方做。我和阿波权衡再三，还是没有同意。黑子知道后，提出了要分钱，我们答应了，可

在谁得多谁得少的问题上又产生了分歧。三个人都认为自己的工作做得最多,应该得大股,结果那一天没有达成一致,大家不欢而散。谁知到了第二天,黑子没来。我们去银行取钱,发现存折里的两万元钱只剩下一万了,很明显,是黑子暗地里取走了那一万。我和阿波气得直跺脚,却也无可奈何。

俗话说:"祸不单行"。可能是我们的生意太红火了,紧接着,我们店的旁边就新开了两家卡拉OK厅,他们的环境设计得比我们的更富有格调,而且有一家还有专门的调酒师。这样一来,我们的生意明显地比原来差了许多,黑子渐渐地也不来店里帮忙了,后来我们才知道,有调酒师的那家就是他老爸的朋友开的。

到了四月份,受"非典"的影响,我们根本就没有生意了。我和阿波商量了一下,在电话里也得到了"黑子"的同意,决定盘掉门面,就此结束我们的生意。一个月后,大家再次聚到了一起,将各种结余清算了一下之后,大家各自拿着自己的钱分手了。说实话,除去本金,每个人还是挣了点钱,只不过大家心里都清楚,那份最初可以相互信任的友情已经不复存在了。

第一次的创业给我留下了很深的印象,也给了我很好的教训:首先,我们不应该将友情融入生意中。当初开张的时候就应该订立一份协议,规定三个人在收入中各自所占的比例。其次,我们缺乏商战中的气魄和经验,没能根据局面审时度势。因为后来我们得知,"非典"过后,旁边的两家卡拉OK厅重新开张,生意比原来还好,而我们却缺乏信心退出了。看来,正如老爸所说的:"做老板容易,做好老板就不容易了。"

(资料来源:http://www.docin.com/p-287629057.html)

思考与训练:
1. 试总结案例中该团队创业失败的主要原因。这一案例给你哪些管理启示?
2. 如何建立一支高效的团队,并保证团队的有效运作?
3. 新创企业在组建管理团队时,应该重点注意哪些方面?

【能力训练】

《水浒传》《三国演义》《西游记》等古典名著都详细刻画了"创业团队",请选择其中的几个团队,从团队组建、角色扮演、冲突解决、团队演化等多个方面,认真剖析比较,总结团队运营所涉及的关键要素和一般规律。

模块三

识别与评估创业机会

【学习目标】

能力目标

通过本模块的学习和训练,能够做到:
1. 根据实际环境,识别创业机会;
2. 根据具体创业项目,评估创业机会。

知识目标

通过本模块的学习,应该能:
1. 理解创业机会的内涵和特点;
2. 熟悉创业机会的来源;
3. 学会选择适合自己的创业机会;
4. 理解创业机会评估的准则;
5. 掌握创业机会评估的方法。

素质目标

1. 通过资料收集、课外调查和课堂研讨,提高组织能力;
2. 通过小组集体学习和训练,培养团队协作精神。

任务一 识别创业机会

【项目情境】

大学生李某毕业后回家乡某村任村主任助理。起初,李某对农村工作毫无头绪,在理想与现实的落差中曾有过心理失衡。也想过在农村找好的创业机会，但一晃两年过去了，一直没找到商机。今年年初，在国家政策的鼓励下，镇里成立了大学生创业园，这给他带来了希望。

李某向镇里汇报了创业的想法，并到当地一个公司"毛遂自荐"。该公司正在筹划一个生态养殖项目，听说李某是学食品专业的，就热情地邀请李某参加。李某和镇里的招商分队一起到外地招商，并争取到客商投资 5 000 万元合建生态养殖项目。

任务要求：

1. 寻找创业机会很重要，但也很难。有什么方法能帮助李某找到好的创业机会？

2. 有时创业机会很多，怎样才能更好地识别创业机会？你认为生态养殖项目是否适合李某？请说出理由。

【相关知识】

创业因机会而存在。机会是具有时效性的有利情况，是未明确的市场需求、未充分使用的资源或能力。创业者要学会识别哪些机会是有利的，要知道创业机会的来源，捕捉甚至创造出创业机会。只有用科学的方法和手段去寻找和识别创业机会，才能少走弯路；只有经过不懈努力，才能创业成功。

一、创业机会的内涵及特点

创业是一个追踪和捕获机会的过程。要想创业成功就要出奇制胜，发现别人从未发现的机会。即使是小机会，也可能成就大事业。

（一）创业机会的内涵

要理解创业机会首先就要知道什么是"机会"。"机会"一词，在《辞海》中的解释是"行事的机遇或时机"。《牛津英语词典》将机会定义为"事物朝着有利于目标实现或者使事情达成的一个时间、时机或条件（A time, juncture, or condition of things favourable to an end or purpose admitting of something being done or effected.）。"

那么，什么是创业机会呢？

Shane（谢恩，2005）认为，创业机会是一种复杂的、不断变化的情景，在该情景中，技术、经济、政治、社会和人口条件的变化产生了创造新事物的潜力，即机会具有产生经济价值的潜力，并且在它所产生的社会里被认为是值得追求的。也就是说，机会的开发符合现有的法律和道德标准。因此，机会开发的过程不会受到这些标准的阻碍或约束。

Venkataraman（1997）将创业机会定义为"能在将来创造目前市场所缺乏的物品或服务的一系列的创意、信念和行动"。比如说，在创业机会的推动下，网景公司应运而生，它包括：

（1）产生用户友好的网络浏览器（Mosaic）的理念；

（2）相信因特网（Internet）能够商业化；

（3）一系列的决策行动将 Mosaic 的创造者 Marc Andreesen 和 Silicon Graphics 公司的前创建者 Jim Clark 联合起来，在一个小镇建了一个生产基地。

就创业活动而言，创业机会可以理解为商业机会或市场机会，是商业或市场活动中的机遇和机会，是对新产品、新服务或新业务需求的一组有利环境，是一种有吸引力的、较为持久的和适时的商务活动空间，有利于创业的偶然性和可能性，并最终表现在能够为消费者和客户创造价值、增加价值的产品或服务之中，同时能为创业者带来回报（或实现创业目的）。

创业机会存在于社会和经济的变革过程中。环境的变化会给各行各业带来良机，透过变化，就会发现新的前景。例如，产业结构的变化、科技的进步、价值观与生活形态的变化、人口因素的变化、社会和政治结构的变化，以及顾客需求的变化都能催生创业机会。

创业机会和创意之间是有很大区别的。创意（idea）只是一种思想、概念和想法，它可能满足也可能不满足创业机会的产生条件。

许多企业失败并不是因为创业者没有努力工作，而是因为创业者没有找到真正的机会。

(二) 创业机会的特点

创业机会要具有能给企业带来良好收益的可能性。对于创业成功与否，创业机会非常重要。只有抓住创业机会，创业者才有可能实现自己的创业梦想。创业机会具有如下一些特点。

1. 客观性

创业机会是客观存在的，不依赖于人的主观想象。无论创业者是否意识到，它都会客观地存在于一定的社会经济环境之中。尽管有时看起来是企业在创造一些市场机会，但是这些所谓"创造"的创业机会其实是早就客观存在的，只是被创业企业发现和利用而已。

客观存在的创业机会对所有人都是公开的，每个创业者都有可能发现创业机会，不存在独占权。但创业者在发现创业机会的时候，就要考虑潜在的竞争对手，不能简单地认为发现创业机会就意味着独占，更不能认为独占创业机会就意味着成功。

2. 偶然性

大多数时候，创业机会不可能明显地摆在创业者面前。机会的发现常常具有一定的偶然性，关键要靠创业者努力去寻找。创业机会无处不在、无时不有，关键在于寻找和识别，从不断变化的必然规律中预测和把握机会。

创业机会具有一定的偶然性，常常会突然显现，但很多创业者由于缺乏思想准备，在机遇面前犹豫不决，因此既看不准也抓不住机会。机遇的出现都有一定的偶然性，但这种偶然性隐含着必然性，只是一般人难以预测和把握。如果创业者总是努力地寻找创业机会，那么他们发现机遇的可能性就增加了。

小资料　　　　　　　　**流水声做商品也能卖高价**

美国商人费涅克在一次休假旅游时，被旅途中小瀑布的水声激发了灵感。费涅克知道，许多城市居民饱受各种噪声干扰之苦，却又无法摆脱。于是他带上立体声录音机，专门到一些人烟稀少的地方逛游。他录下了小溪、小瀑布、小河流水、鸟鸣等声音，然后回到城里复制出录音带高价出售，生意十分兴隆。这种奇妙的商品，能把人带入大自然的美妙境界，使那些久居闹市的人暂时忘却尘世的烦恼，还可以使许多失眠者在水声的陪伴下安然进入梦乡。买"水声"的顾客可谓川流不息，费涅克也因这个创业新点子获得一大笔财富。

（资料来源：http://www.qianzhan.com/investment/detail/318/141208-414c707d_3.html）

3. 时效性

机会就是行事的时机和机遇，具有时效性。俗话说，机不可失，失不再来。创业者如果不能及时捕捉，就会丧失难得的创业机会。事物总是不断发展变化的。事物发展对创业有利的时候就是创业机会。但事物还会继续发展，机会如果不被及时利用，就会稍纵即逝。而且由于机会具有公开性，别人也可能利用机会，这就改变了供需矛盾，加速了事物的变化过程，机会也就失去了效用，甚至成了创业者的威胁。对于创业者来说，只有抓住创业机会并及时利用，才能发挥机会的最大时效价值。

4. 不确定性

创业机会总是存在的，但机会的发展往往难以预料。创业机会在一定的条件下产生，当条件改变时，结果往往也会随之改变。创业者在发掘创业机会的时候，一般是根据已知条件进行的，但结果可能会出乎意料，因为条件改变了，或者创业者对机会的利用程度不够。

二、创业机会的来源

有的创业机会可能是创业者偶然遇到的，但更多的创业机会来自于系统的分析研究。对于创业机会，彼得·德鲁克提出了几大来源，认为变化为人们提供了创造新颖、与众不同事业的机会，创业机会存在于有目的、有组织地寻找变化，进而对这些变化可能导致的经济和社会创新的机遇加以系统的分析之中。综合其他学者的研究成果，我们认为创业机会的主要来源如下。

（一）技术变革

技术变革机会是指现存技术的规范或性能有改进的可能性，也包括全新技术的出现和应用。创业的技术变革机会是指技术进步、技术变化带来的创业机会，是将新技术成功应用于生产的可能性。新的技术突破为创业者提供了创业的"技术来源"，这些技术来源可能触发创业机会。

技术变革机会体现在新技术和新功能的出现，新技术替代了旧技术，或者旧技术产生了新的应用方式。

技术的创新表现在产品技术创新、工艺技术创新和生产设备技术创新，这些创新可能是渐进性技术创新、根本性技术创新、技术体系创新，甚至是技术革命，主要包括技术突破、工艺创新、技术扩散、技术引进、技术开发等。

创业者通过对引进技术的消化、吸收与改进，也能够形成技术机会。创业者可以进行创造性模仿，消化、吸收引进技术，减少对技术提供方的依赖，实现更大的经济效益，甚至在新旧技术结构的相互适应下形成具有新质的技术结构。创业者还可以逐步形成自我研究开发的能力，进而根据市场需要，通过自主的研究和开发，进行改进型创新。后续开发能够促进创业者对技术的吸收，并建立自我发展的能力，是发掘技术机会的重要途径。

小资料 **互联网形式会展业开辟"新生意"**

当前，会展业界对移动互联网的关注度逐渐攀升。移动互联网及其背后的新技术、新服务即为会展业的新生意之一。在这些新生意中，有的已经发展得比较成熟，如展会的注册登记、APP预约配对、微信营销等；有的崭露头角，如展馆里对买家行走路线的诱导式定位，以及更为精准的展览内容推送。再比如，30个潜在参会者可以自己发起类似于集体谈判的行动，集体商定演讲题目、候选演讲人以及愿意承受的价格，然后请求主办方邀请指定的演讲人，这种反向操作与现在流行的定制服务一样，都有很大市场。

（资料来源：http://www.qianzhan.com/investment/detail/318/141208-414c707d_3.html）

（二）市场变化

企业市场营销的前提是市场上存在尚未满足需求的市场机会，这种机会必须要有吸引力，要能盈利。如果没有成功获得利润的可能性，不论这种机会有多大的吸引力，都不是市场营销机会。创业市场营销机会与一般意义上的市场机会有所不同，因为创业主要是指以全新的产品或服务进入全新的市场。所以，创业市场营销机会就是市场中那些创业企业本身没有涉及过的领域、没有生产过的产品和没有进入过的市场带来的机会，这些领域、产品和市场可能是其他企业已经涉及的，但是这些领域、产品和市场对创业企业本身具有极大的吸引力，而且创业企业本身也具备利用其获取高利润的成功条件。

创业市场营销机会存在于社会生活的各个方面，是多种多样的，但众多的市场营销机会中仅有很少一部分具有实际开发和利用的价值。为了及时发现、识别和创造市场营销机会，有效地抓住和利用有利的市场营销机会，创业者需要了解市场营销机会的各种类型，以便机会来临时能及时捕捉。

小案例

小胡和小姜的维修站

在农村做家电维修的小胡和小姜，以修收录机、电视机为生，但前者是一个经营上的"不安分者"，后者则是一个循规蹈矩的"老实人"。

后来，小胡突发奇想，寻找到新的商机。他发现当地的农民用上了自来水，然后推测将来这些农民有可能使用洗衣机，有洗衣机便会有维修洗衣机的业务。于是，他买回本地市场上常见品牌的洗衣机供周围的人使用，目的之一是让人们尝尝使用洗衣机的甜头；目的之二是学习洗衣机的结构、保养和维修。果不其然，一年后，一台台洗衣机进入农村，维修业务几乎全被小胡包揽了，而小姜只能眼睁睁看着自己失去一次扩大维修范围的机会。

（三）环境变化

外部环境对创业者来说是可变的，同时也是不可控的，因此它既包含创业发展的机遇，也包含创业的风险。创业者要善于发现和把握对自身有利的环境因素，积极利用环境机会，规避创业风险。

1. 宏观环境机会

对于宏观环境中的创业机会，创业者可从以下几个方面入手。

（1）政策法规调整。

政策法规对创业和企业经营活动加以限制和要求，对创业活动具有现存的和潜在的影响。政策法规出现变化往往意味着创业机会的出现，比如国家加强了环保的立法和规定，这对于环保产业是一个巨大的创业机会。创业者应具备一定的政治头脑与法律意识，保持对政策法规的敏感性，分析国内外政治形势和法律、法规、方针、政策等是否适合创业。

随着我国市场经济及人口的发展，劳动就业问题成为社会的关注焦点，促进创业也成为政府重点关注的问题之一。国家和地方各级政府部门（如劳动和社会保障、财政、金融、工商、税务等部门或机构）纷纷出台了相关政策，给予创业者更多的支持。创业扶持政策越来越多，体现在税收政策、资金定向扶持和开展专项工程支持等方面，使创业者的创业成本不断降低。政府扶持和发展非正规就业，这增加了创业机会。非正规就业具有广阔的发展前景。非正规劳动组织就业在现阶段主要是通过为社区居民提供各类服务，或为企业提供各种临时性、阶段性的劳务，以及参加城市环境维护方面的公益性劳动，在社区中发展家庭手工业、开办工艺作坊等形式来实现。

（2）经济发展。

企业经营的成败在很大程度上取决于整个经济运行情况，创业者要善于对经济因素进行分析，发现机会。随着经济的发展，我国资本市场日趋健全和活跃，在融资方面，银行贷款、金融支持、融资担保、风险投资、产权交易等更多的业务不断推陈出新。为解决创业过程中融资难的问题，有关机构还启动了为创业者提供开业贷款担保和贴息的业务。这种经济环境适合于创业，为创业者提供了比以往更多的机会。

（3）社会进步。

社会因素包括社会文化、社会习俗、社会道德观念、社会公众的价值观念、职工的工作态度以及人口统计特征等。变化中的社会因素影响社会对企业产品或劳务的需求，改变人们对于创业等的看法，诱导出更多的机会。因此，创业者需要在创业前对有关的社会进步因素加以考虑，分析消费者的收入水平、文化教育水平、地区特点和民族特色。这些因素决定了创业者的产品需求和发展方向，是细分创业目标市场的重要依据。

（4）技术进步。

技术进步可以极大地影响到企业的产品、服务、市场、供应商、分销商、竞争者、用户、制造工艺、营销方法及竞争地位。技术进步可以创造新的市场，产生大量新型的产品，改变创业企业在产业中的相对成本及竞争位置，也可以提高现有的产品及服务质量。技术的变革可以减少或消除企业间的成本壁垒，缩短产品的生产周期，带来比现有竞争优势更为强大的新的竞争优势。对于创业者来说，能正确识别和评价技术机会与威胁是至关重要的。

（5）自然环境。

创业企业的自然环境主要指企业所在地的全部自然资源。创业者应该基于资源从事创业。因此，创业者在选定的创业项目前，需要认真分析是否有足够的资源来支持创业企业的生存与发展。

小资料　美国一男子在网上卖"秋色"

据外媒报道，美国一位住在马萨诸塞州的萨默维尔、名叫凯尔·华林的男子，开设了一个网站贩卖"秋色"。在这个网站上，凯尔提供红色、黄色和绿色3种叶子，叶子大小各不相同，被保存在甘油和水的混合物中运送。客户只需花费19.99美元，就可以买到一包落叶。

这不是他首次出售季节性产品。早在贩卖叶子之前，他就通过网络，以每份89美元的价格贩卖波士顿的降雪。据称,美国各地的顾客在他这里购买了718磅(约合326千克)的雪。

(资料来源:http://www.sohu.com/a/35727983_114812)

2. 地区环境机会

随着近几年国家和地方政府对商业基础设施投入的加大,中国商业运作的硬件环境已经得到了很大的改善。各地的创业园区都在努力为创业者们提供便利,商业基础设施的变化是可喜的,也是有目共睹的。创业的专业化商业服务机构将使创业环节更加顺畅,使好的技术和创意能够更快、更好地得以商业化并形成良性循环。当地的创业教育、文化素质状况的改善,也有助于创业项目的成功。

我国各地的创业载体和创业服务机构发展加快,创业载体,如各类企业孵化器、园区建设、社区建设、企业服务中心、指导机构等不断增加。风险投资机构、担保服务机构、信用服务机构、顾问咨询等服务机构的发展与成熟,更有利于创业的启动与发展。

创业者在对地区环境进行分析时可主要考虑以下几方面的因素:创业者对该地区的熟悉程度如何、创业者在该地区有多大的影响力、新创企业在这个地区内将会有何影响、地区的人文和社区支持体系是否完善、创业者是否有特别的人际关系、地区的基础设施的可行性如何、民情风俗是否对创业产生正外部性等。

3. 行业发展机会

对行业环境因素进行分析与评价将有利于创业者发现有价值的进入领域和创业机会。

(1) 行业竞争要素分析。

迈克尔·波特的五种力量模型较好地反映了新创企业的行业环境因素。他认为,潜在的进入者、现有市场竞争者、供应商和购买商决定了一个产业的竞争力,构成了行业环境要素。

① 新进入者的障碍。

新进入者是行业的重要竞争力量,会对本行业带来很大威胁,可以称为进入威胁。进入威胁的大小取决于进入障碍和原有企业的反击程度。如果进入障碍高,原有企业反击程度大,新进入者难以进入本行业,进入威胁就会小。反之,进入威胁就会增大。

② 现有竞争者的威胁。

行业内企业之间存在着竞争,其竞争程度是受一些结构性因素制约的。每个行业的进入和退出障碍是不同的,可形成不同的组合。波特从企业长期利润的角度分析认为,理想的情况是进入障碍高而退出障碍低。这样,新进入者扩张会受到阻挡,而不成功的竞争者将退出该产业部门,企业就会获得稳定收益。

③ 替代品的竞争压力。

所谓替代品,就是满足同一市场需求的不同性质的产品。科学技术的发展将导致替代品不断增多。创业企业在制定战略时,必须识别替代品的威胁及程度,对于顺应时代潮流,采用最新技术、最新材料的产品尤应注意。

④ 购买者和供应者的讨价还价能力。

任何行业的购买者和供应者,都会在各种交易条件(如价格、质量、服务等)下尽力迫使对方让步,使自己获得更多的收益。在这个过程中,讨价还价的能力起着重要作用。无论作为供应者还是作为购买者,其讨价还价能力均由以下因素决定:行业的集中程度、交易量的大小、产品差异化情况、转换供货单位费用的大小、纵向一体化程度、信息掌握程度及其他因素。

⑤ 其他利益相关者。

这些利益相关者可能是股东、员工、政府、社区、借贷人、贸易组织以及一些特殊利益集团，他们各自对各个企业的影响不同。创业者从创业初始就应该适当考虑与利益相关者的价值均衡的问题及他们对创业的影响。

(2) 行业生命周期分析。

行业是由产品和市场组成的，而任何产品都要经历一个从投入期、成长期到成熟期和衰退期的生命周期。这样，由产品及其市场组成的行业也就相应地有一个生命周期。事实上，确定一个行业当前所处的生命周期位置并非易事。一般可从以下几个方面考虑：从市场规模（销售额或销售量）在过去的增长情况判断行业是处于快速增长、平衡状态或衰退状态；在近期可能将开发什么新产品或市场，这些新产品或市场开发是否将引起更快的市场增长和吸引新进入者。

创业者在选择进入一个行业时，除了要考虑行业的市场规模及变化趋势外，还需要考虑该行业的稳定性。一个国家周期性的经济波动对不同行业的影响程度是不同的。在经济下滑时，有的行业可能所受影响不大，行业内企业安然无恙；而有的行业可能会遭受巨大打击，行业内的企业都将受到挫折。总之，创业者在分析行业机会时，不仅要考虑整个行业的抗冲力和稳定性，还要构筑自己的实力，使自己的企业比行业内的其他企业更有竞争力。

小资料

随着市场的不断发展，市场竞争不仅普遍存在且逐年激烈。在激烈的市场竞争中，企业越来越清醒地认识到，仅仅了解自己的顾客是不够的，还需要时刻注意市场中的竞争对手。

可口可乐和百事可乐是世界上两大生产可乐的饮料公司。但随着一些新型饮料在各地市场上的出现，两大巨人开始面临来自行业内竞争对手的挑战。这些规模不大的饮料公司生产的产品品种多、口味全，从矿泉水、饮料、啤酒，到水果、蔬菜类营养汁和原汁饮料，应有尽有，已经开始侵占两大可乐公司的市场了。

据新产品信息报统计，1991年西方世界有1 350种新饮料面世，1992年有1 100多种新饮料面世。如斯耐普饮料公司，其收入在1988—1991年间迅速从1 300万美元上升至21 500万美元。特别是在美国西部地区，斯耐普公司的茶和软饮料供不应求，击败了中西部和东海岸等地区的其他饮料生产厂商。

这些小饮料公司生产出了上千个品种的各类饮料，其花色和品种可使消费者尽情选购和品尝，满足了消费者的多种需求。仅1991年一年间，消费者喝掉的不同类别、品牌的饮料价值就达13亿美元，其中包括瓶装冰镇茶、咖啡、矿泉水、汽水、果味水、果汁及运动型饮料。

在可乐市场上，1991年全球可乐的消费量是122亿加仑。但是，相对于其他各类饮料销售量10%的增长率，可乐这一年的消费增长率却下降了1.5%，可乐公司的软饮料帝国出现了衰退的迹象。

为了重新挽回可乐公司在饮料王国的地位，可口可乐公司决定对一种采用了三十年的泪珠形瓶子进行重新包装，以便能更好地与其他公司竞争。他们还充分利用小公司的优势，比如与耐斯特尔公司一起开发一种方便饮料。

百事可乐公司也采取了相应的策略,在市场上销售阿瓦伦牌矿泉水、冰镇茶(与利普顿公司合作)和果汁(与奥西恩·斯普瑞公司合作)。百事可乐的斯书特曾说,公司的长期战略目标的一个重要组成部分是开发出各种可供消费者选择的饮料,从而打败那些小饮料公司的竞争。

(资料来源:http://www.bayueju.com/book/9953/340002.html)

三、选择适合自己的创业机会

现在的市场竞争愈发激烈,就业形势也越来越严峻。有很多人选择自主创业,但创业不是一件简单易行的事情,如何选择适合自己的创业机会,就是一件令人头疼的事情,而创业成功与否与项目的选择息息相关。要想创业成功,少走弯路,寻找一个好的项目是必不可少的首要任务。创业者在商机选择上需要进行技术调查与分析和市场调查与分析两项重要工作。

(一)技术调查与分析

1. 技术预测

为了发现和把握创业的技术机会,需要对技术的发展和应用进行预测,以判断前景;需要对技术途径和技术方案做定性判断,选择技术实现手段,分析其是否有发展前途和应用价值;需要考虑对主要技术性能的定量评估,估计某种技术出现或者达到某种功能的概率,以及技术出现的时间,为技术开发和创业的选择提供依据。

(1)技术预测的对象。

① 技术发展趋势。

技术发展趋势是对某领域的技术发展方向、时间、范围等的大致估计。例如,出于对环保和健康的重视,低污染或者无污染的建筑装饰材料和工艺技术是发展的方向;由于对环境污染的控制和石油资源的有限性,汽车技术发展的重要趋势是少污染、节能、电动及太阳能驱动。

② 新产品特性。

由于科技的发展和技术的进步,新的产品可能出现,技术预测需要对技术的结构进行合理预估,对可能出现的新产品的结构、性能以及新工艺的方法和特性等做出预测。例如,5G是移动通信的替代方式,但该替代方式到底采用哪种标准、具有哪些性能和结构,是需要做出合理预测的,这是社会、政府、企业和研究机构都关注的问题。

③ 技术应用范围。

科学新发现和技术新发现出现以后,要对可能的应用前景和范围做出预测和判断,对技术应用的需求量、推广面及生命期等进行估计。例如,对于新兴的云计算技术,需要估计其在商业、服务和办公等领域的推广应用时间、范围和数量等。

(2)技术预测的方法。

① 趋势外推法。

利用过去和现在的技术、经济信息,总结技术发展的趋势和规律,在判断这些趋势和规律将持续存在的前提下,将过去和现在的趋势向未来推演,进而获得对技术的预测。

② 相关分析法。

利用一系列的参数、条件、因果关系数据和其他信息，建立起预测对象和影响因素之间的因果、排斥、共生等关系模型，预测技术的发展变化。

③ 调查征询法。

以专家意见作为信息来源，通过系统地设计、调查与征询专家的意见，整理和分析出预测结果。这种方法对于专家的选择、调查的设计和分析的准确性等要求比较高。

20世纪50年代，美国兰德公司发展了一种新的专家调查法——德尔菲法。这种方法以不记名的方式征询专家对开发和实施某项技术的看法，然后将调查结果整理后再反馈给各位专家，让他们重新考虑后再提出自己的看法，并特别要求那些持极端看法的专家详细说明自己的理由。经过几次循环往复的调查和反馈，大多数专家的意见趋向集中，从而使调查者从中获取凝聚了众多专家集体智慧的预见信息。它不一定以唯一的答案作为最后结果，其目的只是尽量使多数专家的意见趋向集中。这种方法可以促进技术领域的专家（供给方）、技术的使用者（需求方）和其他人士之间的沟通。

2. 技术评价

创业者在选择和利用技术机会时有多重目标。除了技术本身的目标之外，创业的经济目标、发展目标、社会目标等都会对技术提出要求，这就需要对技术机会进行评价和分析。

（1）先进性。

技术先进性主要是通过比较被评价技术和其他可比技术，确定技术的领先水平。可以对主要性能指标进行比较和评分，通过统计后得出技术的先进程度。也可以在比较各个主要指标后，进行横向比较，将被评价技术定位在某一等级，比如国际领先、国际先进、国内领先、国内先进、国内一般等，得出技术水平的大致水准。还可以与国际技术水平进行纵向比较，以技术的年代来表示发展水平，比如21世纪水平、20世纪90年代末水平等。

（2）可接受性。

可接受性主要从创业者或者创业企业的技术匹配能力等方面来评价，包括：

① 自给能力，即能够直接用于被评价技术的配套、支撑的专利技术数量等技术能力，以及工程技术人员和技术工人的储备情况；

② 设备水平和质量，即现有以及准备添置的设备的数量和等级；

③ 预计达产率和达产时间，对比同类项目和国内同行的先进水平。

（3）继承性和延续性。

技术继承性是指拟采用技术对现有技术的继承程度。延续性是指拟采用技术在将来被更先进的技术取代时可延续使用的程度，具体包括专利和专有技术的继承性、技术人员的继承性、设备的继承性。

（4）财务效益。

通过财务评价，分析技术的经济效益。这种经济效益可能在短期内实现，也可能需要经过较长时间才能实现，因此需要对它进行综合评价。具体包括：

① 单项财务指标，比如成本、销售收入、投资额度等；

② 综合财务指标，比如投资收益率、净现值等。

(5) 战略价值。

战略价值的评价更为困难和复杂，很难用简单的数据指标来表示，一般可以从如下的方面来考虑：市场应变能力的提高、企业信誉的提高、管理水平的提高、技术能力的提高等。

(6) 社会效益。

企业应该承担一定的社会责任。企业对社会的贡献也有助于改善企业的声誉、帮助企业获得政府和社会的支持。技术的社会效益主要从环保效果、改进就业效果和技术扩散效果等方面考虑。

3. 技术选择

技术选择是指对技术对象、水平、结构及其发展过程的预测和确定，是创业者和创业企业把握技术机会的关键。技术选择是否合理，关系到创业活动在技术上是否可行、能否迅速达到合格的技术指标、能否为创业提供有力的技术保障。合理的技术选择就是围绕产生经济效益这一核心，在创业者和创业企业技术能力和投入资金约束的条件下，全面考虑技术本身的要求和特点，制定行之有效的技术创新方案。

(二) 市场调查与分析

创业者要寻找好的创业机会，需要通过市场调查了解不断变化的市场需求，有条理、有计划、有组织地收集、记录、分析有关同业的商品或服务营销状况的资料，准确掌握消费者的消费状况、购买动机、购买习惯及相关的购买行为，进而发现现有商品或服务的缺点、不足及可改善的途径，了解市场竞争状况，寻求企业可能发展的机会，并以此作为企业制定营销策略的依据。市场调查的过程通常包括五个步骤：确定问题与调查目标、拟订调查计划、收集信息、分析信息、得出结论。有效的市场调查，可以协助创业者形成独特的竞争优势。

小案例

雪贝尔：开一间火一间

雪贝尔蛋糕店开一间火一间是业内有目共睹的。同样是蛋糕店，为什么雪贝尔就可以越开越火？

雪贝尔公司的原"选址员"、现雪贝尔深圳公司经理倪修兵介绍说："我刚刚到雪贝尔公司工作时就是选址员，在广州培训了一个月后，我就被派到了人生地不熟的深圳，专门负责公司新开蛋糕店的选址。当时我选的店面是开一间火一间，所以我今天才坐到了经理的位置。"那么，倪修兵选址时有什么诀窍呢？

倪修兵认为，开店的人都特别讲究一个"人气"。有人气才有生意。但是，是不是选择店址的时候，找准人多的地方就好呢？其实也不尽然。很多人都有一个认识误区，就是把人流量当成了一个地段好坏的唯一标准。诚然，人流量是决定生意成败的一个重要因素，但是了解客流的消费目标，才是更为重要的工作。在开店以前要研究的，不是人有多少，而是这些人中，你的"潜在顾客"或者说"有效客流量"有多少。雪贝尔每建立一个新连锁店，都要做大量的最佳店址选择工作，其中一项最重要的工作就是测算分析人流量。他们派员工拿着秒表到目标场所测算流量。这些测算人员除了要汇报日人流数量以外，还要详细汇报如下数据：附近有多少路公共汽车经过；过往人中，多少是走路来的，多少是坐公共汽车来的，多少是打的或开车来的，通过这种方法分析该地区人群的消费水平和消费习惯。

(资料来源：http://zx.51zupu.com/kaidianxuanzhi/)

1. 市场调查的内容

（1）行业趋势调查。

行业趋势调查包括：某个行业发展的影响因素是什么，该行业的历史销售趋势是什么样的，消费者对该行业中现有某产品及其广告的态度如何；该行业中现存企业的发展战略是否与所在行业的历史销售趋势一致；该行业现有产品是在"迎合"消费者的需求，还是在引导消费者的需求。创业者在开发自己的创业方案时，应着重考虑以下各因素：

① 本公司如何才能比其竞争对手更好地利用本产业的结构？

② 本公司如何才能比其竞争对手更好地适应本产业结构中即将发生的变化？

③ 本公司如何才能利用本产业的结构为自己创造价值？

④ 本公司的这种竞争优势能够维持多长时间？

（2）市场竞争调查。

创业者唯有在激烈的市场竞争中赢得预期的市场份额，方能创业成功。所以创业者对于本企业在将要进入的行业中可能面临的分销或服务方面的困难，对于本企业的竞争对手或者潜在的战略伙伴，都需要经过周密的调查，做出超前、准确的预计；创业者在对市场有了充分的了解之后，还需谨慎考虑本企业在该行业到底应该采取什么样的市场竞争形态。

① 是采用"同质"还是"异质"竞争？

所谓"同质竞争"，就是竞争者以提供相似的商品或服务争取顾客，谋取或扩大市场占有率。所谓"异质竞争"，就是不同的商品厂家提供不同的产品或服务，却争取同一市场区域的顾客。异质竞争可以促使创业者从更广的角度去看问题，有助于创业者产生创新观念，克服市场竞争所带来的威胁并能随时衍生出更多有利的机会条件。

② 是采用"价格"还是"非价格"竞争？

所谓"价格竞争"，就是创业者采取价格手段来维护既有市场或获取同业市场的其他份额。这种做法很容易引起同业的效仿和报复，形成恶性竞争，最终造成整个行业的利润下降。所谓"非价格竞争"，就是以价格以外的要素进行市场竞争。非价格竞争的意义在于增强消费者对企业供应的产品或服务的信赖感，进而促使消费者产生购买意愿并形成良好的口碑效果。现代营销观念倾向于以非价格竞争的手段使企业在市场竞争中获胜。创业者若想采取非价格竞争策略以创造竞争优势，需着重考虑产品价值、服务、品牌忠诚度、商誉等因素。

（3）竞争者类型调查。

现代市场营销理论根据企业在市场上的竞争地位，把企业分为四种类型：市场主导者、市场挑战者、市场追随者和市场补缺者。一般来说，40%的市场份额掌握在市场主导者手中，30%的市场份额掌握在市场挑战者手中，20%的市场份额掌握在市场追随者手中，10%的市场份额掌握在市场补缺者手中。竞争地位不同的企业在战略目标、企业实力等方面有相当大的差别，所采取的竞争战略也大不相同。

① 市场主导者。

大多数的行业都有一个被公认的市场主导者。该企业在相关的产品市场上占有最大的市场份额，通常在新产品开发、定价、促销强度、分销覆盖方面处于主导地位，从而深深地影响着行业内其他企业的营销活动。与此同时，市场主导者也是其他企业挑战、效仿或回避的对象。处于市场主导地位的企业时刻面临着其他企业的无情竞争与挑战。主导企业为了维护自己的主导地位，必须保持高度警惕并采取适当的竞争战略，否则就可能失去主导地位。

② 市场挑战者。

市场挑战者是指那些试图改变自己的竞争地位、处于行业中第二、第三位，甚至更低名次的企业。它们的市场份额没有市场领导者大，但都决心向主导企业或其他竞争者发动进攻，夺取更大的市场占有率，极有可能对市场主导者造成严重威胁。市场挑战者要向市场主导者或其他竞争者挑战，首先必须确定自己的挑战对象和目标，然后选择自己的进攻战略。

③ 市场追随者。

并非所有在行业中处于第二或第三位的企业都可以或愿意充当挑战者。考虑到所需资源、报复威胁、没有必胜把握等情况，许多企业更愿意采取一种不那么富于进攻性的姿态，做市场追随者。实践证明，成功地采取追随者战略的企业也能获得高额利润。如一些企业模仿或改进革新者推出的新产品并大量推上市场销售，虽然没有夺得行业第一，但也获得了很好的利润。为什么呢？因为它们不必承担用于创新的高额费用，也用不着冒创新风险。与之相反，我们前面提到的挑战者战略往往很容易引起领先企业的"愤怒"，引发对抗。因此，相当多的企业都宁愿充当追随者。

④ 市场补缺者。

市场补缺者基本属于行业中的小企业，拥有潜在优势的经营资源，不与那些大中企业竞争，专心关注那些被大企业忽略的或是不屑一顾的小市场，在这些小市场上通过专业化经营，为市场提供有用的产品或有效的服务，在市场空隙中获得部分利润，甚至可以在某些未被重视的领域击败领导者。许多创业成功者均属此类。市场补缺者成功的因素是专业化，有专业化的技术、人才、产品或促销手段。由于市场补缺者非常了解目标顾客群，能够更好地满足目标顾客群的需要，因此补缺者可以把价格定得比成本高出许多，从而获得较高的利润率。市场补缺者在传统上属于行业中的小企业，但是目前有的大公司也在参与和推出补缺战略。

（4）顾客调查。

创业者在进行市场调查时，通常需要花很多时间同实际上的潜在顾客接触，以获得企业市场营销最基本的资料。顾客调查包括对消费心理、消费行为等特征进行调查分析，研究社会、经济、文化等因素对购买决策的影响，分析这些因素的影响作用是发生在消费环节、分配环节或还是生产领域。还要了解潜在顾客的需求情况（包括需要什么、需要多少、何时需要等）、影响需求的变化因素、消费者的品牌偏好等。

一般情况下，获得有关信息的最直接的办法，就是向知情者请教。采用采访和调查的方式去接触潜在的顾客、供应商和竞争对手，被认为是最快速、有效和可靠的调查方法。通常来说，至少要找到三个你所构思的产品或服务的潜在顾客来进行调查，而且这三者中至少应有一个是你未来企业产品或服务的分销商。因为只有借助这些分销商，才能将你的产品或服务推向市场。通过设计好的调查问卷对这些潜在顾客进行提问。这些问题应当包括顾客愿意支付的价格、家庭中谁在决定是否购买、什么样的产品或服务会更受顾客喜爱、顾客购买此类产品的时间周期等，这些都能使创业者更好地了解顾客及市场的需求。

(5) 产品调查。

包括对新产品进行设计、开发和试销。若要对现有产品进行改良，则应对目标顾客在产品款式、性能、质量、包装等方面的偏好趋势进行预测，并调查消费者对创业者拟开发、生产的产品的价格承受能力。定价是产品销售的必要环节，需要对供求形势及影响价格的其他因素的变化趋势进行调查。

2. 调查信息的来源

(1) 搜集与创业项目有关的第二手资料。

创业者要积极搜集与创业有关的二手资料，其信息可以来自于杂志、图书馆、政府机构、官方网站、大学或专业的咨询机构。在图书馆里可以查到已经发表的关于行业、竞争者、顾客偏好的趋向、产品创新等信息，甚至也可以获得有关竞争者在市场上所采取的战略方面的信息。互联网也可以提供有关竞争者和行业的深层信息，甚至可以通过潜在消费者对网络上某些问题的看法直接获得很多方面的信息。还可以委托相关调查公司进行资料搜集或购买相关资料。

(2) 搜集与创业项目有关的第一手资料。

为了对未来市场有一个准确的把握，在搜集第二手资料的基础上，搜集与创业项目有关的第一手资料是十分必要的。获得第一手资料的方法主要有：观察法、上网法、访谈法、问卷法、试验法、集中小组法等。

观察法是最简单的一种方法，主要用于对潜在顾客的观察，由指定的专门人员或使用仪器在现场从旁观察并记录下被调查对象购买行为的特点。

上网法是一种通过网络获得第一手资料的非正规方法，也是了解市场的一种有价值而且低成本的方法。

访谈法是收集市场信息常用的方法。这种方法比观察法花费高，但能够获得更有意义的信息。访谈可以采取面谈、电话或信函调查等方法。这些方法有各自的优缺点，创业者在使用时应该对它们做相应的评价。

问卷法是收集数据的一种方法，创业者在使用这种方法时，应该针对研究目标来设计特别的问题。问题应该是清楚而具体的，并且要容易回答，不应误导回答者。由于问卷的设计非常重要，因此，如果创业者在这方面没有经验，建议寻求有关机构的帮助。

试验法包括对研究过程中的特别变量的控制。需要设计一个实验室，使得实验者能够控制及调查所定义变量的影响。对于大多数新创企业来说，这种方法并不是很适合。

集中小组法是一种收集深层信息的非正规化的方法。集中小组通常由 10~12 名潜在顾客组成，他们被邀请来参加有关创业者研究目标的讨论。讨论以一种非正规的、公开的模式进行，这样可以帮助创业者获得某些信息。集中小组调查活动应该由一个有经验的监管者或者创业者以外的其他人主持，也可以作为高校市场营销课程的一个很好的实习项目。

小资料　　　　　　**市场信息与创业商机**

比亚迪老总王传福的创业灵感来自一份国际电池行业动态简报。1993 年的一天，王传福在一份国际电池行业动态简报上读到，日本宣布本土将不再生产镍镉电池，王传福立刻意识到这将引发镍镉电池生产基地的国际大转移，同时也意识到自己创业的机会来了。果然，随后的几年，王传福利用日本企业撤出留下的市场空隙，加之自己原先在电池行业多年的技术和人脉基础，电池事业做得顺风顺水，财富像涨水似地往上冒。

名人老总余德发是个非常有意思的人，据说这个人不管走到哪里，随身都会带着两样宝贝：一样是手提电脑，因为这位名人在全国各地设有许多分部、分公司，余德发带着电脑走到哪里，哪里就是公司的总部；另一样是一个旅行箱，里面是各种各样的报纸，余德发走到哪里，就读到哪里，他将一箱一箱的报纸当成了精神食粮。

另一位财富英雄郑永刚，据说将企业做起来后，已经不太过问企业的事情，每天大多时间都花在读书、看报、思考企业战略上面。很多人将读书与休闲等同，但创业者一定要有这样的意识：阅读就是工作，是工作的一部分。

3. 市场分析

一般来说，总结调查结果仅能得到一些初步认识，把结果列表或输入计算机并对这些数据进行统计分析，可以获得更具有价值的结果。创业者可以根据这些分析评估创业项目实施的可行性。对创业者而言，成熟的市场由于竞争激烈而不易介入，新兴市场由于难知水深水浅而犹豫不决。其实，这些只是一些表面现象，只要理性地分析市场，就会发现许多创业机会。

（1）市场负面。

所谓追求"负面"，就是着眼于大家"苦恼的事"和"困扰的事"。人们总是迫切希望解决苦恼、困扰的事，如果创业者能提供解决的办法，实际上就找到了市场机会。

（2）市场细化。

现在许多商品都供大于求，许多人都在喊"生意难做"。实际情况是：一方面，对无效需求的供给大大过剩；另一方面，对有效需求的供给却又远远不足。创业者只要能够针对市场空档做切实深入的市场调查，捕捉商品的有效需求，就一定可以赢得广阔的市场空间。

（3）市场导向。

在市场消费萎缩时，有关民生需要的消费品并不会减少，商家看准消费者的心理，顺势推出一些廉价的一元店、二元店，从而获得不错的利润。当竞争激烈时，他们已赚足"离场上岸"。这也是创业者在淡市中创业的有效方式之一。除此之外，针对某一类特定的消费者开展事业也能成功，如青少年、儿童、老年人等。经济萧条时，不少家庭减少了消费，但再省也不能省孩子，孩子的文具用品等仍然有稳定的消费市场。

（4）由个人专长出发。

俗话说："隔行如隔山。"初次创业者最好是从自己最有兴趣、最擅长、最有经验的行业开始。因为遇到经营困难时，兴趣可能帮上不少忙，使你能坚持下去。有不少的创业故事就是从发挥个人所长开始的。那么，如何评估一个项目是否适合自己呢？可以通过以下问题来评估：

① 你个人的经验、知识和能力与创业项目的要求是否匹配？

② 未来的企业有生存和发展的竞争优势吗？

③ 这个创业项目有多大的利润空间？创业项目有增长的潜力吗？

④ 有明确和具体的目标客户吗？创业项目会给他们带来什么具体的好处？投资的时机恰当吗？

⑤ 有没有致命的弊端或限制因素（内、外部）可能令创业失败？

熟悉就是成功的捷径

25岁的丹麦青年李曦萌开始在上海淘金。但这位复旦大学的留学生折腾了大半年一无所获，走投无路之际，老同学提醒他："你不是擅长吹萨克斯吗？干吗不先用它来糊口呢？"当天下午，李曦萌就在上海卡门夜总会找到了工作，每晚演出收入300元。

温饱无忧之后，他开始反思自己闯荡商场失败的原因，觉得创业就应像眼前靠吹萨克斯吃饭一样，从自己熟悉的行业入手。他想起刚毕业时曾在非洲采访过一个很有名气的木材商，对方曾拍胸脯说非洲的木材不比北欧的差，但非洲的木材价格就是卖不上去。他迅速地查到了那木材商的地址，向对方发出传真，对方很快有了反馈。然后，他又打电话给上海几乎所有的木材厂，终于落实了一笔200万美元的合同。一个月后，生意成功，他赚了个钵满盆盈。

此后，李曦萌又把目光瞄向了家乡丹麦的著名产品。他发现，随着上海的进一步开放，越来越多的外国人入住上海，同时许多家庭搬迁新居，如果把高品质的丹麦家具引入中国老百姓的家庭，定能填补市场的空白。他从丹麦联系了一批优质样品到上海试销，试销结果令人满意。不久，一组名为"北欧风情"的系列家具迅速占领了上海乃至北京、深圳、大连等地市场，至2000年年底，李曦萌已创出了9亿元的资产。

【知识应用】

1. 调查研究

通过调查所在学校的周边环境，分析学校和周围社区人们的生活消费需求，结合创业机会的特点、来源及识别方法，寻找适合大学生创业的商机。具体操作如下：

（1）制定调查问卷。

（2）就学校内外的环境及人员状况进行调查和访谈。

（3）根据调查数据和相关信息，对学校周边环境和消费者需求进行详细分析，确定创业机会的具体内容。

2. 产生创业想法

（1）请思考下面物体的利用价值，尽可能提出更多的创业想法，填入下表中：

物　体	创业想法	补充说明
旧图书		
破旧电脑		
矿泉水瓶		
汽车轮胎		
一次性纸杯		

（2）在上述的创业想法中，对你而言，最可能成功的一个想法是：

(3) 用下面的表格评估你这个想法是否是好的商业机会。

评估方面	盈利时间	市场规模	资金需求	毛利率	成本结构	门槛限制	竞争性	缺陷	可控性
评估结果									
你的结论									

任务二　评估创新创业机会

【项目情境】

小张大专毕业后做了几年销售,积累了一些经验,也有了不少积蓄,学平面设计的他开始萌生了创业的念头。他看到一种"背背佳"的矫正保护器这两年卖得很火。小张非常兴奋,在没有深入了解市场的情况下就上马了"小神童正姿器",通过在书桌上安装感应式支架,来提醒使用者注意姿势。小张先花了近4万元买下专利,设计图纸,然后找代理厂家做模具,接着做包装箱、减震泡沫板,说明书……前前后后贷款投入了近60万元。一年后,转化成上千套产品。结果却令他大失所望:销售没有预测那么火爆,而且产品更新得很快,代理厂家的质量也存在问题,没有很好的质量监控体制,很多销售商要求退货。小张急忙寻找融资渠道,但市场没给他太多时间,不出一个月,银行就中止了后续贷款,小张的企业面临破产。

围绕以下问题讨论,评价小张的创业项目。

任务要求:

1. 对创业者来说,创业机会的评估关系到投资的成败。应如何评估创业机会?评估时应考虑哪些因素?

2. 请你评价小张的创业项目是不是一个好的创业构思,说出理由。

【相关知识】

评估创业机会是创业过程中一个具有关键意义的环节。许多很好的机会并不是突然出现的,而是对"一个有准备的头脑"的一种"回报",或是在一个评估市场机会的机制建立起来之后才会出现。不同创业者对创业机会的评估是不一样的。值得创业者注意的是,发现了商业机会,并不意味着就有创业机会,更不意味着成功就在眼前。商业机会分为两类,一类是昙花一现的商机,这是一般性商机;一类是会持续一段时间,有市场前景的商机,这才是适合创业的商业机会,即创业机会。因此,对创业者来说,关键在于如何能够从众多商业机会中寻找有价值的创业机会,并采取有效而快速的行动来把握机会。一般而言,有价值的创业机会具有吸引力、持久性、及时性、客观性四大特点,应先把握好以上四点,再对创业机会进行评估。

一、创业机会评估的准则

(一) 市场评估准则

1. 市场定位

一个好的创业机会,必然具有特定市场定位,专注于满足顾客需求,同时能为顾客带来增值的效果。因此评估创业机会的时候，可通过市场定位是否明确、顾客需求分析是否清晰、顾客接触通道是否流畅、产品是否持续衍生等，来判断创业机会可能创造的市场价值。创业带给顾客的价值越高，创业成功的机会也会越大。

2. 市场结构

针对创业机会的市场结构进行六项分析，包括进入障碍、供货商、顾客、经销商的谈判力量、替代性竞争产品的威胁，以及市场内部竞争的激烈程度。由市场结构分析可以得知新企业未来在市场中的地位，以及可能遭遇竞争对手反击的程度。

3. 市场规模

如果市场的规模和价值很小，往往是不足以支撑企业长期发展的。市场规模大小与成长速度也是关乎新企业成败的重要因素。一般而言，市场规模大者，进入障碍相对较低，市场竞争激烈程度也会略为下降。如果要进入的是一个十分成熟的市场，纵然市场规模很大，但由于市场已经不再成长，利润空间必然很小，因此这样的市场恐怕就不值得再投入。反之，一个正在成长中的市场通常也会是一个充满商机的市场，所谓水涨船高，只要进入时机正确，必然会有获利的空间。

4. 市场渗透力

对于一个具有巨大市场潜力的创业机会，市场渗透力（市场机会实现的过程）将会是一项非常重要的影响因素。聪明的创业家会选择在最佳时机，也就是市场需求正要大幅增长之际进入市场。

5. 市场占有率

创业预期可取得的市场占有率目标可以显示这家新创公司未来的市场竞争力。一般而言，要成为市场的领导者，需要拥有20%以上的市场占有率。如果市场占有率低于5%，说明这个新企业的市场竞争力不高，自然也会影响未来企业上市的价值。尤其处在具有"赢家通吃"特点的高科技产业，新企业必须拥有成为市场前几名的能力，才比较具有投资价值。

6. 产品的成本结构

产品的成本结构也可以反映新企业的前景是否亮丽。例如，从物料与人工成本所占比重之高低、变动成本与固定成本的比重，以及经济规模产量的大小，可以判断企业创造附加价值的幅度以及未来可能的获利空间。

（二）效益评估准则

1. 合理的税后净利

一般而言，具有吸引力的创业机会，能够创造15%以上税后净利。如果创业预期的税后净利在5%以下，那么这就不是一个好的创业机会。

2. 达到损益平衡所需的时间

合理的损益平衡应该能在两年以内达到，但如果三年还达不到，恐怕就不是一个值得投入的创业机会。不过，有的创业机会确实需要经过比较长的耕耘时间，必须通过这些前期投入，创造进入障碍，才能保证后期的持续获利。在这种情况下，可以将前期投入视为一种投资，这样可以容忍较长的损益平衡时间。

3. 投资回报率

考虑到创业可能面临的各项风险,合理的投资回报率应该在25%以上。一般而言,投资回报率在15%以下的创业项目是不值得考虑的。

4. 资本需求

投资者一般会比较欢迎资金需求量较低的创业机会。事实上,许多个案也显示,资本额过高并不利于创业成功,有时还会带来稀释投资回报率的负面效果。通常,知识越密集的创业机会,对资金的需求量越低,投资回报反而会越高。因此,在创业开始的时候,不要募集太多资金,最好通过盈余积累的方式来创造资金。比较低的资本额将有利于提高每股盈余,并且还可以进一步提高未来上市的价格。如今在美国的风险资本市场上,一个新创企业的第一轮融资一般为100万~200万美元或者更多。一些潜力较高的企业,例如服务性企业,其资本需要量比那些不断需要大额研发资金的高科技公司的资本需要量少。

5. 毛利率

创业机会具有高额和持久的获取毛利的潜力这一点是十分重要的。一般而言,40%或50%以上的毛利率将提供一个极大的内在缓冲器,比20%以下的毛利率更具有容错性,能让企业更好地从错误中吸取教训,从而激励企业的成长。高额和持久的毛利还意味着一家企业可以较早达到收支平衡,这种情况在最初的两年内对企业是十分有利的。软件业的毛利率通常都很高,所以,只要能找到足够的业务量,从事软件创业在财务上遭受严重损失的风险相对会比较低。低于20%的毛利率,特别是在它们并不稳定的情况下,是没有吸引力的。

6. 策略性价值

新企业能否在市场上创造策略性价值,也是评价创业机会的一项重要的指标。一般而言,策略性价值与产业网络规模、利益机制、竞争程度密切相关,而创业机会对产业价值链所能创造的价值效果,也与它所采取的经营策略与经营模式密切相关。

7. 资本市场活力

当新企业处于一个具有高度活力的资本市场时,它的获利回报机会相对也比较高。不过资本市场的变化幅度极大,在市场高点时投入,资金成本较低,筹资相对容易。在资本市场低点时,新企业开发的诱因较少,好的创业机会也相对较少。不过,对投资者而言,市场低点时投资成本较低,有的时候投资回报反而会更高。一般而言,处在活跃的资本市场中的新创企业比较容易创造增值效果,因此资本市场活力也是一项可以被用来评价创业机会的外部环境指标。

8. 退出机制与策略

风险投资者通常还要考虑在一定的时候将所投资金抽回,因此退出机制对于创业机会的评估也相当重要。企业的价值一般也要由具有客观鉴价能力的交易市场来决定,而这种交易机制的完善程度也会影响新企业退出机制的弹性。由于退出的难度普遍要高于进入,所以一个具有吸引力的创业机会应该要为所有投资者考虑退出机制以及退出的策略规划。

(三) 定性评估准则

创业机会定性评估一般依据以下五项基本标准。第一,机会对产品有界定明确的市场需求,产品推出的时机也是恰当的。第二,投资的项目必须维持持久的竞争优势。第三,投资必须具有一定的高回报,从而能包容一些投资中的失误。第四,创业者和机会之间必须互相适合。第五,机会中不存在致命的缺陷。

二、创业机会评估的方法

(一)蒂蒙斯创业机会评价体系与方法

1. 蒂蒙斯创业机会评价体系

蒂蒙斯创业机会评价体系涉及行业和市场、经济因素、收获条件、竞争优势、管理团队、致命缺陷、个人标准、理想与现实的战略性差异八个方面的53项指标,见表3-1。通过定性或定量的方式,创业者可以利用这个体系模型对行业和市场问题、竞争优势、管理团队和致命缺陷等做出判断,来评价一个创业项目或创业企业的投资价值和机会。

表3-1 蒂蒙斯创业机会评价表

行业与市场	1. 市场容易识别,可以带来持续收入 2. 顾客可以接受产品或服务,愿意为此付费 3. 产品的附加价值高 4. 产品对市场的影响力高 5. 将要开发的产品生命长久 6. 项目所在的行业是新兴行业,竞争不完善 7. 市场规模大,销售潜力达到1 000万~10亿元 8. 市场成长率在30%~50%甚至更高 9. 现有厂商的生产能力几乎完全饱和 10. 在五年内能占据市场的领导地位,市场占有率达到20%以上 11. 拥有低成本的供货商,具有成本优势
经济价值	1. 达到盈亏平衡点所需要的时间在1.5~2年 2. 盈亏平衡点不会逐渐提高 3. 投资回报率在25%以上 4. 项目对资金的要求不是很高,能够获得融资 5. 销售额的年增长率高于15% 6. 有良好的现金流量,能占到销售额的20%~30% 7. 能获得持久的毛利,毛利率要达到40%以上 8. 能获得持久的税后利润,税后利润率要超过10% 9. 资产集中程度低 10. 运营资金不多,市场需求量是逐渐增加的 11. 研究开发工作对资金的要求不高
收获条件	1. 项目带来的附加价值具有较高的战略意义 2. 存在现有的或可预料的退出方式 3. 资本市场环境有利,可以实现资本的流动

续表

竞争优势	1. 固定成本和可变成本低 2. 对成本、价格和销售的控制力较高 3. 已经获得或可以获得对专利所有权的保护 4. 竞争对手尚未觉醒，竞争较弱 5. 拥有专利或具有某种独占性 6. 拥有发展良好的网络关系，容易获得合同 7. 拥有杰出的关键人员和管理团队
管理团队	1. 创业者团队是一个优秀管理者的组合 2. 行业和技术经验达到了本行业内的最高水平 3. 管理团队的正直廉洁程度能达到最高水平 4. 管理团队知道自己缺乏哪方面的知识
致命缺陷	不存在任何致命缺陷
个人标准	1. 个人目标与创业活动相符合 2. 创业者可以做到在有限的风险下实现成功 3. 创业者能接受薪水减少等损失 4. 创业者渴望拥有创业这种生活方式，而不只是为了赚大钱 5. 创业者可以承受适当的风险 6. 创业者在压力下状态依然良好
理想与现实的战略性差异	1. 理想与现实情况相吻合 2. 管理团队已经是最好的 3. 在客户服务管理方面有很好的服务理念 4. 所创办的事业顺应时代潮流 5. 所采取的技术具有突破性，不存在许多替代品或竞争对手 6. 具备灵活的适应能力，能快速地进行取舍 7. 始终在寻找新的机会 8. 定价与市场领先者几乎持平 9. 能够获得销售渠道，或已经拥有现成的网络 10. 能够允许失败

（资料来源：杰弗里·蒂蒙斯，小斯蒂芬·内利. 创业学案例［M］. 周伟民，吕长春，译. 6版. 北京：人民邮电出版社，2005：84-87.）

评价体系说明：

（1）主要适用于具有行业经验的投资人或资深创业者对创业企业的整体评价。

（2）该指标体系必须运用创业机会评价的定性与定量方法才能得出创业机会的可行性及不同创业机会间的优劣排序。

（3）该指标体系涉及的项目比较多，在实际运用过程中可作为参考选项库，结合使用对象、创业机会所属行业特征及机会自身属性等进行重新分类、梳理简化，提高使用效能。

（4）该指标体系及其项目内容比较专业，创业导师在运用时一方面要多了解创业行业、企业管理和资源团队等方面的经验信息,另一方面要掌握这50多项指标内容的具体含义及评估技术。

2. 结合蒂蒙斯创业机会评价体系的评估方法

蒂蒙斯创业机会评价体系只是一套评价标准,在进行创业机会评价实践时,还需要掌握科学的步骤和专业的评估方法。下面介绍两种常用且易操作的评价方法。

(1) 标准矩阵打分法。

标准打分矩阵,是指将创业机会评价体系的每个指标设定为三个打分标准(比如最好的为3分,好的2分,一般的1分)形成的打分矩阵表。在打分后,求出每个指标的加权评价分。

这种方法简单易懂,易操作。该方法主要用于不同创业机会的对比评价,其量化结果可直接用于机会的优劣排序。当只用于一个创业机会的评价时,可采取多人打分后进行加权平均的操作。加权平均分越高,说明该创业机会越可能成功。一般来说,高于100分的创业机会可进一步规划,低于100分的创业机会则需要考虑淘汰。

(2) Baty 选择因素法。

该方法可以看作标准矩阵打分法的简化版。评价者通过对创业机会的认识和把握,按照蒂蒙斯创业机会评价体系的各项标准,看创业机会是否符合这些指标要求。如果统计后符合指标数少于30个,说明该创业机会存在很大问题与风险;如果统计结果高于30个,则说明该创业机会比较有潜力,值得探索与尝试。应用该方法时需要注意的一点是,如果机会存在"致命缺陷",则需要一票否决。致命缺陷通常是指法律法规禁止、需要的关键技术不具备、创业者不具备匹配该创业机会的基本资源等方面的系统风险。该方法比较适合创业者对创业机会进行自评。

(二) 通过市场测试评估创业机会

市场测试是指评估消费者对创意和商业概念的反馈,类似于实验,但不同于市场调研。市场调研侧重的是消费者认为他们想要什么,市场测试却能获得更精确的消费者需求数据。因为市场测试是站在一个和真实消费者互动交流的位置上(而不是通过提出假设性问题来估计)了解消费者的需求,能观察到消费者真实的行为。

一般来说,在产品开发的早期阶段需要对创意进行检测,以确定后续是否有必要进行探索。对概念和产品的市场测试,有助于了解消费者对创业想法和原型的反应,获取有关用户的满意度、购买意愿以及下一步创意开发可行性等信息。在产品和服务的早期阶段一般需要进行市场测试,通常只需要较少的资源,测试的结果包括获知产品和服务完善的信息,进一步明确产品或服务的定位,明确开发的经济成本,以及其他关键决策信息。

在产品开发领域,需要针对产品开发设计一套概念生成、检测和选择的流程,通过对各种产品属性的重要性、消费者价格的敏感度和其他问题的定量分析,帮助设计者权衡和优化产品特性水平。概念测试还有助于降低创业的不确定性。在实践中,概念测试的目的是在打算对产品进行大幅度投资之前,预测消费者对这个产品的创意反应。因此,创业者需要遵循"创建—测试—学习"的步骤,目的是快速获取重要消费者的信息,通过迭代性的进程推动商业概念以及最终的商业模式得以有效实施。

【知识应用】

1. 在大学校园中，有为数不少的同学对个人创业很感兴趣。但同样是有创业意愿的人，为什么有的人能够发现创业机会，而有些人却看不到创业机会呢？谈谈你的想法。

2. 选择一两位身边认识的从事创业活动的亲友，做实地调查，看看他们是如何理解创业机会的特点的，并把他们的观点与本模块提出的观点进行对比，看他们把握的创业机会价值有何差异，你又会据此给他们提供什么建议，同时简单列出判断理由。

【模块知识小结】

本模块主要介绍了识别与评估创新创业机会的两个任务，分别是：识别创新创业机会、评估创新创业机会。

创业机会是商业或市场活动中的机遇和机会，是对新产品、新服务或新业务需求的一组有利环境；是一种有吸引力的、较为持久的和适时的商务活动的空间，有利于创业的偶然性和可能性，并最终表现在能够为消费者和客户创造价值、增加价值的产品或服务之中，同时能为创业者带来回报（或实现创业目的）。

有的创业机会可能是创业者偶然遇到的，但更多的创业机会来自于系统的分析研究。创业机会主要来源于技术变革、市场变化、宏观环境（包括政策法规、经济发展、社会进步、技术发展、自然环境）变化、地区环境变化、行业发展变化等。

创业成功与否与项目的选择息息相关，寻找一个适合自己的项目是首要任务，创业者在选择商机时需要进行技术调查与分析和市场调查与分析这两项重要工作。

【复习思考题】

1. 简述寻找创业机会的路径。
2. 你觉得识别创业机会是一个过程吗？为什么？
3. 如何评估创业机会？
4. 你认为对创业机会的认知是一种艺术还是一项科学？如果是艺术，它体现在哪些方面？如果是科学又体现在哪些方面？

【案例训练】

李嘉诚对创业机会的把握

1940年，11岁的李嘉诚为了逃避日军侵略战火而不得不随家人辗转迁徙香港地区。14岁时，李嘉诚父亲早逝，为了帮助母亲养家糊口，他辍学求职。由于时局动荡，经济不景气，再加上李嘉诚年龄太小，身体单薄，工作并不好找。几次碰壁之后，他终于在一家茶楼找到了一份堂倌的工作。在茶楼跑堂时，李嘉诚每天工作在15小时以上，异常辛苦。当时，他的舅父让李嘉诚到他的中南钟表公司工作，但是李嘉诚不愿受别人太多的荫庇和恩惠，哪怕是亲戚。他认为这样会令他失去自我的进取心。

逆境是改变命运的机会。17岁时，李嘉诚去一家五金厂负责推销镀锌铁桶，成为一名推销员，颇有业绩。当时，他看好了塑胶行业的发展前景，毅然加盟了塑胶公司。李嘉诚凭借自己的勤勉和机灵，取得了突出的销售业绩。18岁那年，李嘉诚被提升为部门经理，两年后，他又以杰出的成就，成为塑胶公司的经理。但是后来李嘉诚选择了离开，因为他心中已有了自己的计划：创办自己的塑胶厂。要把握机会，就得敢于挑战，果断迈出第一步。1950年，22岁的李嘉诚用做推销员积蓄的5万港元，创立了长江塑胶厂，取名"长江"，其寓意为"长江不择细流，故能浩荡万里"，足见李嘉诚的胸襟与抱负。创业初期，为了节省成本，李嘉诚到远离市区的地方找廉价的厂房，技工、设计、推销、采购、会计、出纳，几乎什么事都是他一手操持。塑胶业的发展日新月异，在他的努力经营下，塑胶厂得到了稳健的发展。机会总是属于有准备的人的，坚持学习的李嘉诚居安思危，思考着塑胶厂的未来。他将目光投向全球。有一次，他从《塑胶》英语杂志上看到欧美市场已经出现塑胶原料制成塑胶花的消息，嗅觉敏锐的他立刻意识到了机会的到来。他推想，欧美家庭都喜爱在室内户外装饰花卉，但是快节奏的生活使人们无暇种植娇贵的植物花卉，而塑胶花正好弥补这个缺陷。李嘉诚对机会做出了判断——塑胶花的面世必将引起塑胶市场的一场革命。

机不可失，失不再来，善于捕捉机会的李嘉诚迅速出动。1957年，李嘉诚前往意大利学习制造塑胶花的技术。他兼有购货商、推销员的身份，有时甚至出苦力打短工，一点点地搜集技术资料。不久，他完全掌握了制作塑胶花的各项步骤和技术要领。返回香港地区后，开始生产当时在香港地区尚属"冷门"的塑胶花，并大肆进行广告宣传。

机会总是青睐第一个吃螃蟹的人。李嘉诚的塑胶花产品很快打入了中国香港地区和东南亚市场。同年底，欧美市场对塑胶花的需求也越来越大，订单成倍地增长。世界塑胶花市场的这种旺势一直持续到1964年。在前后7年时间里，李嘉诚获得了数千万港元的利润，长江公司成为世界上最大的塑胶花生产基地，李嘉诚也以"塑胶花大王"的美誉而名声大噪。机会是具有时效的，并非永久存在。李嘉诚长远地看到，欧美人天性崇尚自然，塑胶花革命势必不会持久。当塑胶花市场还一片大好的时候，他就预料到这种局面维持不了几年，因为他相信物极必反的道理。于是，他急流勇退，及早收手。当一个机会窗口关闭的时候，总会有另一个机会窗口被打开。李嘉诚不知不觉地将生产重点转移到了已逐渐被人们冷落的塑胶玩具上面，并很快跻身国际市场。一两年后，当所有塑胶花厂商为产品严重滞销而苦恼不已的时候，曾经是世界最大塑胶花生产基地的长江公司却正在国际玩具市场中大显身手，每年出口额高达1 000万美元，李嘉诚成了香港地区的"塑胶玩具大王"。

时势造英雄，机会来源于对宏观环境的把握。李嘉诚很早就意识到香港地区已开始繁荣。1958年，李嘉诚在香港地区的北部购置了一块土地，正式向房地产产业进军。20世纪60至70年代，香港地区的房地产市场发展迅猛，长江实业大获其利，1978年又收购了历史悠久的英资水泥公司青洲水泥。在房地产行业再度兴旺时，长江实业连创佳绩，从而巩固了大房产公司的地位。1979年，长江实业收购拥有贸易、商业、房地产等诸多子公司的哈奇逊公司，成为集团公司。1981年，长江集团成为香港地区最大的企业集团。这距李嘉诚创业仅30年的时间。这之后，已经是华人首富的李嘉诚又涉足能源、海外投资、电信传媒等行业，可以说，他已建立了一个商业帝国。

思考与训练：

1. 请结合本案例和互联网上关于李嘉诚的介绍，分析他是如何识别创业机会并取得成功的。
2. 你认为怎样才能发现创业机会？

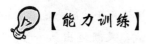**【能力训练】**

创业机会评估

评估创业机会的目的是在众多的机会中,通过分析、判断和筛选,发现利己的、可供创业的商业机会。曾有人言:"机会之中蕴含着商业利润,发现具有吸引力的商业机会是创业成功的基石。"一些创业者的经验表明,抓不住机会固然无法创业,但抓错了机会更有害,不利于创业。请利用下表对某个创业项目进行评价,看其是否可行。

评估框架	评估因素	评估结果(5分制) 1—2—3—4—5
行业与市场	1. 市场容易识别,可以带来持续收入	
	2. 顾客可以接受产品或服务,愿意为此付费	
	3. 产品的附加价值高	
	4. 产品对市场的影响力高	
	5. 将要开发的产品生命长久	
	6. 项目所在的行业是新兴行业,竞争不完善	
	7. 市场规模大,销售潜力达到1 000万~10亿元	
	8. 市场成长率在30%~50%甚至更高	
	9. 现有厂商的生产能力几乎完全饱和	
	10. 在五年内能占据市场的领导地位,市场占有率达到20%以上	
	11. 拥有低成本的供货商,具有成本优势	
经济因素	1. 达到盈亏平衡点所需要的时间在1.5或2年	
	2. 盈亏平衡点不会逐渐提高	
	3. 投资回报率在25%以上	
	4. 项目对资金的要求不是很高,能够获得融资	
	5. 销售额的年增长率高于15%	
	6. 有良好的现金流量,能占到销售额的20%~30%	
	7. 能获得持久的毛利,毛利率要达到40%以上	
	8. 能获得持久的税后利润,税后利润率要超过10%	
	9. 资产集中程度低	
	10. 运营资金不多,市场需求量是逐渐增加的	
	11. 研究开发工作对资金的要求不高	
收获条件	1. 项目带来的附加价值具有较高的战略意义	
	2. 存在现有的或可预料的退出方式	
	3. 资本市场环境有利,可以实现资本的流动	

续表

评估框架	评估因素	评估结果（5分制）1—2—3—4—5
竞争优势	1. 固定成本和可变成本低	
	2. 对成本、价格和销售的控制力较高	
	3. 已经获得或可以获得对专利所有权的保护	
	4. 竞争对手尚未觉醒，竞争较弱	
	5. 拥有专利或具有某种独占性	
	6. 拥有发展良好的网络关系，容易获得合同	
	7. 拥有杰出的关键人员和管理团队	
管理团队	1. 创业者团队是一个优秀管理者的组合	
	2. 行业和技术经验达到了本行业内的最高水平	
	3. 管理团队的正直廉洁程度能达到最高水平	
	4. 管理团队知道自己缺乏哪方面的知识	
致命缺陷	不存在任何致命缺陷	
个人标准	1. 个人目标与创业活动相符合	
	2. 创业者可以做到在有限的风险下实现成功	
	3. 创业者能接受薪水减少等损失	
	4. 创业者渴望拥有创业这种生活方式，而不只是为了赚大钱	
	5. 创业者可以承受适当的风险	
	6. 创业者在压力下状态依然良好	
理想与现实的战略性差异	1. 理想与现实情况相吻合	
	2. 管理团队已经是最好的	
	3. 在客户服务管理方面有很好的服务理念	
	4. 所创办的事业顺应时代潮流	
	5. 所采取的技术具有突破性，不存在许多替代品或竞争对手	
	6. 具备灵活的适应能力，能快速地进行取舍	
	7. 始终在寻找新的机会	
	8. 定价与市场领先者几乎持平	
	9. 能够获得销售渠道，或已经拥有现成的网络	
	10. 能够允许失败	
评估结果汇总		

模块四

设计商业模式

【学习目标】

能力目标

通过本模块的学习和训练,能够做到:
1. 根据具体项目设计商业模式;
2. 根据项目的经营现状创新商业模式。

知识目标

通过本模块的学习,应该能:
1. 掌握商业模式的定义;
2. 掌握商业模式设计的九大要素;
3. 了解商业模式的重要性;
4. 掌握商业模式设计的思路和方法;
5. 掌握商业模式创新的方法;
6. 了解商业模式创新的方向;
7. 了解商业模式创新循环。

素质目标

1. 通过资料收集、课外调查和课堂研讨,提高组织能力;
2. 通过小组集体学习和训练,培养团队协作精神。

模块四 设计商业模式

任务一 认知商业模式

【项目情境】

二十多岁的廖某是一名典型的"吃货",于是就找了一份在甜品公司上班的工作。本打算靠山吃山,尝尽公司里好吃的、健康的甜点,但是她发现公司的甜品通常吃几块就会让人感觉很腻。她开始仔细调研,发现公司的甜品使用的主要是植物奶油,而且植物奶油含有反式脂肪酸,容易让人发胖。廖某继续学习研究,发现动物奶油在口感上与植物奶油差别不大,而且动物奶油营养价值高,如果打动物奶油甜点这张牌,销量肯定不小。发现这个商机后,不到一个月,廖某就辞职了,她打算创业。离职后,廖某很快找到了她的大学同学兼宿舍闺蜜,经过三个月的筹备,俩人合伙开了一家以动物奶油为原料、以无添加为原则的蛋糕工作室,让"吃货"们都能吃到健康的蛋糕。刚开始经营的两三个月,订单少,每月平均亏一万元,廖某对闺蜜心存内疚。

请你帮廖某和闺蜜选择合适的商业模式,让工作室早日扭亏为盈。

任务要求:

1. 探讨商业模式对创业项目的意义。你知道哪些商业模式?应如何选择与项目匹配的商业模式?

2. 根据该创业项目的特点,请帮助廖某和闺蜜想出拓广工作室的知名度并扭亏为盈的经营方法。工作室应该采取什么样的商业模式?

【相关知识】

商业模式是企业生存的根本,任何一个企业创立之初,最需要费工夫琢磨和研究的就是商业模式。任何一个企业一开始都是一个暂时性的组织,必须找到可重复、可升级的商业模式才能开始蜕变,逐渐化身为一个可持续发展的伟大企业。许多创业企业能获得成功,并不是因为产品或服务的创新性有多强,而是有一个具有一定创新性和可操作性的商业模式。商业模式不仅使初创企业的资源得到有效的利用,而且能使商业机会背后的价值得到最好的开发,还能使投资者读懂初创企业的商业逻辑从而对是否投资做出快速的决策。因此,深入了解自己商业模式的每个环节,并且不断去分析、创新商业模式是每一个创业者的基本功课。

一、商业模式的内涵

商业模式的概念是 20 世纪 90 年代后期才开始流行起来的。从众多创业者的创业经历可以发现,尽管很多创业者识别到了绝佳的商业机会,形成了新颖的创业思路并组建了才干超群的创业团队,但仍然很难获得投资人的认可,企业成长乏力或快速失败,这其中的一个重要原因是没有成功的商业模式。所以,探索并建立与商业机会相适配的商业模式对创业者至关重要。但是,究竟什么是商业模式呢?近年来,有关商业模式的讨论很多,社会各界对商业模式的理解不尽相同,一些学者也尝试给这一概念下定义或做出解释。如 2002 年,Joan Magretta 认为商业模式应该解决以下问题:谁是顾客,顾客的价值何在,如何在这个领域中获得收入，如何以合适的成本为顾客提供价值。S. C. Voelpel 等人认为商业模式表现为一定的业务领域中的顾客核心价值主张和价值网络配置，包括企业的战略能力和价值网络中的其他成员的能力，以及对这些能力的领导和管理，以持续不断地满足包括股东在内的各种利益相关者的多重目的。Osterwalder 等人认为商业模式是一个概念性工具，它借助一组要素以及要素之间的联系，用以说明一个企业的商业逻辑；它描述了企业向一个或多个顾客群提供的价值、企业为产生持续的盈利性收入所建立的架构，以及移交价值所运用的合作网络与关系资本。从中可以看出，大部分的商业模式研究的对象是大型企业，或者经营内容复杂的企业。

本书将商业模式定义确定为：为实现客户价值最大化，把能使企业运行的内外各要素整合起来，形成一个完整的、高效率的、具有独特核心竞争力的运行系统，并通过最优实现形式满足客户需求、实现客户价值，同时使系统达成持续赢利目标的整体解决方案。商业模式是一个整体的、系统的概念，而不仅仅是一个单一的组成因素，并且商业模式的组成部分之间必须有内在联系，这个内在联系把各组成部分有机地关联起来，使它们互相支持，互相作用，形成一个良性的循环。

小案例 房多多为啥一年能卖 2 000 亿

房多多成立不足三年，已经成为立下 2 000 亿元全年目标的房产 O2O 公司。2012 年，房多多从苏州市场起步，当年扩张至 10 个城市，交易额达到 40 亿人民币。2013 年，交易额迅速扩大至 400 亿元。目前，房多多在 40 多个城市落地，渗透的经纪公司门店达 50 000 个，签约经纪人超过 50 万，合作的房产项目超过 500 个。今年上半年，房多多宣布实现 500 亿元的交易额，公司预计这个数字在今年将达到 2 000 亿元。从员工人数上看，这个刚刚进入大众关注视野的创业公司也已经不是一家小公司，房多多有一支 2 000 人的地面团队，包括面向开发商的销售团队，以及服务经纪公司的地推团队。此外，房多多的线上团队，也就是产品技术团队聚集在深圳总部。房多多已宣布完成 B 轮融资，由嘉御基金、光速安振中国创投、鼎晖创投联合投资 8 000 万美金。

房多多的价值在于放大了经纪人的"连接功能"。传统意义上，中介公司的经纪人只销售二手房。但房多多和房产开发商合作，将新房的资源开放给经纪人，让掌握客户资源的二手房经纪人也参与到新房的销售过程中。这种"让二手经纪人卖新房"就是通常所说的"一二手联动"，这种业务在房产市场其实并不新鲜。但传统房产机构的"一二手联动"只能解决点到点的问题，二手房经纪人接触的新房资源有限，因此开发商获得的新增客源也是有限的。而房多多通过平台的效应，能够把"一二手联动"的业务规模化。为了服务开发商和房产经纪人，房多多上线了一系列产品，包括房源宝、房点通、客多多、房多多经纪人、房多多等多款 App。其中房多多经纪人很显然是面向经纪人的产品，主要满足新楼盘浏览、业绩记录及结算佣金的需求。房点通是面向房产开发商的互联网广告投放工具，而客多多面向的人群是新房代理公司置业顾问，房源宝是新房代理公司的客户管理工具。

房多多的业务模式分别满足了房产开发商、经纪人，以及普通用户的各方面需求。

1. 开发商与新房代理公司：增加销售渠道 + 资金快速回笼

传统模式下，售楼处效率低下，同时营销成本高（通常占房产销售额的 3%~5%）。而利用房多多的平台,可以拓展新的销售渠道,降低成本,实现资金快速回笼。同时,对于新房代理公司来说,房多多的出现也意味着销售渠道的增加,双方的关系是合作不是竞争。

2. 中介(经纪人):提高成交比例+增加佣金收入

在房多多的平台下,经纪人也就是中介,扮演了很重要的角色。经纪人的获益也是显而易见的。原本只能够销售二手房源,而通过房多多,经纪人可以拿到大量新房房源,这意味着成交比例的上升,以及一笔额外的新房成交佣金。此外,房多多承诺的七天快速结佣对经纪人来说有强烈的吸引力。房多多收到客户定金后,直接与经纪人计算佣金,不需要等到开发商和中介结款,这就大大缩减了结佣周期。

3. 购房用户:增加选择余地+获得购房优惠

用户在购房过程中并没有和房多多发生直接关系(除了缴存定金这一步),但用户在向经纪人咨询及看房的过程中,可以通过经纪人看到更多房源,也就是房多多引入的一手房资源,增加了选择的余地。同时,房多多通过缴存定金的形式,给予用户一定程度的折扣,譬如 1 000 元定金抵 10 000 元房款。

国内的房产销售分两大类:新房和二手房。新房由售楼处以及代理公司销售,二手房由经纪公司销售。由于交易周期漫长、信息不对称,房产交易的各方都需要花费高昂的成本。对于开发商来说,是高居不下的推广成本;对经纪人来说,是难以提高的佣金收入;对消费者来说,是时间成本和不透明的价格。而房多多采用的"一二手联动"模式是一个很好的切口,符合各方的实际需求。从 2008 年开始,国内一些线下的房产服务机构也已经开始尝试这项业务。特别是在房地产市场低迷的情况下,二手房交易受冲击最大,"一二手联动"也就更受二手经纪人的欢迎(二手房卖不动可以卖新房)。

(资料来源:http://event.sj998.com/moshi/446250-all.shtml)

二、商业模式的类型

(一) 标准模式

商业模式的标准化就是在企业发展过程中琢磨规则、创造规则的过程。麦当劳、肯德基为何能成为世界快餐业的路标?其品牌为何能如此深入人心?答案是:标准化——每一个细节都坚持标准化,而且持之以恒。麦当劳的连锁标准化管理是标准模式的一个楷模。这种标准化的商业模式在餐饮行业、零售企业应用范围十分广泛,对企业的发展具有重要的意义。

1. 降低成本

标准化的第一作用就是降低成本。标准是企业经营多年的智慧和经验的结晶,代表了企业目前最有效的运营方式,可以提高企业的生产效率,减少生产过程中的消耗或损耗,减少生产过程中的浪费,间接地降低生产成本。

2. 明确责任

标准化的商业模式可以促进企业更简单地确定问题的责任。在推行标准化模式的企业里,一项不好的操作会导致一个问题的出现,企业可以通过操作轻易确定问题的责任人:是主管制定的作业指导书不好,还是操作员没有完全按照作业指导书进行操作。只有明确了责任之后,才可能对今后的工作做出改进与对策。

（二）创新模式

创新的商业模式可以改变整个行业的格局，让价值数十亿美元的市场重新洗牌。当今成功的企业都具有创新的商业模式，如沃尔玛、阿里巴巴、百思买、西南航空、亚马逊等。成功晋级《财富》500强的企业，多数认为企业的成功关键在于商业模式的创新。因此，创新模式也成为众多企业在设计商业模式时的必然考虑。

小案例　　　亚马逊："现金奶牛"的商业模式创新

在大部分人眼里，亚马逊是一家典型的 B2C 电子商务公司，靠在网上贩卖廉价的图书和消费电子产品赚钱。然而，这并非事实的全部。与国内同行当当和京东商城不同，亚马逊公司平淡无奇的 B2C 商业模式外壳下隐藏的却是一颗极富创新精神的心。这家公司的一举一动，正在深刻地影响着我们现在和未来的生活。

2009年，美国著名的高端商业杂志 *Condé Nast Portfolio* 评选出当今全球科技领域最具创新力的25人。在这份名单中，亚马逊公司创始人 Jeff Bezos 排在第二，位列苹果传奇人物 Steve Jobs 之前。如果你了解 Steve Jobs 在美国科技创新领域神一般的地位，就能够明白这个排名的分量。网络书店，虽然现在看起来是一个很普通的想法，但要知道，亚马逊刚开始在网上卖书的时候，雅虎公司甚至还没有诞生。亚马逊早在2006年就推出了商用 S3 和 EC2 等服务，这些东西后来被人们称为"云计算"。Jeff Bezos 有太多出人意料的主意，而他一些看似无法理解的商业行为，往往数年后才被发现极具前瞻力。

今天在美国生活，人们几乎可以只跟亚马逊一家公司打交道：在亚马逊网站上购买从牛奶麦片到割草机、沙发等所有的日用品；用 Kindle 阅读电子书、报纸、杂志；从亚马逊 MP3 音乐商店下载歌曲，或者通过亚马逊流媒体点播服务观看电影；投资亚马逊的股票（如果你2008年年底就这么干了，那你今天已经赚了3倍）积累创业资金，也可以到亚马逊在西雅图的总部上班；在亚马逊 Marketplace 上做点小买卖，或是干脆购买 EC2 服务，创办自己的网络公司。

在如今社会分工高度发达的时代，亚马逊公司可以算是业务多元化的一个奇迹。其提供的商品、服务覆盖面之广，早已超出一家互联网企业能力的极限。在金融危机中，亚马逊股价逆势上升，净利润也大幅增加。2009年第四季度，亚马逊净利润为3.8亿美元，同比增长71%。这个数字虽然不及谷歌与苹果公司，但亚马逊的季度营业收入超过了谷歌，与苹果持平，这体现出亚马逊对人们生活的巨大影响力。

亚马逊是如何从一家网络书店，发展成为能够与百年工业巨人比肩的世界级公司的呢？答案就是其建立在技术创新之上的对新型商业模式的持续探索。当一头波士顿矩阵中的"现金奶牛"开始稳健而又执着地进行商业模式创新时，它的竞争对手完全有理由感到恐惧。

（资料来源：http://u.sanwen.net/subject/mkzrfqqf.html）

（三）混业模式

混业商业模式就是在现有的几种商业模式的基础上，结合开发出的一种新的行业商业模式，也属于一种跨界、跨行业的商业模式，如茶餐厅的出现和星巴克、上岛咖啡等。随着市场经济的发展和人们需求的不断多样化，建立在不同行业基础之上的混业商业模式正逐渐成为初创企业设计商业模式的一个重要选择。对于创业者来说，尝试将不同的行业杂交融合，让客户获得更好的价值体验，满足不同的市场需求，也是一个让企业快速成长的好办法。混业商业模式一旦运作妥当，可以帮助企业快速倍增业务，当今很多企业都在采用混业商业模式，但是要使用混业商业模式需要具备一些核心条件。

1. 足够吸引力

首先，企业对外宣传的产品和服务对于客户要具有足够吸引力，在价格、品质和服务方面要优于你的竞争对手，这样你的客户群体必然涌向你，你就拥有足够且海量的客户资源。一旦拥有超级的诱惑力，就不用愁没有客户来你的场所，而当客户来到你的场所时，就可以深度挖掘客户的潜在需求，配套好自己的混业产品即可进行二次营销。

2. 客户关联点

当有了海量客户资源的时候，你就想办法挖掘客户深层次的需求，设置一个客户关联点，这个点是给客户设置好配套的关联服务和产品，而且这个服务和产品如果比核心产品和服务更具吸引力，那么客户就乐于消费。因为只有配上这个关联点的产品和服务，顾客才会产生更佳的消费体验。比如星巴克，咖啡售卖其实并不挣钱，而面点、唱片、书籍的售卖才是利润的主要来源，这就是关联点，这个关联点给星巴克创造的价值远远胜过咖啡创造的价值。

3. 关联高价值

关联的产品和服务对于客户来说一定要是高价值的，而且客户必须通过关联点来满足的更高的需求，当更高的需求得到满足后，客户得到的附加值就远远超过了核心产品和服务的价值。比如说你去一个咖啡店，不但可以喝咖啡，可以办公，还可以看自己想看的书籍，那么对于你来说这样的消费所含有的价值就是巨大的，因此，你肯定不会选择去一个纯咖啡厅，这就是关联高价值的魅力。另外，对于企业来说，关联的产品和服务能够给企业带来的价值必须要比核心产品和服务的价值多，这样才能挖掘更多的客户消费价值，实现企业盈利多元化，从而使利润实现倍增。

（四）上位模式

不断上位的商业模式也是常见的商业模式之一，这种商业模式主要体现在企业初创时期。国内手机市场潜力巨大，一年销售量在 2 亿到 3 亿部，移动互联网带来的商机，正吸引越来越多深圳手机代工商从幕后走向前台，从单纯的手机加工厂向全方位的通信产品公司转型。

借助不断上位的商业模式，企业可以通过顺藤摸瓜的方式，吸取其他企业发展的技术、经验、客户群，然后独立门户，从后台走向前台，逐渐树立自己的品牌和信誉。借助持续的自我创新和市场拓展力，这种不断上位的商业模式就会渐渐朝更成熟的商业模式迈进。初创企业在起步初期，面临资金、市场、客户等众多壁垒，可以借助不断上位的商业模式，为自己企业的发展汲取力量。

（五）依附模式

依附商业模式指的是中小企业可以充分利用大型企业的资源来发展自己。大型企业有良好的商誉和极具影响力的品牌,有广泛快速的营销网络,有充裕的资金和管理技术,只要中小企业具有良好的资源整合能力,一切都能为它所用。大型企业虽然具有众多优势,但是这些企业也不是万能的,它们的发展需要很多的配套工程,如非核心的零部件或某些服务都需要外部提供,中小企业在实力比较弱小时可以为大企业提供服务,以此来争取发展机会。中小企业可以成为大型企业生产经营集团中的一员,同时可以作为大型企业生产经营网络上的一个环节存在。但小型企业在产权上还是独立的,仍然享有较大的经营自主权,并且可以同时依附几家不同的大型企业集团,这样小型企业就能够随着大型企业集团的发展而得到发展。如美特斯邦威就是在企业资源有限的条件下,借助社会资源获得了超常规的发展。

小案例

美特斯邦威"空手道"

美特斯邦威在几年前也只是个小企业,有自己的生产车间,也有自己的终端店,典型的前店后厂模式,看到哪个产品好销就跟进生产。这种模式的企业在中国有上万家,大家都在同质化竞争着,谁也难以做大。

休闲服的销售对象主要是时髦的青年男女,他们的消费偏好是流行、时尚。美特斯邦威发现,在原有的产业链中,针对这样的消费偏好,对应的关键环节不是原料、生产、分销、终端,而是设计。企业应以设计为关键环节,把握流行趋势,提前设计出流行的服装,以引爆流行,制造时尚,让消费者纷至沓来。

经过分析,美特斯邦威砍掉了生产车间,卖掉了终端店,利用有限的资金,花重金从法国、意大利、香港聘请设计师,同时专注于品牌建设。美特斯邦威不生产一件成衣,产品全部由全国的200多家OEM服装厂代工生产,销售则通过分散在全国的2 000多家加盟店来完成。2006年,美特斯邦威的销售额突破30亿,2007年达到40亿,2008年8月28日成功在深圳交易所上市。现在,美特斯邦威位居中国本土市场和国际休闲服装品牌之首,并且创办了目前规模最大的民资服饰博物馆。美特斯邦威的成功在于,上游环节利用社会闲散资源进行虚拟化的生产,这样不但降低了资金占用成本,而且也实现了社会资源的有效利用;对下游终端,通过特许加盟形式,降低了自建终端成本,也降低了风险,从而能够持续不断地实现盈利。

美特斯邦威模式是通过把握关键环节、重新组织产业价值链来实现的。

(资料来源:http://blog.chinaceot.com/)

(六) 创造需求模式

创造需求模式就是进行价值创新,满足客户未被满足的需求,这是商业模式创新的灵魂。市场的核心就是在需求和满足需求的供给之间变化。创造需求的一个重要标准是,别人有的,我去改进,别人没有的,我去创造。创造需求的一个重要基础是,在不断的调研中寻找事实的依据,创造机会,并要不断满足市场的要求,始终坚持客户需求至上,并保持与时俱进,这样才能实现盈利。如喜之郎公司在发展过程中,从上市准备到产品特点,从渠道整合到终端促销,小到产品标识的综合设计,大到每个阶段的整体布局,喜之郎不断创造需求、发现需求,才能迅速做大做强。

创业者往往能发现现实的需求和潜在的需求,但与其执着于从现实的需求中抢占市场,倒不如自己去创造某种需求，这样更具竞争力。创造需求需要有一定的资源支撑，对初创企业而言有一定的难度，但初步创业者也不必烦恼，发现现有的需求、满足现有的需求或许更能体现你的企业价值。

（七）增长扩展模式

现在的许多知名大企业往往是从一个小企业起家的，经过在业界的摸爬滚打，逐步壮大发展起来，建立自己的权威。增长扩展模式是他们所采取的商业模式之一。通常增长扩展商业模式主要包含3种方式：连锁方式、委托管理方式以及收购兼并方式。如连锁商业方式是屈臣氏的第一成功密码，收购兼并是屈臣氏的第二成功密码。企业扩张的模式有很多，如海尔的品牌扩张以多元化为模式，在进行多元化扩张过程中结合自身优势选择了并购这一方式，包括整体兼并、投资控股、品牌运作、虚拟经营等形式。

一个企业采取什么样的方式进行增长扩展，往往取决于这个企业具有什么样的优势：具有资金优势的可以采取正规的连锁模式；具有品牌优势的可以采用特许加盟连锁或是委托管理的模式；而资金和品牌都具有优势的，可以采用收购兼并的模式。不同的企业可以根据自己的具体情况采取不同的增长扩展模式。

小资料　　　　　　　　　　　　**创新的类型**

德布林咨询公司在研究了近2 000个最佳创新案例后，发现历史上所有伟大的创新都是十种基本创新类型的某种组合，并由此开发出"创新的十种类型"框架，引领企业向更有序、更可靠的创新方向迈进。这十种创新类型是：

1. 赢利模式创新

赢利模式创新指的是公司寻找全新的方式将产品和其他有价值的资源转变为现金。这种创新常常会挑战一个行业关于生产什么产品、确定怎样的价格、如何实现收入等问题的传统观念。溢价和竞拍是赢利模式创新的典型例子。

2. 网络创新

在当今高度互联的世界里，没有哪家公司能够独自完成所有事情。网络创新让公司可以充分利用其他公司的流程、技术、产品、渠道和品牌。悬赏或众包等开放式创新方式是网络创新的典型例子。

3. 结构创新

结构创新是通过采用独特的方式组织公司的资产（包括硬件、人力或无形资产）来创造价值。它可能涉及从人才管理系统到重型固定设备配置等方方面面。结构创新的例子包括建立激励机制，鼓励员工朝某个特定目标努力，实现资产标准化以降低运营成本和复杂性，甚至创建企业大学以提供持续的高端培训。

4. 流程创新

流程创新涉及公司主要产品或服务的各项生产活动和运营。这类创新需要彻底改变以往的业务经营方式，使得公司具备独特的能力，高效运转，迅速适应新环境，并获得领先市场的利润率。流程创新常常构成一个企业的核心竞争力。

5. 产品性能创新

产品性能创新指的是公司在产品或服务的价值、特性和质量方面进行的创新。这类创新既涉及全新的产品,也包括能带来巨大增值的产品升级和产品线延伸。产品性能创新常常是竞争对手最容易效仿的一类。

6. 产品系统创新

产品系统创新是将单个产品和服务联系或捆绑起来创造出一个可扩展的强大系统。产品系统创新可以帮助你建立一个能够吸引并取悦顾客的生态环境,并且抵御竞争者的侵袭。

7. 服务创新

服务创新保证并提高了产品的功用、性能和价值。服务创新能使一个产品更容易被试用和享用;它为顾客展现了企业可能会忽视的产品特性和功用;它能够解决顾客遇到的问题并弥补顾客在产品体验中的不愉快。

8. 渠道创新

渠道创新包含了将产品、顾客和用户联系在一起的所有手段。虽然电子商务在近年来成了主导力量,但实体店等传统的渠道依然很重要,特别是在创造身临其境的体验方面。这方面的创新老手常常能发掘出多种互补方式将他们的产品和服务呈现给顾客。

9. 品牌创新

品牌创新有助于保证顾客和用户识别、记住你的产品,并在面对你和竞争对手的产品或替代品时选择你的产品。好的品牌创新能够提炼一种"承诺",吸引买主并传递一种与众不同的身份感。

10. 顾客契合创新

顾客契合创新是要理解顾客和用户的深层愿望,并利用其发展顾客与公司之间富有意义的联系。顾客契合创新开辟了广阔的探索空间,帮助人们找到合适的方式,把自己生活的一部分变得更加难忘、富有成效并充满喜悦。

只选择一两种创新类型的简单创新不足以获得持久的成功,尤其是单纯的产品性能创新,它很容易被模仿,被超越。企业只有综合应用上述多种创新类型,才能打造可持续的竞争优势。

(资料来源:http://www.cyzone.cn/a/20140217/254351.html)

三、商业模式的选择

对于初创企业而言,一个优秀的商业模式要符合5个标准:定位准、市场大、扩展快、壁垒高、风险低。

(一)定位准

市场定位的核心是要寻找到一个差异化的市场,为这个市场提供满足客户需要的、有价值的、独有的产品,让客户愿意为此付费。确立好的市场定位的关键是细分市场,并寻找到能够利用自身优势来满足该细分市场所需要的产品和服务。企业在进行目标市场定位时,需要考虑:是否有客户所需要的产品和服务?是否能够为目标市场和顾客创造价值?是否确定了独特的市场定位?客户是否愿意为产品或服务付费?

(二)市场大

要进行深入的市场分析,判断市场容量是否足够大。并不是为任何一个市场提供了所需的产品或服务就是一个优秀的市场定位。优秀的市场定位标准是：大规模、持续增长、保持竞争力。因此在做市场分析的时候，要注意产品和服务是否能够满足目标客户的基本要求，目标市场规模是否足够大，是否能保证快速增长，如何保证持续性的增长等问题。

（三）拓展快

能够迅速大规模扩展客户群的商业模式能保证企业收入的持续高速增长，因此新增客户速度是否快、客户群能否快速大规模地扩展，是衡量商业模式好坏最关键的因素。

（四）壁垒高

如果一个行业有很高的行业壁垒，那创业者只能望而却步；而如果这个行业壁垒低，人人都可以进入，那么创业者也一定要考虑自己进入的优势在哪里。优秀的商业模式一定要和自身独有的优势紧密结合。所以，一般创业者以低起点进入行业后，要建立起高的壁垒，让竞争者难以进入，这是建立商业模式需要考虑的重点因素。

（五）风险低

创业者要评估商业模式可能面临的各种风险，如行业监管、行业竞争、潜在替代品等。当然，评估风险的目的并不是单纯地回避风险，而是要识别出所有可能的风险，制定出相应的应对策略，使得风险能够可控和得到有效管理。几乎所有的商业成功都是冒着很多不确定的高风险取得的。企业要通过有效的风险管理来创造商业奇迹。

创业路上总是存在各式各样的困难，而选择合适的商业模式则是困难之一。其实，一个成功的商业模式既不是一蹴而就的，也不是在实践中一成不变的。随着企业和市场环境的不断变化，商业模式要不断地修正、完善、创新。

【知识应用】

1. 请你通过各种渠道收集共享单车的有关资料，分析其商业模式。
2. 学习完本任务，你是否认为有了好的商业模式企业就一定能取得成功？

任务二　设计商业模式

【项目情境】

小 A，2010 年本科毕业，在一家汽车企业的市场部工作。2016 年结婚后搬进了一个年轻夫妇居多的小区。她发现周围很难找到放心的洗衣店，于是就萌生了开洗衣店的想法。因为没有这方面的经验，小 A 兼职创业，并没有辞掉工作。初次创业的她为了保险起见选择了从小规模做起。于是她只在小区里租了间 80 平方米的底商。

开店前，小 A 用了大半年的时间，学习了与服装面料及洗涤方面有关的知识，了解到这个行业容易出现的问题，如应将干洗和水洗区分开等。同时也了解到这个小区的房型多为小户型，有很多住房是空房待出租，住户多数为年轻的上班族。小 A 的洗衣店要顺利开业和发展，并吸引更多的顾客，最关键的是要拥有好的商业模式。请围绕以下问题分组讨论，并为小 A 的洗衣店设计合适的商业模式。

任务要求：

1. 根据项目的情况，罗列出设计商业模式应考虑的因素。

2. 可以采取什么方法为小 A 的洗衣店设计成功的商业模式？
3. 说明为小 A 的洗衣店设计商业模式的思路。

【相关知识】

一、设计商业模式的要素

（一）商业模式设计的九种要素

亚历山大·奥斯特瓦德（Alexander Osterwalder）和伊夫·皮尼厄（Yves Pigneur）认为，商业模式包含九种必备要素。

1. 价值主张

即公司通过其产品和服务能向消费者提供何种价值。表现为：标准化/个性化的产品/服务/解决方案、宽/窄的产品范围。

2. 客户细分

即公司经过市场划分后所瞄准的消费者群体。表现为：本地区/全国/国际、政府/企业/个体消费者、一般大众/多部门/细分市场。

3. 分销渠道

描绘公司用来接触、将价值传递给目标客户的各种途径。表现为：直接/间接、单一/多渠道。

4. 客户关系

阐明公司与其客户之间所建立的联系，主要是信息沟通反馈。表现为：交易型/关系型、直接关系/间接关系。

5. 收入来源（或收益方式）

描述公司通过各种收入流来创造财务的途径。表现为：固定/灵活的价格、高/中/低利润率、高/中/低销售量、单一/多个/灵活渠道。

6. 核心资源及能力

概述公司实施其商业模式所需要的资源和能力。表现为：技术/专利、品牌、成本/质量优势。

7. 关键业务（或企业内部价值链）

描述业务流程的安排和资源的配置。表现为：标准化/柔性生产系统、强/弱的研发部门、高/低效供应链管理。

8. 重要伙伴

即公司同其他公司为有效提供价值而形成的合作关系网络。表现为：上下游伙伴、竞争/互补关系、联盟/非联盟。

9. 成本结构

即运用某一商业模式的货币描述。表现为：固定/流动成本比例、高/低经营杠杆。

（二）理清商业模式九大要素之间的结构关系——商业模式画布

一个有效的商业模式不是这九种要素的简单罗列，要素之间存在着有机的联系，我们可以用商业模式画布这一工具来描述，如图 4-1 所示：

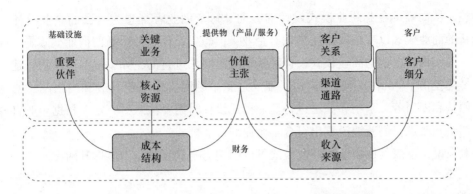

图4-1 商业模式九种要素——商业模式画布图

根据这九大要素间的逻辑关系，一般商业模式的设计可以分四步进行：
① 价值创造收入：提出价值主张、寻找客户细分、打通渠道通路、建立客户关系。
② 价值创造需要基础设施：衡量核心资源及能力、设计关键业务、寻找重要伙伴。
③ 基础设施引发成本：确定成本结构。
④ 差额即利润：根据成本结构调整收益方式。不同类型的公司在进行商业模式设计时参照的要素重点是不一样的。一般而言，应用产品和服务的领先战略型的公司更重视价值主张的创新。应用客户关系领先战略的公司更加关注客户关系、渠道通路和客户细分对商业模式的影响。运营管理领先的公司则将更多的工作重点放在了核心资源、重要伙伴、成本结构的优化上。

二、设计商业模式的思路与方法

（一）设计商业模式的思路

德鲁克在《管理实践》一书中指出，企业的目的在于创造客户，为客户提供产品或服务，而不是利润的最大化。企业生存的唯一理由就是实现和创造客户价值，在这个过程中，利润是其必然的副产品。可见，企业获得持续盈利的能力来自于对客户价值的不懈追求！这就是设计商业模式的基本思路。因此，设计商业模式时，应该以满足顾客需求为立足点和出发点，从创业者现有的资源以及市场竞争的实际情况出发，以发现价值、创造价值、传递价值和获取最大化价值为目标。至于企业盈利，则是客户价值最大化之后的必然产物，并且盈利的多少与企业所创造的客户价值、伙伴价值的大小成正比。

商业模式设计是分解企业价值链条和价值要素的过程，涉及要素关系的新组合或新要素的增加。商业模式设计又是创业机会开发环节中一个不断试错、修正的过程。

（二）设计商业模式的方法

商业模式的设计方法主要有参照法、相关分析法和关键因素法。

1. 参照法

参照法是设计商业模式的一种有效方法。该方法是以国内外商业模式作为参照，然后根据本企业的具体情况，如资源环境、战略、技术、企业的发展阶段、规模等不同特点进行相应的调整，从而确定企业商业模式设计的方向。每个创业者都想为自己的企业设计一个独特、全新的商业模式以求颠覆行业内现有企业，但想要设计一种全新的商业模式是一件很难的事情。其实许多企业的商业模式设计都是通过参照法进行的，如腾讯参照新浪等建立门户网站；易趣模仿了 eBay；当当网模仿了亚马逊；卓越网模仿了亚马逊和当当网；德克士模仿了肯德基和麦当劳。采用参照法进行商业模式设计时需要注意，一定要根据企业自身的情况加以调整和改进，创新地摸索出符合本企业的商业模式。

一般来说，参照其他企业的商业模式可以归纳为全盘复制、借鉴提升两类。

（1）全盘复制。

全盘复制商业模式的方法比较简单，即对优秀企业的商业模式进行直接复制，直接借鉴盈利水平较高的商业模式，只需根据具体情况进行适当调整即可。全盘复制优秀企业的商业模式在实际运用过程中需要注意两点：一是需要快速捕捉到商业模式的信息，谁先复制谁就可能具备先发优势；二是复制不等于生搬硬套，需要根据具体的环境，进行细微的调整。

（2）借鉴提升。

通过借鉴提升设计商业模式主要有以下三种方式：

第一，引用创新点。通过学习和研究已有的优秀商业模式，对原有商业模式中的核心内容适当改进或提炼，然后再适当创新提升。

第二，延伸扩展。通过对最新商业模式的了解，寻找使用这种商业模式的企业所在的行业及细分市场，通过深入分析，找到同一行业内尚未开发的其他细分市场，将该种商业模式的主体框架率先运用在同一行业的不同细分市场中，使商业模式的应用范围不断扩大，进而在具体应用中针对细分市场的特点对商业模式进行优化和调整。

以这种方法设计商业模式在具体实施时有两个难点：一是对细分市场进行寻找和分析，需要思考如何才能找到未开发的细分市场；二是原则上进入同一市场内部不同细分市场的商业模式无须做较大的调整，但是如何依据细分市场特点对原有商业模式进行针对性调整和优化是行动关键。

第三，逆向思维。在研究了行业领导者所采用的商业模式或行业内主流商业模式之后，模仿者有意反向设计商业模式，直接针对市场领导者或行业内主流商业模式不满意的市场份额，并为它们打造相匹配的商业模式。如互联网行业领导者微软公司的商业模式，主要是卖软件、产品以及许可证的传统商业模式，通过提供产品和技术挣钱。但它的竞争对手如谷歌等有实力的企业已经开始尝试在软件业实施开源软件，即消费者不再掏钱购买软件，企业为消费者免费提供软件，打造了另一种商业模式。

采取逆向思维的方式设计商业模式时有三个关键点：一是找到行业领导者或行业主流商业模式的核心点，并据此制定逆向商业模式；二是企业在逆向制定商业模式时不能简单地追求反向，需确保这种设计能够为消费者提供更高的价值，并能够塑造新的商业模式；三是防范行业领导者的报复行动，需要评估领导者可能采取的反制举措，并制定相应的应对策略。

2. 相关分析法

相关分析法是在分析某个问题或因素时，将与该问题或因素相关的其他问题或因素也纳入分析的行列，通过对比，分析其相互关系或相关程度的一种分析方法。相关分析法需要根据影响企业商业模式的各种权变因素，运用有关商业模式设计的一般知识，使影响因素与商业模式一一对应，从而确定企业的商业模式。利用相关分析法，可以找出相关因素之间的规律性联系，通过研究如何降低成本，达到价值创造的目的。如亚马逊通过分析传统书店，在网上开办了电子书店。eBay 网上拍卖也来自对传统拍卖方式的分析对比。它通过网络手段，为超过 1.35 亿的注册用户提供服务。消费者很方便地从 eBay 上购买或销售了成千上万的产品，从芭比娃娃到二手车，eBay 的商业模式把原来不可能实现的交易变成了现实。

3. 关键因素法

关键因素法是以关键因素为依据来确定商业模式的设计方法。商业模式中存在着多个变量，它们影响设计目标的实现，其中若干个因素是关键的和主要的（即成功变量）。通过对关键成功因素的识别，找出实现目标所需的关键因素集合，确定商业模式设计的优先次序。

关键因素法主要有五个步骤：

（1）确定商业模式设计的目标；

（2）识别所有的关键因素，分析影响商业模式的各种因素及其子因素；

（3）确定商业模式设计中不同阶段的关键因素；

（4）明确各关键因素的性能指标和评估标准；

（5）制订商业模式的实施计划。

小资料　　　　　　　　　　**淘宝模式能否颠覆亚马逊？**

亚马逊拥有近似完美的商业模式：它在 2013 年创造了 800 亿美元的销售额，并颠覆传统零售业，分得一大块蛋糕。公司传奇 CEO 贝索斯受到众人膜拜，其商业能力毋庸置疑。然而，颠覆性的商业模式并不一定具有可持续性，其终极考验是能否抵御新一代颠覆者的挑战。2014 年，亚马逊受到的最引人关注的挑战来自阿里巴巴在美国的首次公开募股。阿里巴巴在中国是一家极具颠覆性的公司，它将崭新的商业模式摆在了亚马逊面前。

亚马逊的商业模式依靠三大支柱，为首的是低利润。贝索斯不止一次在采访中提到，亚马逊如何依靠低利润赢得发展机遇。然而阿里巴巴完全不依靠产品获利，它通过广告与增值服务盈利，而非商品销售。这种模式卓有成效。据估计，2013 年阿里巴巴的营业额将超过 1 600 亿美元。亚马逊保证顾客能够以最低价格购买产品，这正是它的价值定位。可是问题来了，还有什么低价比得上利润为零的销售模式呢？

亚马逊的第二支柱是，消费者能够不费吹灰之力找到产品对应的网页。亚马逊积极与消费者沟通，投入大量财力提高自己在搜索引擎的排位。阿里巴巴并没有采取这种模式。由于它的利润基于广告收入，完全隔绝了搜索引擎，只有在阿里巴巴的网站上人们才能够搜索商品。这一举措不但收益丰厚（因为这么一来阿里巴巴可以根据浏览量收取广告费，而不是靠点击量），同时还避免了竞争对手分散自己用户注意力的问题。

第三支柱是亚马逊开创的以顾客为导向的服务结构（金牌服务、定期自动送货、一日送达等业务），以鼓励人们提高购买频率。购买频率在很大程度上取决于消费者收入。亚马逊的用户家庭的年平均收入在8.9万美元左右，比美国平均水平的7.1万美元高出25%。阿里巴巴则不分高低贵贱，从任何浏览其网站的消费者手中赚钱。因此其目标用户范围比亚马逊大得多。在某些方面，阿里巴巴与亚马逊不乏共通点。亚马逊以B2C模式为主导，但它们同时拥有B2B部门。两家公司都有能力依靠微薄的利润赚钱。尽管亚马逊已经够省钱了，但阿里巴巴凭借几项比较优势把利润压到更低，比如说中国低廉的劳动力成本和公司所得税。

（资料来源：http://www.cye.com.cn/model/201403131088379.htm）

三、商业模式设计原则

（一）客户价值最大化原则

随着客户经济时代的到来，企业应该改变过去传统理念中追求企业利润最大化的原则，要以实现客户价值化为核心，如果坚持客户价值的最大化，那么企业的利润就自然包含其中了。所以，作为创业者应该明白客户价值最大化是主产品，企业利润最大化是副产品。诚如彼得·德鲁克预言的那样，客户是企业的效益中心，一个成功的商业模式往往与客户价值最大化的实现有很大的关联。若一个商业模式不能满足客户的价值，即使能够盈利，也一定是暂时的，是不具有持续性的。

企业可以通过两大方式来实现客户价值的最大化：

一是企业可以通过增值服务、创造需求的方式来实现客户价值的最大化。企业可以不断提供增值服务方案，不断完善客户服务，让客户更准确地掌控企业的服务信息，以顺应瞬息万变的市场动态。

二是可以通过个性服务和专业服务来实现客户价值的最大化。如，戴尔公司"以客户为中心"的直销模式，根据客户的需求配置电脑，去除零售商的利润，以更好的服务、更有效率的方式直接将产品送到客户手中，并把零售环节省下来的利润返还给客户。

小案例　　　　　　网上开蛋糕店生意火

大学毕业以后，小红决定在网上开一个蛋糕店，自己创业。在没有资金，没有实体店铺的情况下，借助网络的优势，小红在3个月内卖了几百个蛋糕，并且得到合伙人及很多消费者的好评。

小红创业成功有两方面的原因：一方面，她在网上搜索了多种蛋糕的图片，并把这些图片加以修饰，辅以详细的文字介绍，为客户提供便利；另一方面，她与全国各大城市的蛋糕配送店签订合同，建立合作关系。她还记下了每一个客户的名字，甚至记下他们买蛋糕的故事。

每次当客户订蛋糕的时候，她都很热情地介绍，蛋糕一送到，她就立刻给客户打电话，详细询问客户的满意度。有时候，由于特殊原因，蛋糕并没有按照约定时间送到，她就会向客户道歉，真心实意地退款，甚至会免费补送其他的礼物。当客户预定的蛋糕临时不要了，或者蛋糕送达但接收人不在家的时候,她也会尊重客户意见,退款给他。除了和客户建立了愉快的合作关系,全国许多家蛋糕店也很乐意和她合作。因为小红总是以互惠互利为原则,给予合作方最大的体谅。

客户订的每一个蛋糕,都有一个美丽的故事在里面,都传递一份真诚的感情,而她,也负责地传递着这份爱意。有一次,一个客户订了一个蛋糕给远隔千里的父母。蛋糕送到之后,客户打来电话说:"父母很激动,感动得都说不出来话了。"小红真诚地为客户着想,最终赢得客户的信赖,而这份真诚也为她的网上蛋糕店带来了源源不断的客户。

(资料来源:http://www.315hyw.com/chuangyexiangmu/17906.html)

(二)持续盈利的原则

持续盈利是指企业既要有盈利的能力,又要有持续发展的后劲,盈利应具有可持续性、稳定性、长久性。对于一家初创企业而言,能否设计持续盈利的商业模式至关重要。

对创业者来说,要设计持续盈利的商业模式,需要注意三个方面:首先,要用反常规思维选择所要进入的行业,从而避免激烈的行业竞争。其次,应具备理性的分析思维,要有市场前瞻性。如百度公司创始人李彦宏在创业的时候,美国IT界的大热门是电子商务,无数人想挤这辆被看好的列车,甚至不惜抛掉自己熟悉的行业,但他没跟随大流进入电子商务领域,而是悄悄走进了尚无人问津的网络搜索领域,因为他看到了搜索对网络世界可能产生的巨大影响。最后,创业者在技术、产品、销售体系、盈利模式等环节上要具备创新能力。

(三)高效整合资源的原则

资源整合是企业战略调整的手段,也是企业经营管理的常规工作。整合是要实现资源的优化配置,使资源得到最大化的利用,实现整体利益最优。对于初创企业而言,企业的资源整合要立足于企业的发展战略和市场需求,通过一系列的组织协调,把企业内外部的资源进行有机整合,从而形成企业的核心竞争力。如被誉为"价格屠夫"的格兰仕是全球市场整合和资源整合的榜样,该公司并没有掌握全球微波炉制造的核心技术,也没能掌控全球销售网络,但依靠整合全球市场和全球资源把一家中国的格兰仕变成了世界的格兰仕。

企业资源整合主要包括以下几个方面。

1. 优化企业内部产业价值链

企业需要不断优化内部产业价值链,将关注点集中在产业链的一个或几个环节,获得专业化优势和核心竞争力,同时以多种方式与产业链中的其他环节的专业性企业进行高度协同和紧密合作,从而提高整个产业链的运作效率,击败原有占绝对优势的寡头企业。

2. 深化产业价值链上下游的协同关系

企业可以通过合作、投资、协同等战略手段,在开发、生产和营销等环节与产业价值链中的上下游企业展开密切协作,使企业自身的产品和服务进一步融入客户企业的价值链运行当中,提高企业的运作效率,提高产业链的整体竞争力。

3. 把握产业价值链的关键环节

通过对整个产业价值链的分析,初创企业应该抓住产业价值链的高利润区,并集中企业的所有资源发展此区域，形成集中竞争优势，然后借助关键环节所形成的竞争优势，获得对其他环节协同的主动性和资源整合的杠杆效益，使企业成为产业链的主导。

4. 强化产业价值链的薄弱环节

根据管理学中的木桶原理，企业在关心核心领域的同时，也要强化产业价值链中的薄弱环节。企业可以通过寻找战略合作伙伴或者由产业链主导环节的领导企业对产业链进行系统整合，主导企业主动帮助和改善制约自身价值链效率的上下游企业提高运作效率，从而实现整个产业链的运作效率的提高，最终使公司的竞争优势建立在产业链整体效能释放的基础上。

（四）不断创新的原则

商业模式的创新贯穿于企业经营的每个环节中，成功的商业模式不一定都体现在技术创新上，也可以是企业运营的某一个环节，如资源的开发、研发模式、制造方式、营销体系等的创新，或是对原有模式的重组、改造，甚至是对整个商业规则的颠覆，每一环节的创新都有可能造就一种成功的商业模式。

创新商业模式的关键点在于要明确客户的主张。也就是说，要明确客户到底需要什么。管理大师德鲁克有句名言："企业的目的不在于自身，而必须存在于企业的本身之外，必须存在于社会之中，这就是造就顾客。顾客决定了企业是什么，决定企业生产什么，以及企业是否能够取得好的业绩。由于顾客的需求总是潜在的，企业的功能就是通过产品和服务的提供激发顾客的需求。"

小案例　苹果公司的创新之路

乔布斯有句经典名言："领袖和跟风者的区别就在于是否创新。"从苹果公司的发展历程来看，苹果公司的每一次飞跃发展都是由创新带动的。过去的10年，苹果获得了1 300项专利，是微软的一半，相当于戴尔的1.5倍。

1. 产品和技术创新

苹果公司以电脑发家，但不断推出的创新产品才是让苹果公司屹立不倒的重要原因。从iPod、iMac、iPhone到iPad，苹果公司不断地推陈出新，引领潮流。苹果也从最初单一的电脑公司，逐步转型为高端电子消费品的生产企业和服务企业。更重要的是，在微软Windows操作系统和Intel处理器独霸市场的时候，苹果依然坚持推出自己独立开发的系统和处理器。一开始受到了大批设计人员的青睐，最后得到大众的认可。

在苹果公司不断推出的创新产品中，iPhone的推出最为重要。手机智能化是移动电话市场的发展趋势，苹果正抓住了这一机会，或者说苹果推动了这一趋势的发展。2007年1月，苹果公司首次公布进入iPhone领域，正式涉足手机市场。苹果在MP3市场上依靠iPod + iTunes大获成功后，紧接着又在手机市场依靠iPhone + APP Store的组合，通过在产品、性能、操作系统、渠道和服务方面的差异化定位，一举击败其他竞争对手。2011年2月，苹果公司打破诺基亚连续15年销售量第一的垄断地位，成为全球第一大手机生产厂商。

2. 营销创新

苹果的"饥饿营销"策略让很多消费者被它牵着鼻子走，同时也为苹果聚集了一大批忠实粉丝。从 2010 年 iPhone 4 的面世到 iPad 2 及 iPhone 4S 的诞生，苹果产品在全球的上市呈现出独特的传播曲线：发布会—上市日期公布—等待—上市新闻报道—通宵排队—正式开卖—全线缺货—黄牛涨价。此外，苹果一直采用"捆绑式营销"的方式，带动销售量。iTunes 对 iPod、iPhone、iPad 和 iMac 的一系列捆绑，让用户对其产品形成很强的依赖性。

3. 商业模式创新

最初苹果就通过"iPod + iTunes"的组合开创了一个新的商业模式，将硬件、软件和服务融为一体。在"iPod + iTunes"这一成功的商业模式中，苹果看到了基于终端内容服务市场的巨大潜力。在整体战略上，苹果也已经开始了从纯粹的电子消费产品生产商向以终端为基础的综合性内容服务提供商的转变。推出 APP Store 是苹果战略转型的重要举措之一。"iPhone + APP Store"的商业模式创新适应了手机用户对个性化软件的需求，让手机软件业务开始进入一个高速发展空间。与此同时，苹果的 APP Store 是对所有开发者开放的，任何有想法的 APP 都可以在 Apple Store 上销售，销售收入与苹果七三分成，除此之外没有任何的费用。这极大地调动了第三方开发者的积极性，同时也丰富了 iPhone 的用户体验。这是一种良性竞争：不断拓展企业的经营领域和整个价值链范围，使得市场中的每个玩家都能获益。

（资料来源：http：//www.yicai.com/news/2968557.html，经过改编）

（五）有效融资的原则

企业快速成长需要资金，谁拥有资金谁就赢得了企业的发展先机，也就掌握了市场的主动权。因此融资模式的打造对企业有着特殊的意义，对初创企业来说更是如此。如江南春的分众传媒就是凭借其成功有效的融资模式，实现了一统电梯媒体的"霸业"。

（六）控制风险的原则

风险可以指系统外的风险，如政策、法律和行业风险，也可以指系统内的风险，如产品的变化、人员的变更、资金的短缺等。商业模式也会面临风险，如果一种商业模式抵御风险的能力很差，就像在沙丘上建立的大厦一样，经不起考验。因此创业者在设计商业模式时还应考虑其为企业规避风险的效能。如海尔创新性地提出了"东方亮了再亮西方"的理论，用以防范多元化的风险，并取得了非常理想的效果，很值得创业者借鉴。

小案例

海尔的风险管理

海尔之所以能在逆市中更上一层楼，很大程度上得益于其自亚洲金融危机以来十多年的风险管控创新及强化。美国次贷引发的金融风暴席卷全球，其影响还在不断扩散，作为全球制造业大国的中国同样面临着巨大挑战。而在此背景之下，位于青岛的海尔冰箱生产车间却是一片热火朝天的景象。

目前海尔集团已经是全世界第四大白色家电制造商、中国最具价值品牌。海尔公司在全球 30 多个国家和地区建有贸易公司与设计中心，全球有 10 多个工业园。企业的规模大意味着企业所面临的风险也非常大。风险在遇到集团管控问题后会变得更加复杂。首先，集团企业在取得协同、整合、规模优势等利益的同时，随着资产规模的扩大，涉足企业的增加，所属子公司的地域分布趋于分散，企业所面临的投资、运营、管理风险必将增大，于是对集团的管控能力特别是风险内控体系也提出了更高的要求。其次，因集团化、多元化、国际化之后产生的多层次、多法人的问题，风险管理也会成为一个跨层次、多对象的体系。因此，随着企业规模的壮大，触角的全球生长，风险管理便自然成为企业经营的重要环节。

在国际运作中，海尔的理念是"出口创牌"。战略分为三步："走出去""走进去"和"走上去"。"走出去"仅仅是把产品出口到海外；"走进去"则是成为当地的名牌。在国际扩张的路径上，海尔的手段主要是：整体兼并、投资控股、品牌运作和虚拟经营。海尔兼并扩张的一条基本原则就是："总体一定要大于局部之和"，必须兼并一个成功一个，最大限度地优化资源配置，挖掘企业重组后的潜能，以此作为并购风险规避的基石和保障。海尔在2002年6月建立财务公司，实现了以产业集团为前提的外汇资金集团管理，在提高集团外汇资金运作效率、节约结算成本、简化结算流程、规避外汇资产汇率风险等方面取得了良好的经济效益和管理效益。同时，将金融风险控制模板注入集团产业，全面构建了集团产业资金风险控制体系，提高了集团整体的风险防范能力。

海尔的多元化战略是："东方亮了再亮西方"。张瑞敏认为："问题不在于企业需不需要搞多元化，而在于企业自身有没有能力搞多元化。"显然，对于企业的多元化扩张，海尔的态度是：有前提、有条件、讲方针的谨慎的肯定。这是一种有风险意识、有风险防范措施的立场。在风险面前，海尔走创新之路应对风险。张瑞敏认为，面对全球金融危机，企业不仅要"过冬"，还要学会"冬泳"，而不是"冬眠"。风险和机遇对每个企业都是平等的，这都是外因；能否规避风险，抓住机遇，取决于内因，这要看企业自身的竞争力。

（资料来源：https：//wenku.baidu.com/view/c8ef894751e79b8969022672.html，经过改编）

四、商业模式中存在的致命缺陷

一般来说，不成功的商业模式存在以下几种致使缺陷。一是对顾客完全误读，如果企业开发出来的商业模式并不为消费者所接受，这种商业模式就很难维持下去；二是完全不合理的经济性，若这种商业模式的成本远远超出了企业的承受能力，则必定存在巨大的风险；三是简单抄袭别人的商业模式，初创企业如果不从企业的实际情况出发，不从客户的具体需求出发，只是全部照搬一些优秀商业模式的外在形式，这是很难成功的；四是轻易改变商业模式，企业的商业模式一旦确定下来，便不可轻易改变。商业模式的创新并不意味着随意的改变。很多初创企业轻易改变了自己的商业模式，结果创业失败。

五、商业模式的评价

一个具有竞争力的成功商业模式，通常需要具备一些能够创造价值与竞争优势的特点，而这些特质就是商业模式评价的关键因素。

（一）商业模式的适用性

商业模式是否具有适用性，是评价商业模式的首要前提。市场环境瞬息万变，而每个企业所面对的内外部环境千差万别，不同企业设计的商业模式应既具有普适性又有能将自己与其他企业区分开来的独特性。这种独特性表现在它怎样为企业赢得顾客、吸引投资者和创造利润。一般而言，商业模式没有好坏之分，只有是否适用的区别。

（二）商业模式的有效性

商业模式是否具有有效性是评价商业模式的关键点。在经济全球化、信息化的今天，无论哪个行业和企业都不可能永远拥有一个能保证企业在任何条件下均能够获得利润的商业模式。一般认为，商业模式的有效性是企业在一定时期、一定条件下能够利用其为自己带来最佳效益的盈利战略组合。

根据埃森哲咨询公司对70家企业的商业模式所做的研究分析，这种有效性应当具有以下三个特点：

1. 它必须是能提供独特价值的

有时候，独特价值指的是新的思想，而多数情况下，它往往是产品和服务独特性的组合。这种组合要么可以向客户提供额外的价值，要么可以让客户能用更低的价格获得同样的价值，或者用同样的价格获得更多的价值。

2. 它必须是难以模仿的

企业通过确立与众不同的商业模式，来提高行业的进入门槛，从而保证利润来源的稳定。

3. 它必须是脚踏实地的

脚踏实地就是把商业模式建立在对客户行为的准确理解和把握上。

（三）商业模式的前瞻性

前瞻性是商业模式的灵魂所在。商业模式与企业的经营目的是相关联的，一个好的商业模式要和企业长远的经营目标相结合。商业模式实际上就是企业为达到自己的经营目标而选择的运营机制。企业以盈利为目的，其运营机制在保证企业盈利的前提下向市场提供产品和服务。但是商业模式的灵魂和活力在于它的前瞻性。当今的企业必须在动态的环境中保证自己的商业模式能够灵活反应、及时修正、快速进步和快速适应。简言之，商业模式应具有长久的适用性、有效性，以达到持续盈利的目的。

【知识应用】

1. 戴尔公司的"直接商业模式"为什么能成功？

2. 找出国内三家快速成长的企业，说明这些企业都拥有哪些机遇或核心竞争力？这些企业采用的是怎样的商业模式？

【模块知识小结】

本模块主要介绍了设计商业模式的两个任务，分别是：认知商业模式、设计商业模式。

商业模式是为实现客户价值最大化，把能使企业运行的内外各要素整合起来，形成一个完整的高效率的具有独特核心竞争力的运行系统，并通过最优实现形式满足客户需求、实现客户价值，同时使系统达成持续赢利目标的整体解决方案。认知商业模式部分详细介绍了商业模式的内涵、商业模式的七种类型、商业模式选择的五个标准。

设计商业模式部分主要介绍了商业模式设计的九种要素、理清商业模式九大要素之间的结构关系——商业模式画布、设计商业模式的思路、设计商业模式的三种方法、商业模式设计的六大原则及商业模式中存在的致命缺陷。

【复习思考题】

1. 商业模式主要有哪些类型？
2. 选择商业模式有几种方法？
3. 简述商业模式的构成要素。
4. 如何运用商业模式设计的原则？
5. 如何理解商业模式设计中存在的致命缺陷？

【案例训练】

百丽鞋业的商业模式

百丽被称为"中国鞋业之王"，在创建至今的20年里，百丽产品辐射中国、美国、欧洲、日本、东南亚、中东、非洲等国家或地区。在中国女鞋品牌当中，前10名中有4个属于百丽公司的旗下品牌，即：Belle（百丽）、Teenmix（天美意）、Tata（他她）、Staccato（思加图）。百丽公司代理的鞋类品牌也很多，包括：Bata、ELLE、BCBG、Mephisto、Geox、Clarks、Merrell等。

百丽亦是中国体育用品最大零售商之一，其代理的运动服饰品牌产品包括：Nike、Adidas、Li Ning。

百丽的广告很少，不像奥康、红蜻蜓广告满天飞。这样的企业看似默默无闻，其实它却牢牢地控制了零售终端。百丽集团拥有中国鞋业第一大自营连锁销售网络，销售网络覆盖中国大陆包括所有省会城市在内的300多个主要城市，自营连锁店铺超过1万家；很多百货商场的女鞋专柜，通常一半都是属于百丽公司的。面对市场，有的企业大打广告，有的企业狠抓生产。这些公司用坦克、大炮攻城略地，而与它们不同的是，百丽公司在造核武器，造原子弹。它低调沉默，却牢牢把控终端。凭借"只要有女人路过的地方，就有百丽"的强有力的渠道渗透，百丽年的营业额超过200亿元，毛利率超过60%！

为什么百丽公司能够实现这样的突破？正如管理学大师彼得·德鲁克所说，21世纪企业的竞争，不再是产品、价格与服务之间的竞争，而是商业模式之间的竞争。百丽就是这样一家公司，它不是靠某个单一的产品获得利润，而是靠极具竞争力的商业模式取胜。下面，我们就对百丽公司的商业模式进行具体的分析。

一、"纵向一体化"的产销模式

调研表明，女性购买女鞋的原因：44%款式，22%质量，14%品牌。百丽从一开始就是为满足女性求新求变的心态而生的。总体来说，百丽走的是做大做全策略。在生产和销售上，百丽采用的是"纵向一体化"模式，即产品的设计和开发、生产、营销和推广、分销与零售等产业链上的各个环节全部由公司来完成。一方面，采用该模式可以赚足产业链上每一环节的利润,从而提升公司的毛利率。另一方面,在此种业务模式下,公司直接管理零售网络,能够迅速对市场趋势做出反应。此外,实行"纵向一体化"的业务模式,为百丽国际实行以市场为导向的供应链管理提供了基础。

强大的供应链体系,是百丽在中国鞋企中脱颖而出的重要发展模式。在倡导产业链分工协作的今天,这种模式似乎有点另类。实际上,它是百丽获得高额利润的保证,也是百丽十几年来蓬勃发展的深厚积淀。在这种模式的支撑下,百丽赚足了产业链上每一个关键环节的利润,企业的综合毛利率远高于行业平均水平,比国内鞋业的其他优秀企业奥康、李宁等高出10个百分点左右。

二、连锁加盟模式

深圳百丽工厂1991年11月成立,1992年3月投产,最初主要为香港品牌代工。1993年,内地第一家百丽零售店在深圳开业,由此,百丽开始了向零售企业的转变。1995年,百丽开始建立品牌零售网络。当时内地零售业仅对外资及港、澳、台地区的资本有限开放,百丽很难达到在内地开展零售业务的进入门槛,于是百丽采取了巧妙的变通办法,选择有共同经营理念的个体经销商为当地的独家零售代理,专一销售品牌商旗下系列产品。1997年,百丽和16家个体分销商签订独家分销协议。目前,百丽以自营为主,加盟为铺,自营店占到80%以上。发展加盟商的主要目的是在偏远的地方树立百丽的品牌形象。凭借远见与因时而变策略,仅20多年时间,百丽销售网络就渗透全国,成为"中国鞋业之王"。

三、多品牌抢点大百货店终端的"房地产"模式

百丽在品牌创建初期并没有很快实施多品牌战略,而是在百丽这个品牌达到一定的市场占有率和广泛的目标顾客接受度之后,从市场需求出发不断推出新的品牌。

百丽集团的多品牌战略并不仅仅限定于自身的品牌孕育,而是通过自创、代理和收购等多种操作模式逐渐确立了国内零售商品牌中的霸主地位。百丽旗下品牌数量达20多种。产品类型从休闲到高贵、从保守到时尚,覆盖年龄在18至45岁的女士。对于不同的主题及价格,百丽都有两个或两个以上的品牌可选。

同时,百丽以"渠道带动品牌"为理念,在商场、百货店内,以Belle品牌为中心开设不同品牌的"店中店"。这样,如果消费者在Belle品牌店没有发现中意的鞋子,可以去店旁百丽集团的其他品牌店里挑选。凭借强有力的终端控制,百丽公司的利润是传统卖鞋公司的10倍。这是一个可以持续发展10年的模式。这种终端控制不仅让鞋业领域的后来者没有机会,也让任何其他领域的后来者没有机会。当它有了房地产独特的稀缺性、控制力以后,它就有了定价权,所以它可以获得62%的毛利率,而且它可以10年甚至长期控制这个平台。

四、灵活机变的精细化管理模式

多品牌策略、快速灵活的供应链、强势的渠道,这一切,都离不开百丽精细化的管理。百丽的组织结构是总部、全国10个销售区域、零售店这3层架构,每个区域有一个总经理,每个区域的总经理权力都很大。百丽总部会给下面分公司建议组织架构、人员配置比例、定价权等,但决定权在当地。定价权、利润、费用、库存指标全部下放,权责对等。这样可以最大限度地调动区域管理者的积极性,因为它把权利释放给真正需要使用权利的人。

综合来说,百丽的成功源于做大做全的产销模式、渠道的拓展,以及对终端的牢牢把控。此外,借助庞大的销售网络,百丽国际能够了解各地的市场趋势及不同顾客群的喜好,尽量减少多余或不受欢迎的产品的生产,维持较少季尾折扣,从而最大化公司的利润。

(资料来源:http://wenku.baidu.com/link?url,经过改编)

思考与训练:
1. 百丽采用的商业模式有何特点?
2. 结合选择商业模式的原则逐一分析百丽的商业模式。
3. 百丽成功的商业模式对你有何启发?

【能力训练】

基于小组选择的创业项目,根据本模块介绍的方法,设计商业模式,按以下标准以小组互评的方式分别对设计的商业模式进行评估和比赛。

主营业务	模式名称	指标分值									模式点评
		独特价值	不可复制	可操作性	持续稳定	扩展延伸	整体协调	具盈利性	具创新性	总分	
		20	15	15	15	10	5	5	15	100	

模块五

编制创业计划书

【学习目标】

能力目标

通过本模块的学习和训练,能够做到:
1. 运用创业计划书的基本常识对一般的创业计划书质量给予客观评价;
2. 运用创业计划书的编制技巧撰写出比较严谨而规范的创业计划书。

知识目标

通过本模块的学习,应该能:
1. 了解创业计划书的作用;
2. 掌握创业计划书的形式及内容;
3. 掌握创业计划书的评价标准;
4. 了解编制创业计划书的目的;
5. 掌握编制创业计划书的原则和要求;
6. 掌握编制创业计划书的技巧和注意事项。

素质目标

1. 通过学习创业计划书的评价标准,树立严谨务实的敬业态度;
2. 通过创业计划书的学习和写作练习,提高商务写作水平。

任务一 认知创业计划书

伴随我国政府倡导并掀起的"大众创业、万众创新"浪潮,高校的创业教育迅速兴起,学子们纷纷加入创业大军开展创业活动。在创业过程中，创业计划书是最令人头疼，且怎么也绕不过去的一份商业文件。任务一的目的就是帮助创业者了解和熟悉"创业计划书"的概貌。

【项目情境】

你是一名在校的大四学生，打算现在就开始创业。你进行了一段时间的市场调查，并征求了创业辅导教师的意见，捕捉到了一个创业项目：在淘宝上开设一家"土特产网店"，因为你的家乡拥有很多土特产品，而且开店成本低廉，商品配送由物流公司代理经营。你目前面临的最大的创业障碍是启动资金缺乏。你打算申请自己学校的创业基金，作为其中一条融资渠道。你首先需要向学校创业基金部门申请并提交一份创业计划书，审核通过后方可获批拿到创业基金。要编制一份规范而有吸引力的创业计划书，你必须先搞清楚下列问题，做到心中有数，确保校内融资一次性成功。

任务要求：
1. 你怎样发挥创业计划书的作用，才能使学校的创业基金部门认可你的创业项目？
2. 你对创业计划书的结构安排及内容选取是否清楚？
3. 你是否掌握了创业计划书的评价标准？能否在此基础上进行适当的构思和创新？

【相关知识】

完成"任务一　认知创业计划书"所需要掌握的相关知识包括：创业计划书概要、创业计划书的作用、创业计划书的形式、创业计划书的内容、创业计划书的评价。

一、创业计划书概要

创业计划书的概要部分主要介绍创业计划书的定义和创业计划书的类型两个方面内容。

（一）创业计划书的定义

创业计划书是对与创业项目有关的所有事项进行总体安排的文件，包括商业前景展望、人员、资金、物质等各种资源的整合，以及经营思想、经营战略的确定等内容，是为创业项目制定的一份完整、具体、深入的行动指南，是创业发起人在企业创立准备阶段为论证企业设立与运营的可行性而进行的文字描述。

（二）创业计划书的类型

依据创业者的不同目的，创业计划书可分为四种不同的类型：吸引风险投资的创业计划书、吸引合伙人的创业计划书、获取政府或公共部门支持的创业计划书、针对企业家个人的创业计划书。

二、创业计划书的作用

创业计划书的作用包括：明确新创企业发展目标、确保周密安排创业活动、寻求外部资源支持、为投资者提供决策依据。

（一）明确新创企业发展目标

创业计划书需要阐明新创企业的未来发展目标，以及如何实现这些目标。创业计划书要随着执行的情况而进行调整。创业者在创业计划书中将自己的创意、市场前景展望、企业发展规划都表现出来，这有助于创业者客观分析和识别创业机会，理性地确立自己的创业目标，理清创业思路，更重要的是能够确保整个创业团队成员认同组织目标。

（二）确保周密安排创业活动

创业计划书的内容涉及创业的类型、资金规划、阶段目标、财务预估、行销策略、风险评估、内部管理规划等所有创业活动环节。制定创业计划书可以使创业者对产品开发、市场开拓、投资回收等一些重大的战略决策进行全面的思考和统筹规划，并在此基础上制订翔实清晰的营运计划，周密安排创业活动，为有效的日常创业管理提供可靠依据。

（三）寻求外部资源支持

制定创业计划书可使创业者发现所必需的资源，了解所需资金、设备、人员等各方面的情况。创业计划书的读者包括可能的投资人、合作伙伴、供应商、顾客、政策机构等。完善的创业计划可以使他人了解创业项目及创业构想，有利于创业者寻求外部资源的支持。

创业计划书有利于创业者与供应商、经销商等中介机构进行沟通，取得他们的信任和支持，为企业的发展创造良好的外部环境；有利于创业者融资，创业者可以凭借创业计划去说服他人合资、入股，甚至可以募得一笔创业基金。

（四）为投资者提供决策依据

创业计划书的首要作用就是筹集资金。创业始于创意而不是资源。如果创业者的创业意愿和能力很强，捕捉到的创业机会又具有很高的潜在价值，但缺乏资金，那么，这往往成为创业实施的最大瓶颈。创业计划书涵盖了投资者所需要的各种信息，是投资者对创业项目决策投资的重要参考依据。

三、创业计划书的形式

创业计划书的形式包括：创业计划书的基本格式和结构框架，二者的具体内容如下：

（一）创业计划书的基本格式

创业计划书是一种商业沟通文件，有相对固定的格式和规范，形成了商界共识的基本内容框架。创业计划书应按照如下顺序及格式来编排：

其一，封面（包括企业名称、地址以及主要联系人的名字、联系方式等）；

其二，目录（概括创业计划书的各主要部分）；

其三，创业计划概要（创业项目、进度表、商业机会、商业价值、市场描述、竞争优势、营销策略、经营管理、资金需求、财务预算、盈利回报、退出策略等）；

其四，正文主体（产品或服务、市场分析、竞争分析、管理团队、资金状况、研发计划、生产计划、经营计划、营销计划、人力资源计划、财务分析、风险分析、退出策略等）；

其五，附录附件（简历、推荐信、意向书、租赁契约、合同、法律文件等）。

（二）创业计划书的结构框架

1. 计划概要

计划概要列在创业计划书的最前面，是投资者最先看到的部分。它浓缩了创业计划书的精华部分，一目了然，言简意赅，使读者能在最短的时间内评价计划并做出判断。内容涉及市场概貌、营销策略、销售计划、管理者及其团队、财务计划、资金需求状况等。

2. 计划正文

(1) 企业及产品或服务简介。

本部分应对新企业的总体情况做出简短、清楚、具有说服力的概括:一是愿景、使命与核心价值观;二是企业经营的项目,以及所期望的宏伟蓝图;三是产品创意及其形成的背景和预期的目标,即企业产品所能解决的核心问题、给顾客带来的价值,以及预期能实现的目标。

(2) 市场分析与竞争分析。

一是描述打算购买产品或服务的潜在顾客,顾客为什么想使用或购买它;二是竞争者、竞争环境和竞争优势分析:描述有关现有竞争与如何应对竞争的信息、定价以及其他相关事项;三是创业团队组织与经营管理的经验、技能和知识等保障;四是企业制订营销计划与策略的有关信息等。

(3) 研发、生产与营销计划。

如果产品或服务还处于研发阶段,应描述何时开始生产并提供产品或服务,以及有关新企业的地址信息。

(4) 资金状况与融资计划。

计划书提供有关公司当前财务状况,并预期未来需求、收入和其他财务指标,以及所需资金数量、这些资金如何使用、现金流以及盈亏平衡分析等。

(5) 风险分析与退出策略。

一是讨论新创企业将面临的各种风险,以及管理团队为防范风险所采取的措施和步骤;二是预期收获,如果公司获得成功,投资者将如何取得收益(公司何时以何种方式公开上市)等;三是退出策略。

3. 附录附件

提供详细的财务信息以及高层管理团队成员的个人简历、必要的表格、图片,以及意向书、租赁契约等其他实证资料。

创业计划书的大致结构框架见图5-1。

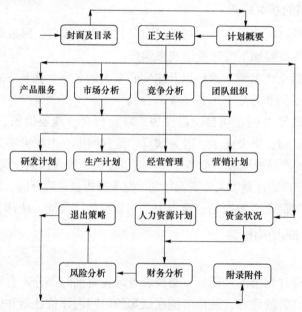

图5-1 创业计划书的结构框架

四、创业计划书的内容

从技巧和策略的角度，创业计划书应该提供业界公认的关键内容、创业者资质与潜能信息、针对风投的精准内容。

（一）业界公认的关键内容

在编写创业计划书的过程中，执笔者应该合理组织相关信息，使其具有较强的逻辑性，各主要内容的确定和顺序的安排，都应该根据新创企业的性质以及创业者欲传达的信息来确定。虽然创业计划书的主要内容随撰写人的不同或其所处行业的不同而有所差异，没有统一的固定要求，但还是存在被业界所公认和认可的大致内容，这有利于投资人及其他相关人员了解新创企业的关键信息。

（二）创业者资质潜能信息

创业计划书实质上是一份推销计划书，其大致内容概述如下：一是说明新创企业的产品或服务的基本价值，说明创业机会带来的价值升值；二是说明新产品或服务的目标受众；三是明确研发、生产、销售新产品或服务的计划和策略，尤其说明应对现在和未来竞争局面的总体规划；四是展示创业者的创业、创新与创意思路，以及创业者所拥有的经营新企业必需的知识、经验和技能，给投资者以信心；五是介绍资金状况、筹资计划、资金需求量、融资方式、资金使用方案、创业者如何及何时实现投资收益等。

（三）针对风投的精准内容

创业计划书是一张新创企业的名片，其中要策划、安排投资人最感兴趣的核心内容，这也是创业者在创业过程中必须直面的内容。一份精心准备的创业计划书要回答投资人关注的问题，而且要以有序、简明、有说服力、精准的方式做出回答。风险投资家每年要看成千上万份创业计划书，但绝大多数创业计划在几分钟之内就被那些经验丰富的风险投资家拒绝了。作为一个创业者，要尽全力做好项目的盈利能力、投资回报率说明，以确保你的创业计划书成为能得到风险投资家更多眷顾的少数计划书之一。

小资料

创业融资计划的智慧火花

1. 创业计划书是引领你通往创业目的地的一本路线地图册。
2. 创业计划书如果没有抓住投资者的第一眼，你就失败了一大半。
3. 贷款方关心的是"你有还款能力吗？"；投资方关心的是"你能走多远？"。
4. 融资成功需要不断完善你的创业计划，需要你最大限度地发挥潜能。
5. 创业计划书会让你的融资智慧火花更加耀眼。
6. 为了事业获得融资是一件需要你全力以赴去争取的事情。

（资料来源：https://www.sogou.com）

五、创业计划书的评价

一份成功的创业计划书，应该能够简洁清晰、实事求是地展示产品或服务特色。如果在一份创业计划书中，创业项目有市场容量，有竞争优势，创业者及其团队的执行力、研发能力与生产经营能力、营销策划能力与经营管理能力、融资与盈利能力、抗风险能力都很强，并制订投资退出策略，这即是一份高质量的接地气的创业计划书。

（一）评价方法

创业计划书的评价方法一般有第一方、第二方、第三方评价。

第一方评价即由创业者判定创业计划书是否具有吸引力和操作性等。

第二方评价即由资源提供方，包括投资商、一般投资人、管理者、员工等对其进行实用价值等方面的评价。

第三方评价即由独立于计划制订方及其使用方以外的咨询机构，受人委托对创业计划书进行客观、公正的评价。

（二）评价要素

具体来说，创业计划书的评价要素包括以下六大方面：

一是计划书内容完整全面；

二是计划方案可行；

三是技术含量高、具备创新性；

四是能带来较好的经济效益；

五是资金筹措方案合理；

六是市场前景广阔。

（三）评价标准

创业计划书使用者的目的不同，评价的标准便不同。表5-1是从创业投资基金或投资者的角度制定的评价标准。当然，国家相关各级权威部门可以制定国标、地标、行标、企标等不同级别的评价标准。

表5-1 创业计划书评价标准（从创业投资基金或投资者的角度制定）

序号	评价类目	评价标准
1	新创企业	明确阐述创业目的，企业的性质，企业背景及现状，创业理念及企业的战略目标
2	计划概要	内容清晰简洁，言简意赅，重点突出，具有吸引力
3	产品业务	描述产品或服务的基本性能、特征，产品的商业价值，产品的技术含量，产品的发展阶段，产品的所有权状况
4	市场分析与营销策略	内容包括市场状况描述、竞争分析、市场细分、市场定位、产品定价、营销渠道、促销方式
5	经营计划	包括产品生产业务计划，产品的成本和毛利，经营难度及所需要的资源
6	管理团队	包括关键人物背景，组织结构，角色分配，管理团队实施战略的能力
7	财务分析	财务报表清晰明了，与计划实施同步，内容包括相应时间段的现金流量表、资产负债表、损益表等
8	融资回报	以条款方式提供所需投资，利益分配方式，可能的退出策略

续表

序号	评价类目	评价标准
9	可行性	一是市场机会，明确市场需要及其适合的满足方式；二是竞争优势，企业要拥有独特的核心能力，以及拥有持续的竞争优势；三是管理能力，管理团队能够有效规划并发展企业，并能合理规避企业风险；四是财务预算，企业要具有明确的财务要求；五是有投资潜力，创业项目具有实际投资价值
10	写作水平	创业计划书内容简洁清晰，A4 纸，25 页，不冗余

（四）"6C"检测

一份优质的创业计划书能帮助创业者迈向成功，为创业活动的顺利开展起到事半功倍的作用。要判断创业计划书的优劣，"6C 理论"便是重要依据。"6C 理论"是指创业计划书在六个方面必须经得起反复拷问、反复检验、反复论证，才能成为一份可操作性强、价值性高、能够付诸实施的创业计划书。

第一个 C 是 Concept（概念），即指在创业计划书中的产品或商品及服务的概念。概念要清晰，表述要准确，使读者容易获悉企业经营的产品或商品，以及提供的服务等信息。

第二个 C 是 Customers（顾客），即指产品或商品及服务的使用对象。使用对象要明确，可以从年龄、收入、偏好、地区习俗等各个方面对顾客进行分类。细分顾客有助于准确定位市场，从而找到适销对路的顾客群。

第三个 C 是 Competitors（竞争者），即指相同、相似产品或商品以及服务的市场供应者。介绍是否有其他类似产品、商品或服务可以替代，竞争者的实力如何，以及自己企业的竞争力如何等。

第四个 C 是 Capabilities（能力），即指所要提供的产品、商品以及服务的综合能力，包括技术能力、供货能力、售后服务能力等。

第五个 C 是 Capital（资本），即指企业所拥有的技术专利、知识产权、现金、机器设备、经营场地、库房、车辆等。

第六个 C 是 Continuation（永续经营），即指当创业步入正轨的后续经营战略及规划、新创企业生存和发展的守业策略等。

（五）自检自查

可以从以下五个方面来检查创业计划书的编制是否具有技巧性：

一是创业计划书是否显示出创业者具有管理公司的经验。

二是创业计划书是否显示出创业者有偿还借款的能力。

三是创业计划书是否显示出创业者已进行过完整的市场分析。

四是创业计划书中是否有计划摘要并将其放在了最前面。计划摘要相当于公司创业计划书的封面，投资者第一眼就会看它。为了吸引并保持投资者的兴趣，计划摘要应写得引人入胜。

五是创业计划书能否打消投资者对产品或服务的疑虑。如果有必要，可以根据情况准备一件产品模型。

六、总结

创业计划书不是虚拟项目，它需要落地生根。创业计划书的成功并不在于格式的完美、措辞的优美、行文的流畅。如果仅限于此，仅停留于此，只能说明执笔者写了一篇好文章，而不是一份成功的创业计划书。一份成功的创业计划书应该是务实的、严谨的、可行的，因为计划是要用来执行的，而不是投到杂志、报纸上进行发表的。首先，要理清"6C"在计划书中是否得到严格落实，以判断其是否合格；其次，计划书的内容要先使自己信服，才能使他人认同并信服；最后，计划书的内容应针对不同的递交对象有所侧重，比如提交银行的计划书应与送给投资伙伴的计划书有所不同。

【知识应用】

1. 你在自己学校的复印室里，经常会瞥见高年级的学生们正在复制、装订创业计划书。从表面上看，你对学哥学姐的创业计划书满意吗？这些计划书有什么亮点和不足？你创业时会怎么做创业计划书？

2. 在创业管理的课堂小组讨论中，有一个大学生认为创业计划书最容易陷入纸上谈兵的"泥沼"。你对这样的观点怎样看？请你从创业计划书的作用和评价标准的角度，谈一谈如何使你的创业计划书更加务实并接地气，使之成为你实现创业梦想的一张"名片"或一本"保证书"。

任务二　编制创业计划书

创业者们怀抱着创业梦想，花费大量的时间和精力，倾心准备着创业计划书，把它视为吸引资金的"敲门金砖"。一份既专业又精美的计划书有利于捕获风险投资商的"芳心"。任务二的主要目的就是帮助你编制一份标准、规范、有效的创业计划书。

【项目情境】

小K是一名大三学生。临放暑假的前一天，他接到老家表姐的电话，说她第一次创业所做的药材生意在前几天关门了，现在她打算二次创业，想做小学生辅导培训项目，让小K帮助她编制一份创业计划书，上交老家的创业申请相关部门。小K暑假回家便着手为表姐编制创业计划书。

任务要求：

1. 你认为小K在为其表姐编制创业计划书之前，市场调研主要应集中在哪几项？

2. 小K的表姐二次创业，从药材项目转为辅导培训项目，小K编制的是服务类项目而不是产品类项目的创业计划书，他应该注意哪些问题呢？

3. 若你替小K编制创业计划书最前面的"计划摘要"部分，你的编制思路是什么？

4. 表姐要二次创业，她求助另一人（小K）为其编制创业计划书，你认为这是否合适？

【相关知识】

为了完成"任务二　编制创业计划书"，需要掌握和运用的相关知识包括：编制创业计划书的目的、编制创业计划书的原则、编制创业计划书的要求和编制创业计划书的步骤。

一、编制创业计划书的目的

编制创业计划书的主要目的是为了说服合作伙伴及顾问、潜在投资者、准备聘用的高级管理人员、客户及供货商、贷款人等参与到创业活动中来。它能够有理有据地说明企业的发展目标，及其实现的时间、方式及所需的资源，也能够全面地说明创业者的构想以及如何实施其构想，是创业者系统地思考创业、向他人或组织介绍创业项目的商业文书。

（一）使创业者梳理创业思路

编制创业计划书可以促使创业者系统地思考新创企业的各个要素，在创立企业之前梳理自己的思路，迫使创业团队全力以赴地解决创业过程中的每个细节问题。对于创业思路，不但要想得清晰，而且要写得清晰。创业思路本身的重要性远不如将其形成流畅的书面文件的重要性。当创业者决定通过创办企业把创业思路商业化后，便进入编制创业计划书的阶段。

（二）使创业者推销创业构想

实质上，创业计划书就是创业者及其新创企业的一种推销性质的文书。把创业者的创业构想、自身能力、综合素养，以及创业项目的无限商机、投资的利益回报等内容都潜移默化地镶嵌在计划书中，给投资商以信心和希望，实现共同合作，双方共赢。所以，创业计划书是创业者及其新创企业向潜在投资者、供应商、合作伙伴等介绍创业构想的一种推广媒介和商业文书，它为新创企业提供了一种正式的书面交流和说服工具。

（三）敲开投资商的资金库大门

创业计划书像是一块资金库房的敲门砖。高质量的创业计划书能够吸引投资商的投资热情和投资兴趣。如果没有资金作支撑创业项目就无法启动，再优秀的创业者也犹如巧妇一样难为无米之炊。开展创业活动的最大障碍和瓶颈便是资金短缺问题，大学生创业更是如此。投资商是创业融资渠道的重要一员，吸引并说服他们出资便是编制创业计划书的主要目的之一。赢得投资商的投资，就犹如为新创企业的生存和发展注入了输送养料的血液。

二、编制创业计划书的原则

编制一份优质的创业计划书需要花费创业者很多时间和精力，但由于它是潜在投资人接触新企业及其项目的第一步，因此非常有必要把它做好。编制创业计划书的一个重要目的是募集风险投资，下面便从风险投资商的角度阐述编制创业计划书的原则。

（一）一见倾心原则

创业计划书必须做到一开始就吸引人，让投资者一目了然，并且一见倾心。风险投资商一般都富有远见，并且经验丰富，做投资决策时往往很迅速，一锤定音，很少出现反复。呈现给他们的创业计划书必须能使他们对项目一见钟情，并且自始至终都能把他们吸引住。比如，创业摘要是创业计划书的精华部分，也是投资商第一眼就能看见的部分，创业者必须简洁而富有睿智地说明创业项目的价值所在、独特资源、竞争优势、投资回报率、创新创意金点子、团队成员素养等内容，力争信息干净利落、强劲有力。

（二）内外兼顾原则

"内"是指新创企业内部的管理团队；"外"是指新创企业外部的市场机会。多数风险投资商认为，管理团队的素养和创意商业化的市场机会是两项关键的投资判断指标。但这并不意味着产品特征、财务预期等其他指标不重要，只是投资商在评审创业计划书时，比较注重对各种指标间的复杂关系进行考察，而管理团队和市场机会成为首要的否定指标。

在决定投入大量时间和精力去准备一份令人印象深刻的创业计划书之前，创业者必须首先确定新创意是否具有市场价值，创意的激发是否与创业团队的潜能相互匹配。

（三）真实可信原则

创业计划书本质上是创业者把创业意愿及创意转化为营利素材的一种统筹和规划。创业活动和市场预测都具有很大的不确定性，创业者应该努力确保计划书信息的相对真实性，同时保持对市场环境等因素变化的敏感性和警觉性。具体而言，创业计划书的真实性表现在以下三个方面：

1. 顾客分析的真实性

创业者及新创企业应尽力根据潜在顾客（包括终端使用者、分销商、中介等）的反馈信息来编制创业计划书，对顾客的需求，以及提供的特定产品或服务能否满足这些需求，进行真正的研究和分析。

2. 市场分析的真实性

变革会带来市场波动，对此进行市场分析会存在很大难度，而创业者又往往相信未被证明的市场，容易对市场过度乐观。因此无论创业者提供多少研究细节，持有怀疑态度的投资商都不会相信创业者对市场的预测。真实的市场分析应该恰当地描述市场规模的变化，一些公开的市场调研信息能提供这种适时的市场规模评价，创业者可以借此帮助投资商做出相关决策。

3. 竞争分析的真实性

分析竞争者时一般会面临这样的困境：一是现有竞争者不可能用新技术参与竞争；二是由于保密或规避竞争的原因，真正的竞争者不可能很明显地被识别出来。优质的创业计划书既要识别显性的竞争者，又要识别隐性的竞争者，提醒创业者不该开发存在过度竞争的市场，促使投资者相信创业者为分析竞争环境做出了真正的努力。

三、编制创业计划书的要求

编制创业计划书的要求主要包括两个方面：一是确保创业计划书的语言精简；二是确保创业计划书的内容有弹性。

（一）确保创业计划书的语言精简

创业计划书一般不要超过50页，而且要越短越好。创业计划书的主要目的是展示、沟通和说服。阅读创业计划书的人，往往工作繁忙并且经验丰富，他们很清楚如何识别创业计划书所涉及的核心问题。创业计划书的实质是一份规范的商业文件，不需要使用太过艳丽的图例，或过于夸张的文字描述。创业计划书是创业者留给风险投资商、银行家，以及其他支持者的第一印象，应该以高度负责的务实态度来编制，同时要睿智地展示新企业的价值和优势。

(二) 确保创业计划书的内容有弹性

创业旅程充满荆棘与风险，创业过程面临大量的不确定性，企业内外部环境的变化经常目不暇接。编制创业计划书时要注意计划内容的弹性空间，避免编制僵化、刻板的计划书。创业计划更像是一幅路线图，这个路线图必须达到动中取静，这样才能确保其内容的适时性、伸缩性、动态性、准确性。编制创业计划书虽然不能保证创业一定成功，但是可以大幅提高创业成功的概率。

四、编制创业计划书的步骤

创业者要想编制出一份具有吸引力的创业计划书，需要注意做好前期的准备工作，并且遵循一定的编制步骤。

(一) 准备阶段

由于创业计划书涉及的内容较多，编制之前必须进行充分的准备、周密的安排。第一，通过文案调查或实地调查的方式，准备关于创业企业所在行业的发展趋势、同类企业组织机构状况、同类企业财务报表等方面的资料；第二，确定计划书的目的和宗旨；第三，组成专门的工作小组，明确创业计划书的种类与总体框架，落实日程安排与人员分工，完成创业计划书的编制工作。

(二) 形成阶段

形成阶段实际上是初步草拟创业计划书的阶段。主要是统筹编写创业计划书的各个组成部分，包括对新创企业、创业项目、市场竞争、营销计划、组织管理、工艺技术、财务计划、融资方案，以及创业风险等内容进行分析，初步形成比较完整的创业计划框架方案。

(三) 完善阶段

完善阶段即为广泛征询各方意见，进一步补充、修改和完善草拟的创业计划书的阶段。编制创业计划书的目的之一是向合作伙伴、投资商等各方人士展示有关创业项目的难得机遇和发展前景，为创业融资提供依据。这个阶段需要检查创业计划书的完整性、务实性、可操作性。检查是否突出了创业项目的独特优势及竞争力，包括市场容量和赢利能力，以及在研发、生产、营销、管理等方面的独特性，力求引起投资商的关注，出资支持创业项目。

(四) 定稿阶段

创业计划书的定稿阶段非同寻常，需要严格把关，查缺补漏，自检自查，比如修正全部语法错误，使行文流畅无语病，结构清晰，逻辑性强；把商业秘密进行科学处理，进行校对定稿和印制，最后做到万无一失，形成一份标准、规范、正式的创业计划书文本。

小资料 　　**创业计划书"计划摘要"写作"十大金句"**

第一句　说明创业理念的由来。(切入点)
第二句　说明市场的需求。(市场前景)
第三句　说明你如何满足需求。(产品)

第四句　说明还有谁满足了这些需求。(竞争对手)

第五句　说明你提供的产品比别人的强在哪。(优势)

第六句　说明你如何做大这个"强"。(研发)

第七句　说明你如何把这个"强"弥补到"需求"里去。(市场运作)

第八句　说明你从中能赚多少钱。(盈利模式)

第九句　说明你赚的钱能分给我多少，要我提供什么。(投资回报)

第十句　介绍一下你们。(团队优势)

(资料来源：https://wenku.baidu.com，有删节)

五、编制创业计划书的技巧

编制创业计划书的技巧主要包括：结构体例设计技巧、内容选取组织技巧、吸引读者入境技巧、要素齐全详略得当、撰写完毕查缺补漏。

(一) 结构体例设计技巧

结构体例设计技巧包括两个方面：一是结构体例设计不要偏离常规太远；二是结构体例设计不哗众取宠，只求精致与淡雅。

1. 结构体例设计符合常规

创业计划书的结构和体例相对固定。尽管业界对此没有硬性规定，但创业者不要单纯为了创新而偏离一般的结构和格式太远，也不能直接套用互联网上的一些创业计划书模板。创业计划书必须基于特定的市场调研数据和事实来编写，论之有据，借以充分表明新企业的可预测性以及创业者的素养。

2. 结构体例设计精致淡雅

设计创业计划书的体例时要讲究一些、专业一些，因为见字如见人；要让计划书显得雅致，以显示出创业者的高素质，但不要给人以哗众取宠的浮夸印象；可以采用透明的封面和封底来包装创业计划书；不要过度使用文字处理工具，否则会使计划书显得花哨和凌乱；体例上的用心可以显示你的细心；如果企业已经设计了精美的徽标（LOGO），应该把它放在计划书的封面和每一页的眉题上；要做到页面素雅和大方，有艺术性和美感，因为这样容易吸引眼球，给读者留下深刻的印象。

(二) 内容选取组织技巧

内容选取组织技巧主要包括三项：调研资料为上技巧、财务计划利他技巧、内容动态调整技巧。

1. 调研资料为上技巧

创业计划书的素材应该建立在市场调研或其他间接来源的真实数据基础之上。在编写正文时，可先组织素材，编写顾客与市场分析，再结合企业发展目标编写产品开发及财务分析。计划书相关信息的获取方式除了市场调研，还有行业数据、专家咨询等。

2. 财务计划利他技巧

在编写财务计划时，要表达一种"有益于投资商"的利他态度，即表明企业理论上具有创造多倍于投资的回报潜力。在内容设计与信息组织过程中，需要多考虑准投资商的看法与感受,毕竟计划书在反映实际情况的同时,还需要说服别人。

3. 内容动态调整技巧

创业计划书的内容编写体现为一种动态过程。随着编写工作的深入,创业者或准创业者能够获取的新市场、潜在顾客等相关信息越来越多、越来越具体,他们的个人目标和追求都会随之改变,这些都会影响到企业所有权方式、销售预期、赢利预期,以及融资方式等方面的决策,此时需要创业者以坦诚的态度和开放的心态,随时调整、修改、完善创业计划书的内容。

(三) 吸引读者入境技巧

编制一份有助于获得所需资金或其他资源支持的创业计划,关键在于对投资商以及其他资源拥有者的心理把握。创业计划书是创业者用书面文字与阅读对象进行沟通交流,以此达成共识的一种方式,因此计划书要根据不同的审阅者在内容上有所侧重,这样才能够精准吸引阅读对象。从投资者角度看,管理团队以及市场机会的价值是两项关键的投资决策要素。因此,希望获得投资的创业者一定要在创业计划书上充分展现高素质的管理团队,以及新企业创意的市场价值性,突出亮点,从而使投资商产生一种相见恨晚的感觉,使之产生一种合作共赢、深入探寻的强烈欲望。

(四) 要素齐全详略得当

要素齐全详略得当主要体现在:目标明确,主题突出;简明扼要,通俗易懂;结构完整,要素齐全;内容表述恰当、规范。

1. 目标明确,主题突出

编制创业计划书的目的是获取资源,因此创业者应该规避与主题无关的内容,直奔主题,给投资商展示商业价值和经济意义。此外,阅读对象不同,他们对创业计划书的要求和兴趣亦不同,因此创业计划书的内容和侧重点也应该有所区别。

2. 简明扼要,通俗易懂

创业者必须意识到,创业计划书不是文学作品,不需要飞扬的文采;它也不是学术论文,不需要深奥的专业术语。创业计划书的措词要通俗易懂、务实、接地气、讲究沟通效率,观点表达清晰即可,不要过分渲染。

3. 结构完整,要素齐全

创业计划书是一种很正式的规范性书面文件,在结构和内容上都有严格要求,但又不能因循守旧、千篇一律。基本要求是结构完整、要素齐全,各个部分都应该论述到,并且详略得当。

4. 内容表述恰当、规范

创业计划书的文字表达要清晰准确、逻辑性强,句子没有任何语法错误。可以恰当采用图片、表格对文字给予协助或支撑描述,这样既形象又直观。创业计划书的版面格式可以适当参考业内认可的编制模板。

(五) 撰写完毕查缺补漏

创业计划书撰写好之后,应当从几个方面进行查缺补漏,具体见表 5-2。绝对不可走过场。

表 5-2　创业计划书编制完毕后的自查自检内容列表

序号	检查指标	创业计划书的自检自查内容
1	产品服务	是否明确了产品或服务，能否打消投资者对产品或服务的疑虑
2	优势能力	是否表达出创业者所具有的优势、能力和素养
3	融资偿债	是否显示出创业者有很强的偿债能力
4	市场分析	是否证明创业者已经进行过深入的市场分析
5	抗风险力	是否表明了创业者有强烈风险意识和化解风险的策略
6	风险价值	是否明确指出了投资风险与价值
7	语法错误	在词法、句法、文法上是否全部正确
8	篇幅字数	篇幅字数是否太多或太少，一般包括附录控制在 20~30 页为宜

创业者要按照表 5-2 的检查指标对创业计划书进行逐项检查，不能有任何遗漏和错误。比如创业计划书的封面上不可遗漏联系方式，不可没有封面页，不可有明显的排版打印错误。因为这些小疏漏会使投资商认为这位准创业者粗心、不负责任、准备不充分，进而影响投资者的决策。细节决定成败，态度决定一切，千里之堤毁于蚁穴，所以万事皆需从细微处做起。

六、编制创业计划书的注意事项

编制创业计划书的注意事项有五点：一是针对读者，突出主题；二是结构完整，内容规范；三是周密计划，协调统一；四是合理预测，数字准确；五是保护知识产权和商业秘密。

（一）针对读者，突出主题

一定要针对阅读对象的思路编制创业计划，目标读者不同则创业计划的侧重点不同。比如创业投资者关心的是市场增长及赢利；战略伙伴与主要客户关心的是产品或服务、市场及赢利、团队运营力；主要雇员关心的是未来的发展前景。为了引起目标读者的阅读兴趣，创业计划书要有针对性，一语中的。但是，敏感或机密信息尽量不要写进创业计划，可通过充分阐述的手法来弥补，使目标读者信服。

（二）结构完整，内容规范

创业计划应该有一套完整的格式，前后内容有连贯性，排序有逻辑性，排版校对有精确性。

其一，创业计划书应该备有索引和目录，方便读者查阅内文；摘要要位于创业计划书的最前部。

其二，在产品或服务描述、行业分析、营销策略、创业团队等方面应恰当使用专业术语，但不可过多过滥，适可而止，恰到好处，做到行文标准化、规范化。

（三）周密计划，协调统一

创业所涉及的内容很多，应事先拟定写作计划，使写作过程有条不紊地进行。通常应成立一个写作小组，成员分工协作，各负其责，最后由组长统一协调定稿，以免计划书零散无主、不够连贯、文风各异。另外，还要注意所选用资料的时效性，及时更新有关数据资料。

（四）合理预测，数字准确

在编制创业计划书时，务必对相关数据进行合理预测。比如，对市场占有率、财务预测分析、投资回报率等都应尽可能做到数据准确翔实。不可做简单的粗略估计，不可过分夸大投资收益回报，不可仅依据生产能力来预估销售量。务必做好市场调研，也可以引证官方或学术研究机构的统计资料。对目标市场的消费特性阐述也要具有实证；如果已有产品原型，可先行对使用状况进行测试，取得专家检验意见，以便提升创业计划书的真实性与可信度。

（五）保护知识产权和商业秘密

创业计划书是创业者辛勤付出智力劳动的成果，其内容往往具有巨大的商业价值，可能涉及重要的商业机密。因此投资者在定稿后研读创业计划书，对其机密内容进行保密处理，这是非常必要的。比如，可以要求收件者在一份保密协议书上签字，或者在创业计划书中添加一段保密条款及违约后果的法律责任等。

【知识应用】

大四学生小王经过艰辛努力，费尽周折，终于遇到了一位有投资意向的投资商。小王迫切想要得到投资，投资商对小王的创业项目也很感兴趣，双方进行了深入洽谈，同时小王向投资商递交了创业计划书。在投资商过目后，小王隐约地感到投资商变得似乎有些犹豫，总是有话要说，却欲言又止，他不得其解。后来咨询创业导师才得知：投资商想要了解小王创业的商业秘密，小王为此左右为难。你能给小王提几条建议吗？

1. 小王可以把全部商业秘密写在计划书里吗？
2. 如果小王把全部秘密告诉投资商，他们的合作在中途夭折了怎么办？
3. 如果小王一点儿秘密都不透露，投资商觉得小王无合作诚意，改变主意了怎么办？
4. 小王可以把商业秘密的2/3或1/3写在计划书里吗？为什么？

【模块知识小结】

本模块共设置了两个工作任务，学生在完成工作任务的过程中，一是需要了解创业计划书的概要：创业计划书的定义和类型、创业计划书的作用、创业计划书的形式和内容、优质创业计划书的评价标准；二是需要掌握编制创业计划书的商业知识和职业技能：编制创业计划书的目的和原则、编制创业计划书的要求和步骤、编制创业计划书的技巧、编制创业计划书的注意事项。

【复习思考题】

1. 创业计划书对于创业者和投资者都有哪些作用？
2. 创业计划书的质量优劣如何评价？评价指标都有哪些？
3. 创业者编制创业计划书都有哪些目的？
4. 编制创业计划书的常见技巧都有哪些？
5. 在编制创业计划书时有哪些事项需要格外注意？

【案例训练】

第四届"挑战杯"全国大学生创业计划大赛金奖作品
计划摘要

一、公司

上海盛旦科技股份有限公司秉承"Tech Application 应用科技"的经营理念,努力将高科技实用化,满足大众需求。公司目前拥有的一次性打印电池技术由复旦大学化学系研究开发,拥有完全的知识产权并已申请专利。

盛旦在一次性打印电池技术的基础上首先推出了"闪电贴(FlashTip)"一次性超薄手机电池系列产品,填补了一次性手机电池的市场空白。目前手机已经成了人们生活中不可或缺的消费品之一。据统计,目前全国已有手机用户2.5亿。但手机的不便之处也逐渐暴露出来,比如关键时刻的电量不足、突然断电常常给人们带来很多不便,特别是外出洽谈商务或结伴出游时手机电池的突然断电有时会给人们带来很大的损失。虽然一些大商场提供了临时充电器,但由于充电需等候多时,且只有少数大商场提供此类服务等,因此手机电量的及时补充问题并未得到根本解决。"闪电贴"一次性超薄手机电池正是针对这一市场空白推出的最新产品。

二、市场

"闪电贴"的目标群体主要定位为出差的商务人士、旅游群体等。一片1毫米厚、面积与传统电池板相仿的"闪电贴"将提供约为12小时的电池电量,只需将其贴于现有电池表面即可让手机电力十足。该产品轻便而快捷,既可以作应急使用,尽可能地降低短期断电造成的通信中断损失,也可作为常用的备用手机电池,省去外出携带充电器等不必要的麻烦。当然,由于其性价比较高,也适用于其他普通消费者。

在区域市场上,初期以国内市场为主,先大中城市后小城市,同时在适当的时间进入国际市场,利用全球化的市场需求获得规模竞争优势。

三、生产与营销

盛旦准备在上海张江高科技园区设立加工基地。公司有成熟的技术(主体技术为现代喷墨打印技术和纳米材料技术),产品的加工工艺并不复杂,主要设备为打印设备和电池材料配置设备。初期成本为1.2元/贴(大小类似普通手机电池,厚度为1毫米,待机时间为12小时),售价为5元/贴。随着生产规模的扩大,成本将不断降低。由于其市场容量巨大而且目前尚处于空白状态,因此市场前景巨大。

由于"闪电贴"属于快速消费品的范畴,所以在营销上采用大规模铺货的方式,以便利店、超市、书报亭等为主要的销售渠道,方便消费者及时方便地获取公司的产品。同时,第一年进行大量的派送试用,且投入一定资金做前期推广,通过各种媒体广告和各种促销活动推进产品知名度。在市场上,先立足上海,然后逐渐有计划、分步骤地推向全国。第一年37万片,第二年45万片,第三年开始销售额和利润都将大幅上升。

四、投资与财务

公司设立在张江高科技园区,属于国家支持的中小型高科技企业,税收上享受"两年免征所得税"的政策。公司成立初期资金为720万,其中风险投资520万,盛旦公司投资

（管理层和化学所投资）100 万，流动资金贷款 100 万。其中固定资产投资 155 万，流动资金 565 万。

股本规模及结构定为：公司注册资本 800 万元人民币，其中：外来风险投资入股 520 万（62.5%）；盛旦专利技术入股 180 万（22.5%）；流动资金入股 100 万（12.5%）。

公司将从第三年开始盈利，到第四年利润开始大幅增长，内部收益率为 50.1%。风险投资可通过分红和整体出让的形式收回投资。

五、组织与人力资源

公司成立初期采用直线型组织结构，总经理直接向董事会负责；三到五年后随着新产品的推出开始采用事业部型组织结构。公司初期创业团队主要来自复旦大学管理学院，成员各司其职，都具有相关领域的专业知识和运作经验，且优势互补。同时公司拥有复旦大学化学所技术人员作为公司技术支持。此外，公司还邀请多位管理学院教授为经营顾问。

（资料来源：https://wenku.baidu.com/view）

思考与训练：

1. 请你列出案例中大学生创业计划大赛金奖作品计划摘要的 3 个优点。

2. 根据创业计划书中对计划摘要的写作要求，请你谈谈案例中计划摘要是否有缺点？如果有，请你列出，并解释说明。

3. 根据创业计划书的写作要求，请你对案例中的计划摘要的书面语言表达水平给予客观评价。

【能力训练】

1. 与 5 个创业者交流，了解他们有没有创业计划书。对于那些有创业计划书的创业者，了解他们是什么时候写的创业计划书。他们写创业计划书的目的是什么？创业计划是否真的被执行了？他们是否随着计划的执行而对计划书做了及时修改？

2. 假定有人愿意投资 30 万元人民币支持你创办公司，你将如何选择行业？你会为此做哪些准备？请你为此拟定一份简要的创业计划书。

模块六

创业融资

【学习目标】

能力目标

通过本模块的学习和训练，能够做到：

1. 对企业发展不同阶段的创业融资需求特点有所把握；
2. 判断不同融资方式的优缺点；
3. 根据企业的不同发展阶段选择适合的创业融资方式；
4. 在把握风险投资周期的基础上获取风险投资。

知识目标

通过本模块的学习，应该能：

1. 了解融资的概念及创业融资需求的特点；
2. 掌握创业融资的各种方式的优缺点以及创业融资方式的选择方法；
3. 了解风险投资的概念、特征；
4. 把握风险投资周期；
5. 掌握获取风险投资的方法。

素质目标

1. 通过资料收集、课外调查和课堂研讨，提高组织能力；
2. 通过小组集体学习和训练，培养团队协作精神。

对于多数创业者来说，资金仍然是稀缺的资源，获取资金的技能和有关知识是创业者需要学习的重要内容之一。值得庆幸的是，今天创业者的融资模式不再是单一的银行贷款，而是有丰富多样的融资渠道,为此创业者更加需要了解每种融资方式和融资工具。无论哪种融资方式,都各有利弊,所以创业小企业的融资渠道应该是多元化的,只有组合使用各种融资工具,才能最大限度地提高融资效率、降低融资成本。

任务一　创业融资方式及其选择

【项目情境】

情境1:小B前年大学毕业回到老家上海后,一直没找到称心的工作。看到自己居住的小区内有一家小型超市生意非常红火,小B心想,不如开个超市自己给自己干,但是一打听,办个小超市投资起码得六七万元。

情境2:小C做了几年的外贸服装,积累了一定的业务渠道,便打算自己办一家鞋厂。他仔细算了算,办个年产50万双皮鞋的中等规模的鞋厂需要100万元设备和周转资金,外加一处不小于200平方米的厂房。小C通过朋友在近郊某镇物色了一家负债累累、濒临倒闭的板箱厂,以"零转让"的形式接手了这家工厂,也就是该镇以资债相抵的办法,将工厂所有的动产、不动产以及工厂的债务全部转让给了小C。厂房的问题是解决了,但是100万元的投资从哪里来呢?

请围绕以下问题分组讨论,并为小B、小C设计合适的融资渠道。

任务要求:
1. 根据项目的情况,罗列出创业融资的主要渠道。
2. 请为小B、小C设计合适的融资渠道。

【相关知识】

一、创业融资概述

(一) 创业融资的概念

企业的发展过程是和融资密不可分的,融资是任何企业都无法回避的重中之重。无论公司的创建,还是后期公司的持续运营、业务扩张等,都离不开资金的充足保障。而且企业的发展本身就是一个"融资—发展—再融资—再发展"的螺旋式提升过程。

对于创业者而言,创业的最大问题就是"缺乏资金"。那何为创业融资呢?创业融资是指创业企业根据自身发展的要求,结合生产经营、资金需求等现状,通过科学的分析和决策,借助企业内部或外部的资金来源渠道和方式,筹集生产经营和发展所需资金的行为和过程。

(二) 创业融资需求的特点

创业融资需求具有鲜明的阶段性特点。新创企业包含了四个阶段,即种子期、创业期、成长期和成熟期,其阶段特征和融资需求特点见表6-1。在不同的阶段,融资数量和融资渠道有不同的针对性,创业者要做到融资阶段与融资需求以及融资渠道的匹配。

表6-1 新创企业发展阶段及融资需求特点

企业发展阶段	阶段特征	创业融资需求特点
种子期	成立一年以内，或者企业还没有注册但已有了创始团队，没有销售收入或销售收入很少，员工人数10人左右，创始人既是经理又是员工	资金需求较少； 主要体现在企业的开办费用，可行性调研费用，部分技术研发费用等； 以盈利为目的的外部资本一般不会介入
创业期	成立一年以上，员工人数20～50人，研发团队和管理团队开始分化，核心团队开始形成	资金需求逐步增大； 主要用于生产设备购置、产品开发及产品营销等； 传统的投资机构和金融机构很难提供足够的资金支持； 无盈利记录，缺少抵押担保能力
成长期	一般成立三年以上，内部管理步入正轨，有职业经理人	初期，收入仍然少于支出，企业现金流为负，现金需求量增大，未能形成足够的抵押资产和较好的市场信誉； 中期，需要大量资本投入生产营运，资金需求量急剧增加； 后期，实现规模效益的欲求使企业迫切需要吸纳外部资本，企业已形成较好的市场信誉
成熟期	成立10年以上，有职业经理阶层，业务趋于成熟，企业面临转型发展	资金需求量稳定且筹资较前面任一阶段都容易； 现金流能够满足现有业务的发展需要； 新的机会不断出现，因此企业仍需外部资金来实现高速增长，融资需求规模扩大

二、创业融资方式

（一）权益融资和债权融资

权益融资与债权融资是创业企业常用的两种融资方式，而融资方式的选择是否恰当，将直接决定企业融资行为的成败及企业未来发展的命运。

1. 权益融资

1）权益融资的概念

权益融资（equity finance）是通过扩大企业的所有者权益，如吸引新的投资者、发行新股、追加投资等来实现的，权益资本的主要渠道有自有资本、朋友和亲人或风险投资公司。权益融资会稀释原有投资者对企业的控制权。

权益投资者作为企业的部分所有者，通过股利支付获得他们的投资回报，并期望通过股票买卖收回他们的资金，连同可观的资本利得。因为权益融资不是贷款，不需要偿还，对于权益投资者而言就蕴含着风险,所以只有具有独特商业机会、高成长潜力、明确界定的利益市场以及得到证明的管理层的企业才是理想的投资对象。未达标的企业要想获得权益融资会非常困难。

2) 权益融资的主要途径

(1) 吸引风险资本(venture capital,简称"VC")。

风险资本是风险投资公司投资于新创企业以及有非凡成长潜力的小企业的资本,风险投资公司通过资本经营服务培育和辅导创新企业创业,以期分享其高增长带来的长期资本增值。风险资本投资对象多为处于创业期的中小型企业,蕴含着失败的风险,但是一旦投资成功,投资人将获得几倍、几十倍,甚至上百倍的回报。而且对创业者来讲,使用风险资本创业的最大好处在于即使失败,也不会背上债务。这样就使得年轻人创业成为可能。

近年来,风险投资行业引起人们的极大关注,一方面是因为风险投资行业的盈利特性;另一方面是因为风险投资家们也曾为那些引人注目的成功企业提供过风险投资,如Google公司、雅虎网站等。此外,风险投资家在商业界的联系极其广泛,可向企业提供超出投资的许多帮助,如通过监管和服务实现价值增值。"监管"主要包括参与被投资企业董事会、在被投资企业业绩达不到预期目标时更换管理团队成员等手段。"服务"主要包括帮助被投资企业完善商业计划、公司治理结构以及帮助被投资企业获得后续融资等手段。据不完全统计,风险投资家每年仅有大约一半资金投向新企业,其余投资则投向需要追加融资的现存企业。

在现实中,相对于天使投资者以及需要融资的企业而言,风险投资家仅为很少的企业提供了资本,而且风险投资家的投资偏好也非常狭窄。尽管如此,对于合格企业来说,风险资本仍是权益融资的可行选择。因此在本章第二节将进行详细阐述。

(2) 首次公开发行(IPO)。

首次公开发行是指企业股票面向公众的初次销售。一般来说,一旦首次公开发行完成后,这家公司就可以申请到证券交易所或报价系统挂牌交易。首次公开发行是企业重要的里程碑,对企业有许多益处,如募集资金、吸引投资者、增强流通性、提高知名度和员工认同感、回报个人和风险投资;利于完善企业制度、便于管理等。但它也是一个复杂而成本高昂的过程。首次公开发行的第一步是企业要聘请一家投资银行。投资银行担当企业的保荐人和辅导者角色,促成企业通过上市的整个过程。此外,所有者容易失去对公司的控制,风险投资容易获利退场等。

(3) 私募股权融资(private equity,简称"PE")。

私募股权融资是指融资人通过协商、招标等非社会公开方式,向特定投资人出售股权进行的融资,包括股票发行以外的各种组建企业时的股权筹资和随后的增资扩股。

私募股权融资主要通过非公开方式面向少数机构投资者或个人募集,它的销售和赎回都是基金管理人通过私下与投资者协商进行的。另外,在投资方式上也是以私募形式进行,绝少涉及公开市场的操作,一般无须披露交易细节。但是,由于私募股权融资针对的是社会上的投资人,仍由证券监管部门对私募股权融资进行有关监管,因此它可以被视为一种在限定条件下的"准公开发行"。

此外,由于私募股权融资属于权益融资,PE投资机构对被投资企业的决策管理享有一定的表决权。私募股权融资比较偏向于已形成一定规模和产生稳定现金流的成形企业，这一点与 VC 有明显区别。

> **专栏** **私募股权投资人通常采取的投资策略**
>
> 私募股权投资人通常采取的投资策略有联合投资、分段投资、匹配投资和组合投资。
>
> 1. 联合投资
>
> 对于风险较大、投资额较高的项目或企业，投资人往往联合其他投资机构或个人共同投资。牵头的投资人持有的股份最多。对于创业企业来讲，这样也可以享有更多的投资者的资源。但也不是投资者越多越好，因为投资者太多，难免会发生冲突和内耗。
>
> 2. 分段投资
>
> 在创业企业发展的早期，各方面的风险大，资金需求则相对较小。而随着时间的推移，风险逐步减少，资金需求却逐步增加，对于发展情况不是逐步趋好而是趋坏的项目，投资人可以在下一轮投资时慎重考虑是否进一步追加投资。对于那些已经没有挽救希望的企业，则通过清算等手段尽可能收回前期投资。这种分阶段多次投资的策略，使投资人可以根据风险的变化进退自如，以尽可能避免投资的损失。
>
> 3. 匹配投资
>
> 匹配投资是指投资人在对项目或企业进行投资时，要求项目的经营管理者或创业企业要投入相应的资金。匹配投资将风险投资者与创业企业捆在了一起，促使创业企业或项目经营管理者加强管理，从而降低了投资风险。
>
> 4. 组合投资
>
> 不要把鸡蛋放在一个篮子里。投资人在进行投资时一般不把资金全部投向一个项目或企业，而是分散投向多个项目或企业。这样一来，一个或几个项目或企业的损失就可能从另外的项目或企业的成功中得到补偿，从而就可以避免风险投资公司全军覆没的危险。因为一般说来，几个项目同时失败的可能性较一个项目失败的可能性要小得多。
>
> （资料来源：http://www.doc88.com，经过改编）

(4) 股权众筹融资（equity crowdfunding）。

股权众筹是指融资者借助互联网上的众筹平台，将其准备创办或已经创办的企业或项目信息向投资者展示，吸引投资者加入，并以股权的形式回馈投资者的融资模式。简言之，股权众筹就是私募股权互联网化。

股权众筹相较于其他形式的众筹的特点是：股权众筹的融资人向投资人提供的回报绝大多数甚至百分之百是股权形式。股权众筹从是否担保来看，可分为两类：无担保股权众筹和有担保股权众筹。无担保股权众筹是指投资人在进行众筹投资的过程中没有第三方的公司提供相关权益问题的担保责任。目前国内基本上都是无担保股权众筹。有担保股权众筹主要是指在股权众筹业务中加入了担保元素，如贷帮网规定由推荐项目并对项目进行担保的众筹投资人或机构作为保荐人，如果众筹的项目一年之内失败，则保荐人赔付全额投资款，保荐人即为担保人。

股权众筹运营模式包括：

① 凭证式众筹。主要是指在互联网通过卖凭证和股权捆绑的形式来进行募资。出资人

付出资金取得相关凭证，该凭证又直接与创业企业或项目的股权挂钩，但投资者不成为股东。

② 会籍式众筹。主要是指出资人在互联网上通过熟人介绍，付出资金，直接成为被投资企业的股东。

③ 天使式众筹。出资人通过互联网寻找投资企业或项目，付出资金，直接或间接成为该公司的股东，同时出资人往往伴有明确的财务回报要求。

股权众筹相较于其他方式也有一些优势，如适用的行业更广泛，并不仅限于科技行业，还包括许多传统行业，如连锁店、实体店等；企业的控制权基本不受影响，参与众筹的投资人并不实际参与被投企业或项目的实际管理，创始人仍然对企业享有更大的自主权等。

3）权益融资的优缺点

（1）权益融资的优点。

① 权益融资所筹集的资本具有永久性。无到期日，不需归还，是企业最低资本要求的保证。

② 权益融资没有固定的股利负担。股利的支付与否和支付多少，视项目投产运营后的实际经营效果而定。因此项目法人的财务负担相对较小，融资风险较小。

③ 权益资本是企业最基本的资金来源，是负债融资的基础。它体现着企业的实力，是其他融资方式的基础，尤其可为债权人提供保障，增强公司的举债能力。

（2）权益融资的缺点。

① 成本较高。这是因为：一方面，从投资者的角度讲，投资于权益资本的风险较高，要求的投资报酬率也会较高；另一方面，对于筹资公司来讲，股利从税后利润中支付，不具备抵税作用。因此权益融资的成本一般要高于债权融资成本。

② 转移企业的控制权。股份制企业若采用增发股票形式筹集长期资本，可能会影响原有股东的持股比例，从而影响原股东对企业的控制能力或权限。

2. 债权融资

1）债权融资的概念

债权融资是指企业通过借钱的方式进行融资。对于债权融资所获得的资金，企业首先要承担资金的利息，另外在借款到期后要向债权人偿还本金。债权融资一般用于解决企业营运资金短缺的问题。

2）债权融资的特点

（1）通过债权融资获得的是资金的使用权，而且资金的使用是有成本的。因此企业必须支付利息，并且债务到期时必须归还本金。

（2）债权融资能够提高企业所有权资金的资金回报率，具有财务杠杆作用。采用债权融资方式，无论企业盈利多少，企业只需要支付给债权人事先约好的利息和到期还本，而且利息可以作为成本费用在税前列支，具有抵税作用。当企业盈利增加时，企业债权融资可以获得更大的资本杠杆收益。

（3）债券融资一般不会产生对企业的控制权问题，有利于保持现有股东控制公司的能力。

3）债权融资的主要途径

债权融资按渠道的不同可分为以下四类：

(1) 银行贷款。

银行贷款是债权融资的主要形式，但对占民营企业绝大部分的中小民营企业来说，获得银行的贷款是很多企业不敢设想的事情。但随着民营银行的发展，银行贷款必将成为民营企业债权融资的主要形式。银行贷款被誉为创业融资的"蓄水池"，在创业者中很有"群众基础"。目前常见的银行贷款主要包括：

① 信用贷款，是指银行仅凭对借款人资信的信任而发放的贷款，借款人无须向银行提供抵押物。

② 担保贷款，是指由借款人或第三方依法提供担保而发放的贷款。担保贷款包括保证贷款、抵押贷款、质押贷款。其中，保证贷款是指以第三人承诺在借款人不能偿还贷款时，按约定承担连带责任而发放的贷款。抵押贷款是指以借款人或第三人的财产作为抵押物发放的贷款。在抵押贷款中，借款人或第三人不转移财产的占有，将该财产作为债权的担保。质押贷款是指以借款人或第三人的动产或权利作为质物发放的贷款，其中动产或财产权利要移交债权人占有，作为债权的担保。

③ 贴现贷款，是指借款人在急需资金时，以未到期的票据向银行申请贴现而融通资金的贷款方式。对借款人来说，贴现是将未到期的票据卖给银行获得流动性的行为，这样可提前收回垫支于商业信用的资本，而对银行或贴现公司来说，贴现是与商业信用结合的放款业务。

(2) 发行公司债券。

公司债券是指公司依照法定程序发行的，约定在一定期限内还本付息的有价证券。公司债券的发行在债券的持有人和发行人之间形成了以还本付息为内容的债权债务法律关系。公司债券的持有人是公司的债权人，而不是公司的所有者，不能参与公司的经营、管理等各项活动。公司债券的审批主体是中国证监会，其发行不限于大型公司，一些中小规模公司只要符合一定法规标准，都有发行机会。且募集资金的使用不强制与项目挂钩，可以用于包括偿还银行贷款、改善财务结构等股东大会核准的用途，也不强制担保，而是引入了信用评级方式。利率或价格由发行人通过市场询价确定。

专栏 **证监会支持创新创业 首批"双创"公司债成功发行**

为贯彻落实国家创新驱动发展战略，推进大众创业万众创新，更好地服务供给侧结构性改革，进一步丰富公司债券发行主体结构，优化中小企业资本形成机制，切实支持科技创业创新，作为我会创新创业公司债券（简称"双创"公司债）试点，昆山龙腾光电有限公司、苏州德品医疗科技股份有限公司非公开发行的两单"双创"公司债成功发行，近期拟在上海证券交易所上市。

支持创新创业企业发行债券融资，是中国证监会贯彻落实党中央、国务院深化投融资体制改革、加快实施创新驱动发展战略、大力推进大众创业万众创新的具体举措。发挥交易所债券市场功能、切实支持"双创"企业融资，对于丰富公司债券发行主体结构、拓宽中小企业融资渠道、切实支持科技创新创业具有重要意义。为此，我会于2016年6月成立了跨部门、跨单位的"双创"债券专项小组，统筹推动"双创"债券试点发展。

本次发行的"双创"公司债中，"16龙腾01"票面利率为3.88%，"16德品债"票面利率为8%，两单债券合计募资5 500万元，募集资金主要用于技术创新、产品研发以及开拓新业务市场等方面。本次"双创"公司债的发行为创新创业企业利用交易所债券市场融资、拓宽融资渠道，服务大众创业万众创新，推动金融服务实体经济等方面进行了积极探索。

下一步，我会将继续加快推动双创债试点，完善体制机制改革，加强市场制度建设，拓宽融资渠道，降低融资成本，满足创新创业企业融资需求，进一步提高债券市场服务实体经济的能力。

（资料来源：中国证监会 www.csrc.gov.cn，2016年10月28日）

(3) 小额贷款。

从国际流行观点定义，小额信贷指向低收入群体和微型企业提供的额度较小的持续信贷服务，其基本特征是额度较小、无担保、无抵押、服务于贫困人口。小额信贷可由正规金融机构及专门的小额信贷机构或组织提供。小额贷款在中国主要是服务于三农、中小企业。小额贷款公司的设立，合理地将一些民间资金集中了起来，规范了民间借贷市场，同时也有效地解决了三农、中小企业融资难的问题。小额贷款程序简单，放贷过程快，手续简便。

小额贷款公司的贷款程序简单，贷款按照客户申请、受理与调查、核实抵押情况或担保情况、贷款委员会审批、签订借款合同、发放贷款、贷款本息收回等程序进行。一般在贷款受理之日起7天内办理完毕，比在银行贷款方便，也比较快捷，而且相比民间借贷，利息要低很多。此外，小额贷款还款方式灵活，有按月等额还本付息、按季结息到期还本、到期一次还本付息或分两次还本付息等多种灵活的还款付息方式。

(4) P2P融资。

P2P融资是指个人与个人间的小额借贷交易。一般需要借助电子商务专业网络平台帮助借贷双方确立借贷关系并完成相关交易手续。由借款者自行发布借款信息，包括金额、利息、还款方式和时间，实现自助式借款；投资人根据借款人发布的信息，自行决定投资金额，实现自助式出借。

P2P融资解决了中小企业融资难、融资时间长的问题。有资金需求的企业主在P2P融资信息服务平台仅靠点击鼠标输入相关信息就可完成借款申请、查看进度以及归还借款等操作，极大提高了企业主的融资效率。

4）债权融资的优缺点

(1) 债权融资的优点。

① 与股权融资相比，债权融资成本较低、融资的速度也较快，并且方式也较为隐蔽。

② 企业控制权不受影响。债权融资的好处是不涉及股权，因此也就不涉及产权和管理权，可保持独立的企业和项目运作模式。

(2) 债权融资的缺点。

① 财务风险大。债权融资有固定的到期日，有固定的利息负担，当企业陷入财务危机或者企业的战略不具竞争优势时，还款的压力就会增加企业的经营风险。

② 债权融资的金融机构都是针对优质企业和优质项目，要求企业具备一定的资信和现金流量支持，进行债权融资时还要有足够的担保，这恰恰又成了债权融资的难点。

③ 在资金使用上会有特别的限制。债权融资一般期限较短，只能用于弥补流动资金"头寸"的不足，不适宜新建项目，特别是投资回收期长和见效慢的项目。

（二）内部融资和外部融资

企业融资方式从来源角度大体上可分为内部融资和外部融资两类。不同企业融资方式的选择，是企业在一定的融资环境下理性选择的结果。按照现代资本结构理论中的"优序理论"，企业融资的首选是企业的内部资金（主要是指企业留存的税后利润），在内部融资不足时，再进行外部融资。

1. 内部融资

1）内部融资的概念

内部融资是指企业不断将自己的储蓄（主要包括留存盈利、折旧和定额负债）转化为投资的过程。内部融资对企业的资本形成具有原始性、自主性、低成本和抗风险的特点，是企业生存与发展不可或缺的重要组成部分。事实上，在发达的市场经济国家，内部融资是企业首选的融资方式，是企业资金的重要来源。

2）内部融资的优缺点

（1）内部融资的优点。

① 自主性。内部融资来源于自有资金，企业在使用时具有很大的自主性，管理层在做此融资决策时不需要听取任何企业、外部组织或个人的意见。

② 融资成本较低。外部融资，无论采用股票、债券还是其他方式，公司都需要支付大量的费用，比如券商费用、会计师费用、律师费用等。而利用未分配利润投资则无须支付这些费用。

③ 维持企业控制权分布。未分配利润融资而增加的权益资本不会影响原所有者的控制权，同时还可以增加公司的净资产，支持公司扩大其他方式的融资。

（2）内部融资的缺点。

① 筹资数额有限。内部融资受公司盈利能力及积累的影响，融资规模受到较大的制约，不可能进行大规模的融资。如企业并购，仅仅依靠内部融资是远远不够的，还需要其他的资金来源。

② 分配股利的比例会受到某些股东的限制，他们可能从自身利益考虑，要求股利支付比率要维持在一定水平上。

③ 股利支付过少，不利于吸引股利偏好型的机构投资者，减少了公司投资的吸引力。

④ 可能影响到今后的外部融资。股利支付很少，可能说明公司盈利能力较差，公司现金较为紧张，不符合一些外部融资的条件。

3）内部融资的主要渠道

企业内部融资属于企业的自有资金，而自有资金大部分是企业在经营过程中通过自身的积累逐步形成的，具体形式主要有以下几种：

（1）企业应收账款融资。

企业应收账款融资是以应收账款作为担保来筹措资金的一种方法，具体有以下方式：

① 应收账款抵押融资，即供货企业以应收账款债权作为抵押品向融资机构融资。融资机构在向供货企业融通资金后，若购货方拒绝付款或无力付款，融资机构具有向供货企业要

求偿还融通资金的追索权。

② 应收账款让售,即供货企业将应收账款债权出卖给融资机构并通知买方直接付款给融资机构,将收账风险转移给融资机构。融资机构要承担所有收款风险并吸收信用损失,丧失对融资企业的追索权。

③ 应收账款证券化即将企业那些缺乏流动性但能够产生可以预见的、稳定的现金流量的应收账款,转化为金融市场上可以出售和流通的证券的融资方式,是资产证券化的一部分。

(2) 企业留存收益融资。

企业留存收益融资是指企业将留存收益转化为投资的过程。将企业生产经营所实现的净收益留在企业而不作分配,其实质为原所有者对企业追加投资。留存收益融资渠道有两种:

① 盈余公积。盈余公积是指有指定用途的留存净利润。

② 未分配利润。未分配利润是指未限定用途的留存净利润。这里有两层含义:一是这部分净利润没有分给公司的所有者;二是这部分净利润未指定用途。

留存收益实质上属于股东权益的一部分,可以作为企业对外举债的基础。留存收益融资不会影响企业的控制权。但是,企业必须经过一定时期的积累才可能拥有一定数量的留存收益,从而使企业难以在短期内获得扩大再生产所需的资金。此外,利用留存收益筹资需要考虑公司的股利政策,不能随意变动。

(3) 企业内部集资。

企业内部集资是指生产性企业在自身的生产资金短缺时,在本单位内部职工中以债券等形式筹集资金的借贷行为。企业内部集资应当遵循自愿原则,不得以行政命令或其他手段硬性摊派。此外,企业内部集资方案要写明集资目的、范围、金额、期限、利率、预计经济效益、方式、购券人的权利和义务、企业偿还集资款的资金来源等内容。企业内部集资只支付利息,利率可高于同期居民储蓄存款利率,上浮的幅度由审批的人民银行按有关规定确定。申请集资的企业要印制标准集资券,向负责审批的人民银行提供票样,经认可后方可使用。债券到期,由企业兑回销毁。

单位向内部职工集资,需要满足两个条件:一是集资对象限于单位内部职工;二是集资资金用于单位内部的经营活动。

(4) 企业变卖融资。

企业变卖融资是将企业的某一部门或部分资产清理变卖以筹集所需资金的方法。企业通过变卖多余或低效资产,除了可以筹措必要的资金,投向其他生产经营活动外,还能通过变卖调整企业的资产结构和经营结构,去掉微利或亏损部门,剥离闲置资产或利用效率不高的资产,集中发挥企业的优势,提高生产的专业化程度,增加企业的盈利,促进企业向前发展。小微企业在初期,由于人力、物力的相对缺乏,可能更需要坚持相对专一的发展方向。

当然,企业在进行变卖之前,必须对企业的经营战略有具体的规划,确定了自身的发展方向和目标之后才能确定变卖融资的目的和要求,进而选择清理资产的对象,对资产进行清理变卖。

(5) 企业典当融资。

企业典当融资是中小企业在短期资金需求中利用典当行救急的特点,以质押或抵押的方式,从典当行获得资金的一种快速、便捷的融资方式。典当行作为国家特许从事放款业务的特殊融资机构,与银行贷款相比,其市场定位在于:针对中小企业和个人,解决短期需要,发挥辅助作用。正因为典当行能在短时间内为融资者提供更多的资金,所以才获得越来越多创业者的青睐。

典当是以实物为抵押,以实物所有权转移的形式取得临时性贷款的一种融资方式。与银行贷款相比,典当贷款成本高,贷款规模小,但典当也有银行贷款所无法相比的优势:

第一,与银行对借款人的资信条件近乎苛刻的要求相比,典当行对客户的信用要求几乎为零,典当行只注重典当物品是否货真价实。

第二,到典当行典当物品的起点低,千元、百元的物品都可以当。典当行更注重对个人客户和中小企业服务。

第三,典当贷款手续十分简便,大多立等可取,即使是不动产抵押,也比银行要便捷许多。

第四,典当行不问贷款的用途,钱使用起来十分自由,周而复始,大大提高了资金使用率。

2. 外部融资

随着技术的进步和生产规模的扩大,单纯依靠内部融资已很难满足企业的资金需求,外部融资已逐渐成为企业获得资金的重要方式。

1) 外部融资的概念

外部融资(external financing)是指企业通过一定方式向企业之外的其他经济主体筹集资金。外部融资方式包括:银行贷款、发行股票、公司债券等。此外,企业之间的商业信用、融资租赁在一定意义上也属于外部融资的范围。

2) 外部融资的优缺点

(1) 外部融资的优点。

① 外部融资的资金来源极其广泛,方式多种多样,使用灵活方便,可以满足资金短缺者各种各样的资金需求。可以说,没有外部融资,金融市场、金融机构也就不复存在。现代金融活动最主要的就是与外部融资相关的活动。

② 外部融资有利于储蓄资源的充分动员和投资方向的正确选择,可以提高全社会资金配置效率,是现代市场经济条件下社会储蓄向社会投资转化的主导渠道。

(2) 外部融资的缺点。

① 外部融资的融资者必须符合一定的融资条件,特别是公开融资。比如公开发行债券和股票的条件比较严格,不符合条件者很难获得资金供给。

② 外部融资风险大。例如,债券融资如果到期不能偿债,有可能面临破产清算的风险。股权融资可能导致原有的企业控制者面临失去企业控制权的风险等。

③ 外部融资手续相对烦琐,成本高。

(三) 直接融资和间接融资

在现代市场经济中,直接融资与间接融资并行发展,互相促进。直接融资与间接融资的区别主要在于融资过程中资金的需求者与资金的供给者是否直接形成债权债务关系。在有金融中介机构参与的情况下,判断是否直接融资的标志在于该中介机构在这次融资行为中是否与资金的需求者和资金的供给者分别形成了各自独立的债权债务关系。

1. 直接融资

1）直接融资的概念

直接融资是指货币资金供给者和货币资金需求者相互之间直接进行协议，或者在金融市场上前者购买后者发行的有价证券，将货币资金提供给资金需求者，从而完成资金融通的过程。直接融资的基本特点是，资金供给者与资金需求者直接进行资金融通，不经过任何中介环节。

2）直接融资的特征

（1）直接性。

在直接融资中，资金的需求者直接从资金的供应者手中获得资金，资金的供应者和资金的需求者建立直接的债权债务关系或所有权关系，因而最大程度降低了企业的成本。

（2）分散性。

直接融资可以在企业相互之间、政府与企业和个人之间、个人与个人之间，或者企业与个人之间进行，使融资活动分散于各种场合，具有一定的分散性。与此同时，这些主体的信誉有较大的差异，资金供给者往往难以全面、深入了解资金需求者的信誉状况，从而有一定的风险性。

（3）相对较强的自主性。

在直接融资中，投融资双方都有较多的选择自由。例如在股票融资中，融资者可以自己决定融资的对象和数量，而股票投资者可以随时决定买卖股票的品种和数量等。

3）直接融资的主要途径

（1）商业信用。

商业信用是指企业与企业之间互相提供的，和商品交易直接相联系的资金融通形式，主要表现为两类：一类是提供商品的商业信用，如企业间的商品赊销、分期付款等，这类信用主要是通过提供商品实现资金融通；另一类是提供货币的商业信用，如在商品交易基础上发生的预付定金、预付货款等，这类信用主要是提供与商品交易有关的货币，以实现资金融通。伴随着商业信用，出现了商业票据，作为债权债务关系的证明。

（2）民间信用。

民间信用指的是民间个人之间的资金融通活动，习惯上称为"民间信用"或者"个人信用"。民间信用在方式上比较灵活、简便，可随时调节个人之间的资金余缺，能在一定范围内弥补银行信用的不足。但由于它具有利润高、手续不够齐备、随意性大、风险大、分散性和盲目性等特点，因此必须对它进行正确引导和加强管理。此外，民间信用一般金额较小，但是小微企业在创立初期，很大部分会依靠这部分融资。

（3）发行有价证券。

直接融资所使用的有价证券，通常是非金融机构，如政府、企业、个人所发行或者签署的公债、国库券、公司债券、股票、抵押契约、借款合同，以及其他各种形式的借据或者债务凭证，这些借据或者凭证一般又称为"直接证券"。直接证券是一种直接融资的工具，对于投资者来讲，收益较高，但风险也较大；对发行者来讲，费用较低，但申请批准程序繁杂，证券推销难度也比较大，再加上直接证券的面额、利率、期限、风险及费用率高低等条件难以符合每一位投资者的个别需求,因此,一般需要银行、投资公司、证券经纪人为发行者和投资者提供服务,以利于直接证券的发行和流通。

4) 直接融资的优缺点

(1) 直接融资的优点。

① 资金供求双方直接联系,可以根据各自融资的条件,例如借款期限、数量和利率水平等方面的要求,实现资金的融通。

② 由于资金供求双方直接形成债权、债务关系,债权方自然十分关注债务人的经营活动;债务人面对直接债权人的监督,在经营上会有较大的压力,从而促进资金使用效益的提高。

③ 通过发行长期债券和发行股票,有利于筹集具有稳定性的、可以长期使用的投资资金。在存在较发达的证券市场条件下,短期性资金也进入市场参与交易,支持这类长期融资的发展。

(2) 直接融资的缺点。

① 直接融资双方在资金数量、期限、利率等方面受到的限制比间接融资多。

② 对资金供给者来说,由于缺乏中介的缓冲,直接融资风险比间接融资要大。

2. 间接融资

1) 间接融资的概念

间接融资是指拥有货币者通过存款的形式,或者购买银行、信托、保险等金融机构发行的有价证券,将其暂时闲置的资金先行提供给这些金融中介机构,然后再由这些金融机构以贷款、贴现等形式,或通过购买货币资金需求者发行的有价证券,把资金提供给需求者,从而实现资金融通的过程。间接融资的基本特点是资金融通通过金融中介机构来进行,它由金融机构筹集资金和运用资金两个环节构成。由金融机构所发行的证券,称为间接证券。

间接融资最典型的形式就是商业银行的存贷款业务。关于银行贷款业务的内容在前面已有阐述。

2) 间接融资的特征

(1) 间接性。在间接融资中,资金需求者和资金初始供应者之间不发生直接借贷关系,而是分别与金融中介机构发生融资关系。

(2) 相对的集中性。间接融资通过金融中介机构进行。在多数情况下,金融中介机构一方面面对资金供应者群体,另一方面面对资金需求者群体,具有融资中心的地位和作用。此外,由于间接融资相对集中于金融机构,世界各国对于金融机构的管理一般都较严格,因此相对于直接融资来说,风险相对较小。

(3) 融资的主动权主要掌握在金融中介手中。在间接融资中,资金主要集中于金融机构,资金贷给谁不贷给谁,主动权在很大程度上受金融中介支配。

3) 间接融资的优缺点

(1) 间接融资的优点。

① 银行等金融机构网点多,吸收存款的起点低,能够广泛筹集社会各方面闲散资金,积少成多,形成巨额资金。

② 在间接融资中,由于金融机构的资产、负债是多样化的,融资风险便可由多样化的

资产和负债结构分散承担,从而安全性较高。

③ 降低融资成本。金融机构的出现是专业化分工协作的结果,它具有了解和掌握借款者有关信息的专长,而不需要每个资金盈余者自己去搜集资金赤字者的有关信息,因而降低了整个社会的融资成本。

(2) 间接融资的缺点。

① 资金供给者与需求者之间加入金融机构为中介,隔断了资金供求双方的直接联系,在一定程度上减少了投资者对投资对象经营状况的关注和筹资者在资金使用方面的压力和约束。

② 金融机构要从经营者的利润中收取一定的利息,从而减少了投资者的收益。

(四) 长期融资和短期融资

1. 长期融资

1) 长期融资的概念

长期融资是指筹集可供企业长期(一般为1年以上)使用的资本。长期融资的资本主要用于企业新产品、新项目的开发与推广,生产规模的扩大,设备的更新与改造等。这类资本的回收期较长,成本较高,对企业的生产经营有较大的影响。长期融资一般采用吸收直接投资、长期借款、融资租赁、发行股票、发行公司债券和留存收益等方式。鉴于后三种方式在前面已有阐述,此处只介绍前三种。

2) 长期融资的主要方式

(1) 吸收直接投资。

吸收直接投资是指企业按照"共同投资、共同经营、共担风险、共享利润"的原则吸收国家、法人、个人、外商投入资金的一种筹资方式。企业采用吸收直接投资方式筹集的资金一般可分为三类:吸收国家投资、吸收法人投资和吸收个人投资。

吸收直接投资的优点:

① 手续简便,出资者是企业所有者,共享经营管理权;

② 有利于增强企业信誉,有利于尽快形成生产能力;

③ 直接投资可以根据经营状况向投资者支付报酬,有利于降低财务风险。

缺点:资金成本较高,且容易分散企业控制权。

(2) 长期借款。

长期借款指企业向银行或其他非银行金融机构借入的使用期限在1年以上(不含1年)的借款。企业借入长期借款一方面可以弥补企业流动资金的不足;另一方面可以用于扩大生产所需要的各种机械设备、建造厂房的购置。

与其他长期融资方式相比,长期借款的特点为:筹资速度快,筹资成本较低,借款弹性较大,但限制条款较多,如要求具有借款项目的可行性报告以及具有一定的物资和财产保证、担保单位具有相应的经济实力等。企业长期借款的偿还也有不同的方式:可以是分期付息到期还本,也可以是到期一次还本付息,还可以是分期还本付息。

(3) 融资租赁。

租赁是指出租人在承租人给予一定报酬的条件下,授予承租人在约定的期限内占有和使用财产权利的一种契约行为。融资租赁又称财务租赁,是出租人根据承租人对租赁物件的特定要求和对供货人的选择，出资向供货人购买租赁物件，并租给承租人使用，承租人则分期向出租人支付租金，在租赁期内租赁物件的所有权属于出租人所有，承租人拥有租赁物件的使用权。融资租赁的特点：筹资速度快，限制条款少，设备淘汰风险小，到期还本负担轻，税收负担轻等。

融资租赁是集融资与融物、贸易与技术更新于一体的新型金融产业。由于其融资与融物相结合的特点，出现问题时租赁公司可以回收、处理租赁物，因而在办理融资时对企业资信和担保的要求不高，非常适合中小企业融资。

2. 短期融资

1) 短期融资的概念

短期融资是指筹集企业生产经营过程中短期内所需要的资金。短期融资的使用期限一般规定在1年以内，它主要用以满足企业流动资金周转中对资金的需求。短期融资筹资速度快，容易取得；筹资弹性大，限制条款少；资本成本低。但短期融资筹资风险高，腾挪余地小，需要较强的财务调控能力。

短期融资的方式主要有五种，即商业信用、银行借款、典当融资、商业票据和短期融资券。鉴于前三种方式在前面已有阐述，此处只介绍后两种。

2) 短期融资的主要途径

（1）商业票据。

商业票据是金融公司或某些信用较高的企业开出的无担保短期票据。商业票据的可靠程度依赖于发行企业的信用程度，可以背书转让，但一般不能向银行贴现。商业票据的期限在9个月以下，由于其风险较大，因此利率高于同期银行存款利率。商业票据可以由企业直接发售，也可以由经销商代为发售，但对出票企业的信誉审查十分严格。如由经销商发售，则它实际在幕后担保了售给投资者的商业票据。商业票据有时也以折扣的方式发售。

商业票据融资的优点是融资成本低和手续简便。由于它的融资受资金供给方资金规模的限制，也受企业本身在票据市场上知名度的限制，因而特别适合于大企业的短期融资。

（2）短期融资券。

短期融资券是指具有法人资格的企业，依照规定的条件和程序在银行间债券市场发行并约定在一定期限内还本付息的有价证券。短期融资券是由企业发行的无担保短期本票。在我国，短期融资券的发行企业均应经过在中国境内工商注册且具备债券评级能力的评级机构的信用评级，并将评级结果向银行间债券市场公示。发行和交易的对象则是银行间债券市场的机构投资者，不向社会公众发行和交易。

短期融资券的筹资成本较低，筹资数额比较大，还可以提高企业信誉和知名度，但发行短期融资券的风险比较大，弹性也比较小，发行条件比较严格。

以上融资方式各有优劣，企业可根据自身业务特点，选择适合的融资方式。

专栏 **短期融资与长期融资的组合**

1. 短期融资与长期融资的组合策略

（1）平稳型组合策略。

平稳型组合策略，是指对临时性流动资产，用短期资金解决；而对永久性资产，包括永久性流动资产和固定资产，则用长期资金解决，以使资金的使用期间和资金来源的到期期限能相互配合。

(2) 积极型组合策略。

积极型组合策略,是指以长期资金来满足部分永久性资产的需要,而余下的永久性资产和临时性资产则用短期资金来满足。

(3) 保守型组合策略。

保守型组合策略,是指企业不仅以长期资金来融通永久性资产(永久性流动资产和固定资产),而且还以长期资金满足由于季节性或周期性波动而产生的部分或全部临时性资产的资金需求。

2. 短期融资与长期融资的组合策略对企业收益和风险的影响

短期融资与长期融资的不同组合对企业收益和风险会产生不同程度的影响。企业资金来源中大部分资金属长期资金,包括长期负债和权益资本。这部分资金的取得后可长期使用,风险小但资金成本较高,会给企业带来定期支付利息或发放股利的负担。余下部分资金是短期资金,主要是流动负债。这部分资金的取得和使用成本一般较低、灵活性强,但使用期短、风险大。在短期融资与长期融资的组合策略中,平稳型组合策略收益与风险居中,积极型组合策略收益与风险较高,保守型组合策略收益与风险较低。企业在选择短期融资与长期融资的组合策略时,应考虑长期资金与短期资金之间的平衡,权衡收益与风险。

(资料来源：MBA智库百科)

三、创业融资方式的选择

(一) 创业融资优先次序

根据国外企业融资的结构理论,企业融资一般遵循这样一个规律:先内部融资,后外部融资,即先使用企业内部资金,不足时再向银行贷款;先债权融资,后股权融资,即先发行债券,最后再发行股票融资。同时,根据融资相关实践经验,创业企业在其不同生命周期发展过程中,需要的资金量和可获得的融资渠道各不相同,一般顺序为:个人初始投资、创业合伙人投资、天使基金、风险投资、私募股权基金、商业贷款、非上市股权交易、创业板上市、发行公司债券等。

(二) 融资渠道与创业过程的匹配

创业企业一般有种子期、创业期、成长期、成熟期等不同阶段,这些阶段的收入预见性、稳定性及信誉可靠性大不相同,因此融资策略相异甚大。

1. 种子期

在种子期内,创业者们可能只有一个创意或一项尚停留在实验室还未完全成功的科研项目,未来的一切都是未知数。此时一般的情况是搭建了团队,规划好了商业模式,因为缺少资金,进度缓慢,资金的瓶颈发展把许多创业者拒之门外。所以,要想创业,姑且不论成败,融资就变成了头等大事。这时候,创业者们大致得靠自己及亲朋好友,需要投入一定的资金进行研究开发,或继续验证这个创意。比如洛克菲勒从亲朋好友中获得了创业资金。当然,如果这个创意或科研项目非常好,也可以吸引"天使"投资者。天使投资是除了家人朋友外创业者的最早资助者,他们不仅提供最初的外部资金资助,而且他们丰富的阅历和经验能够为创业者们提供很好的建议，还可以利用自身的资源帮助创业者获得客户、补充核心团队成员、疏通各方关系等，这对创业者来说尤为重要。此外，创业者们还可以向政府寻求一些资助或者进行股权众筹。

如果融资很困难的话，可以考虑融物和融人。融物即融资租赁，可通过融物达到企业融资的目的。融资租赁对企业资信和担保的要求相对不高，是中小企业可以利用的重要的融资渠道。所谓融人，就是找到跟自己有相同理想和梦想、能力和经验互补的人，劝其入伙。这个也是不错的选择。

在种子期，若想获得充足的创业启动资金，一个好的商业模式计划书是必需的。在计划书中要写清楚一些问题：项目本身是否有核心竞争力？是否有足够大的发展空间？是否已经存在相同的商业模式？如果还没有，那么这种创新是否有依据？是否有足够的潜在市场支持？盈利模型是否清晰？产品产业化或者商业化是否有问题？如果这种产品已经存在，那么，新创企业和已经存在的企业之间的竞争关系如何？是否可以在未来的产业竞争中有相当的话语权？

2. 创业期

在这一阶段，资金主要用于购买生产所必需的厂房、设备、生产材料，后续的研究开发和初期的销售，所需的资金是巨大的。创业者和天使们的资金无法支持这些活动，并且由于无过去的经营记录和信用记录，从银行申请贷款几乎是不可能的。

这一阶段的融资重点是创业者们需要向新的投资者或机构进行权益融资，其中吸引风险投资是非常关键的。因为此时面临的风险仍然非常巨大，是一般投资者所不能容忍的。此外，由于风险投资机构投资的项目实在太多，一般不会直接干预企业的生产经营活动，因而特别强调未来的企业能严格按现代企业制度科学管理、规范运作，在产权上也要求非常明晰。这一点从长远来说对企业是非常有好处的，特别是对未来的成功上市融资。更为重要的是，风险投资在对创业企业投入资金的同时，为企业提供包括发展战略、市场营销、企业管理、资本运作等各方面的增值服务，帮助企业快速发展和壮大。

创业者要想成功地融资，必须做充分的准备工作。此外，在选择风险投资时一定要考虑其实力，特别是在未来继续对企业投资的能力。

3. 成长期

成长期分为成长前期、成长中期和成长后期三个阶段。

在成长前期，资金困难是企业面临的最大问题，现金的流出经常大于现金的流入。为此，企业必须非常仔细地安排每天的现金收支计划，同时还需要多方募集资金以弥补现金的短缺，这时融资组合就显得非常重要。由于股权结构在公司成立时已确定，一般不宜再利用权益融资。因此，此阶段的融资重点是充分利用负债融资。企业负债融资分为长期负债融资和短期负债融资。长期负债融资的来源主要有银行的长期借款和融资租赁等，短期负债融资主要有银行的流动资金短期借款和商业信用形成的应付款项等。

在成长中期，企业的生存问题已基本得到解决，现金入不敷出和要求注入资金的局面已被扭转。与此同时，企业拥有了较为稳定的顾客和供应商以及比较好的信用记录，取得银行贷款或利用信用融资相对来说比较容易。

到了成长后期，企业发展非常迅速，原有资产规模已不能满足需要。为此，企业必须增资扩股，注入新的资本金。原有的股东如果能出资当然最好，但通常的情况是需要引入新的股东。此时，企业可选择的投资者相对比较多。值得注意的是，这一阶段融资工作的出发点是为企业上市做好准备，针对上市所需的条件进行调整和改进。这次融资实际上是在引进战略合作伙伴。

4. 成熟期

成熟期的工作重点是完成企业上市的工作，此时企业融资已不再成为长期困扰企业发展的难题。因此，从融资的角度，上市成功应是企业成熟的标志。同时，企业上市也可使风险投资成功退出，使风险投资得以进入良性循环。

在选择融资渠道策略时，除充分考虑创业阶段外，资金需求特点也是创业者值得综合考虑的重要因素。资金需求的规模较小时，可以利用员工集资、商业信用融资、典当融资；规模较大时，可以吸引权益投资或银行贷款。资金需求的期限较短时，可以选择短期拆借、商业信用、民间借贷；期限较长时，可以选择银行贷款、融资租赁或股权出让。资金成本承受能力低时，可以选择股权出让或银行贷款；承受能力强时，可以选择短期拆借、典当、商业信用融资等。

小案例　五个聪明绝顶的融资案例故事

当你无法获得投资时，自己的创业想法通常会很难实现，实际上，绝大多数首次创业者的感觉都是一样的。在此和大家分享五个聪明绝顶的融资案例故事。

1. 基于你所有，建立新愿景

20世纪70年代初，EJ Jackson是一名私家侦探，为了扩展业务他决定向银行贷款，然而银行拒绝了他的贷款申请。被银行拒绝之后，EJ Jackson萌发了一个新想法，他利用自己的两辆汽车推出了汽车租赁业务。1977年，他创建了Jackson Limo Service公司。

如今，这家总部位于洛杉矶的公司旗下已经有数百名司机，在当地提供搭载乘客服务。"有时，你可以利用自己手头上现有的资源，然后寻找机会，给自己创造一番传奇。"

2. 广告商也能成为你的投资人

Darin Alpert创立了Find Me Gluten Free公司，该公司位于奥斯汀市，提供本地无谷蛋白餐厅搜索服务。Alpert和他的团队说服了马克库班（达拉斯小牛队老板），让他旗下的Naked Pizza作为广告商，之后又说服他成为公司投资人。

"我发了很多邮件，然后给库班打了20分钟电话，就搞定了。我们的用户超过200万，并且在2013年被收购了。"

3. 与投资人产生共鸣

Abbie Schiller和Samantha Kurtzman-Counter着手准备创建一家儿童媒体公司，因为孩子在操场玩耍时经常能把他们逗乐，于是他们研究了其他父母对此事的看法，并开发了自己的产品。

他们的想法引起了其他父母的共鸣，这些父母也成了Abbie Schiller和Samantha Kurtzman-Counter的投资人。很快，两人在洛杉矶推出了自己的公司The Mother Company，为父母提供孩子的系列书籍和照片集服务，该公司募集了50万美元。

4. 自我筹款

Priska Diaz 天真地认为，只要登录 Kickstarter 就能轻松募集 7.5 万美元来生产她发明的产品。Diaz 开发了一个名为 Bare 的奶瓶，可以确保孩子在吃奶的时候不会吸入空气。但是三个月过去了，她没有实现自己的融资目标。

三年后，她准备再次尝试融资。这次，她自己创建了一个网站，并在上面贴出了奶瓶产品原型的概念图片。此举立刻引发了潜在客户的关注，并且在社交媒体上得到了广泛传播，人们开始关注 Bare 奶瓶的产品开发。在网站上，她构建了一个预定系统，并且还支持预售，利用这些方法，Diaz 为她的公司 Bittylab 成功募集了 5 万美元。

5. 给我公司投钱，今天是我生日

2008 年，Cynthia Kersey 年近五十岁，她发现自己的生活发生了戏剧性的变化，因为她离婚了。虽然 Kersey 非常伤心，但是她决定重拾自己的梦想——帮助孩子们获得受教育的权利。于是在她 50 岁生日的那天，Kersey 给每一位自己熟识的人发出了邀请，并且告诉他们如果要来参加她的生日聚会，必须带来一份生日礼物——每人 100 美元。

在生日聚会上，Kersey 宣布她将用大家给她的生日礼物作为种子资金，推出非营利性组织 The Unstoppable Foundation。Kersey 的努力已经让 6 000 个孩子重返校园，还新建了超过 50 所校舍。

（资料来源：http://www.cyone.com.cn/Article/Article_34392.html，经过改编）

【知识应用】

1. "3W" 咖啡的会籍式众筹为什么能成功？
2. 你认为适合初创企业的融资方式有哪些？为什么？

任务二　认识风险投资

风险投资作为股权融资的主要方式之一，其突出特点是：无须任何财产抵押，以公司的股权与投资人的资金相交换，具有资金使用期限长、没有定期偿付的财务压力、可以获得投资人提供的资金以外的资源支持等优势。因此，风险投资是最受创业者欢迎的股权融资方式之一。

【项目情境】

小 D 是某粮油食品商店的职工，近年来商店连年亏损，上级公司决定将该商店向社会进行公开拍卖。小 D 十分看好这家商店的未来，经过分析他认为商店地理位置十分理想，之所以亏损主要是因为经营管理不当，只要对商品的品种结构做一番调整，再加强商店的内部管理，就完全可以盈利。但是，要将商店拍到手，起码得有 60 万元以上的资金，凭自己的实力显然无法企及。于是小 D 想到了昔日的同学小 E，小 E 如今已是庄氏集团的董事，问他借几十万应该不成问题。小 E 了解了小 D 的来意后说："动用集团的资金必须经过董事会讨论，而外借资金一般是难以通过董事会的。假如以投资的方式参与合作竞拍估计倒是可行的。"一个月后，小 D 在庄氏集团 100 万元风险投资的支持下一举拍得了粮油食品商店，并很快进入了门面的重新装修阶段。

小 D 无意中得到了一笔风险投资，这对于亟须发展壮大的创业者来说，其实远比借款的方式来得更为见效。如今很多的大公司大集团甚至个人手中都掌握着大笔的闲置资金，他们正为没有好的投资项目而心烦着呢，他们也十分希望能找到一个可靠的投资对象。因此，假如你有好的项目，不妨找找风险投资。

任务要求：

1. 如何寻找风险投资？
2. 相较于其他融资方式，风险投资有哪些优势？

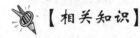【相关知识】

一、风险投资概述

（一）风险投资的概念

风险投资（venture capital，简称 VC）。从投资行为的角度来讲，风险投资是把资本投向蕴藏着失败风险的高新技术及其产品的研究开发领域，旨在促使高新技术成果尽快商品化、产业化，以取得高资本收益的一种投资过程。从运作方式来看，风险投资是指由专业化人才管理下的投资中介向特别具有潜能的高新技术企业投入风险资本的过程，也是协调风险投资家、技术专家、投资者的关系，利益共享，风险共担的一种投资方式。

（二）风险投资的特征

1. 投资对象是创新型创业企业

风险投资钟情于处于创业期的中小型企业，而且多为高成长、高风险、创新和有发展潜力的高新技术企业。

2. 期限较长

风险投资的投资期限一般为 3~7 年。投资方式一般为股权投资，通常占被投资企业 30% 左右股权，而不要求控股权，也不需要任何担保或抵押。

3. 投资决策建立在高度专业化和程序化的基础之上

由于风险投资主要投向高新技术产业，加上投资风险较大，因此要求创业资本管理者具有很高的专业水准，在项目选择上要求高度专业化和程序化，精心组织、安排和挑选，尽可能地锁定投资风险。为了分散风险，风险投资通常投资于一个包含 10 个项目以上的项目群，利用成功项目所取得的高回报来弥补失败项目的损失并获得收益。

4. 提供增值服务

风险投资家一般积极参与被投资企业的经营管理，提供增值服务，帮助企业快速成长壮大。

5. 具有阶段性

风险投资家一般会对被投资企业各发展阶段的融资需求予以满足。为控制风险，风险投资一般分阶段进入，上一阶段目标的实现成为下一阶段资金投入的前提。

6. 是一种追求超额回报的财务性投资

风险投资是以追求超额利润回报为主要目的的投资行为，投资人并不以在某个行业获得强有力的竞争地位为最终目标，而是把它作为一种实现超额回报的手段。因此，当被投资企业增值后，风险投资家会通过上市、收购兼并或其他股权转让方式撤出资本，实现增值。

（三）风险投资周期

风险投资周期，也称为风险投资循环，是指一只风险投资基金从融资设立到退出清算的过程。此过程包括融资、投资、管理、退出四个阶段。

1. 融资阶段

融资阶段是风险投资活动的起点，在此过程中，基金管理人要准备基金募集说明书，并和出资人商谈基金管理的细节问题，最终签署文件，成立基金。通常，提供风险资本来源的有养老基金、保险公司、商业银行、投资银行、大公司、大学捐赠基金、富有的个人及家族等。在融资阶段，最重要的问题是如何解决投资者和管理人的权利义务及利益分配关系。

2. 投资阶段

在投资阶段，风险投资机构通过项目初步筛选、尽职调查、项目估值、交易设计、谈判等一系列程序，把风险资本投向那些具有巨大增长潜力的创业企业。

1) 筛选项目

大量的创业企业需要融资，而只有少数企业有成功上市的潜力。风险投资家要从大量项目中筛选出最有可能成功的项目进行投资。风险投资项目的筛选分为两个阶段：

一是初步筛选阶段，按照是否符合风险投资公司的投资原则，主要从宏观角度分析投资对象所处的行业领域、企业发展阶段、投资规模、地理位置等因素，侧重用主观分析方法来进行评价。风险投资家一般都有一个特定的行业范围，他们倾向于在自己熟悉的领域选择项目。

二是深入筛选阶段，按照是否符合投资公司投资价值的原则，主要从微观角度分析投资对象的商业计划书的质量、创业者的素质、技术和产品、市场前景、财务等因素，侧重用客观的分析方法进行分析评价。

2) 尽职调查

通过筛选的创业企业要想得到投资，必须接受风险投资机构的尽职调查。尽职调查又称审慎调查，是指投资人与目标企业达成初步合作意向后，由投资人对目标企业进行调查分析，以确定创业企业的价值、风险等的一系列活动。通常调查内容包括：公司的基本情况、行业与公司竞争力分析、企业经营情况、财务管理体制及财务基本情况、固定资产与土地使用权、人事体制、人员基本情况及福利情况、重大合约及法律诉讼事项、项目投资及收购兼并情况、公司发展规划等。当风险投资机构有意向投资一家公司时，他们通常会派出一支团队进驻公司调查。这是关键的一步，因为调查结果将会成为这项投资的谈判依据和最终的决策依据。

3) 项目估值

在尽职调查的基础上，结合行业经验及资本市场行情，风险投资家对创业企业的价值做出定量的计算和定性的判断，作为股权定价谈判的依据。项目价值的评估是风险投资运作过程中至关重要的一个环节，也是项目投资运作成功的必备前提。估值方法主要有综合指标法、比率估价模型、净现值法和期权定价模型等。

4) 交易设计和谈判

风险投资一般以少数股权投资进入创业企业，为了充分激励和有效监督创业者，需要对投资方式、投资工具以及具体细节在投资协议中做出相应安排。经过与创业企业的多轮次谈判，双方最终就交易细节达成一致并签订协议，投资过程即宣告结束。

3. 管理阶段

从风险资本进入被投资企业开始，一直到风险资本退出为止，风险投资机构为创业企业提供各种增值服务。风险投资机构主要通过监管和服务实现价值增值，"监管"主要包括参与被投资企业董事会、在被投资企业业绩达不到预期目标时更换管理团队成员等手段；"服务"主要包括帮助被投资企业完善商业计划、公司治理结构以及帮助被投资企业获得后续融资等手段。价值增值型的管理是风险投资区别于其他投资的重要方面。

4. 退出阶段

退出是风险投资实现收益的过程。风险投资机构主要通过IPO、股权转让和破产清算三种方式退出所投资的创业企业，实现投资收益。退出完成后，风险投资机构还需要将投资收益分配给提供风险资本的投资者。

二、国内风险投资机构类别

我国的风险投资家主要分为以下几类：

（一）政府背景的创业投资公司

我国自20世纪80年代中期开始探索发展创业投资以来，政府背景的投资机构在发展创业投资中就一直发挥着重要作用，甚至在较长一段时间内成为创业投资的主角。然而，政府背景的风险投资，特别是地方政府背景的风险投资，主要还是靠自有资金在运作，真正撬动民间资本的比例少之又少。这也是造成当前VC/PE行业，投资上市前企业的资金严重过剩、投资中前期中小企业资金严重不足的重要原因。政府背景的风险投资不仅仅是一种单纯的投资行为，这种行为对创业企业的生产、成长和壮大起到了至关重要的作用。

（二）国内大企业战略资本

大企业风险投资特指有明确主营业务的非金融大企业，为了实现某种战略性目标，对企业的内部或外部的创业项目进行的风险投资。

大企业风险投资活动起源于20世纪60年代中期，比普通风险投资晚大约20年。现在，大企业附属风险投资机构不但已经成为世界风险资本市场的重要力量，而且是全球企业巨头保持竞争力的重要方式。1998年以来，随着风险投资在我国成为热点，许多公司也积极参与风险投资，例如联想集团风险投资公司、清华紫光科技创新有限公司、北大方正风险投资管理有限公司等大企业风险投资公司。大企业风险投资活动带有强烈的战略色彩，因此可以将大企业风险投资直接称为大企业战略性风险投资。

（三）国内外知名风险投资公司

风险投资公司指的是拥有专门风险基金（或风险资本），把所掌管的资金有效地投入富有盈利潜力的高科技企业，并通过后者的上市或被并购而获取资本报酬的企业。

风险资本家将资金投资于新的企业，帮助管理队伍将公司发展到可以"上市"的程度，即将股份出售给投资公众。一旦达到这一目标，典型的风险投资公司将售出其在公司的权益，转向下一个新的企业。风险投资公司的投资领域范围是比较广泛的。虽然风险投资在中国真正出现的时间并不长久，但是由于中国的发展以及特殊的市场，近几年风险投资在中国发展非常迅速，这其中很大的一个方面是风险投资公司能够看到这个市场的发展潜力。知名的风险投资公司有 IDG 技术创业投资基金、软银中国创业投资有限公司、凯雷投资集团、红杉资本中国基金、高盛亚洲、摩根士丹利、美国华平投资集团、鼎晖资本等。

专栏 2016 年中国风险投资机构十大品牌排行榜

IDG 资本	IDG Capital Partners，中国风险投资行业的领先者，较早进入中国市场的国际投资机构之一，顶级风险投资机构之一
红杉资本	Sequoia Capital，全球顶级风险投资机构，世界范围内极具影响力的风险投资机构，VC 投资领域的领先者
深圳创新投	国内实力最强、影响力较大的创业投资机构之一，中国创投行业的领先者，具有国际竞争力的大型创业投资集团
DCM 资本	Doll Capital Management，创立于加州硅谷，美国较大的创业投资机构之一，顶级风险投资机构，DCM 资本管理公司
软银中国资本	日本软件银行集团（Soft Bank）在中国设立的领先的风险投资和私募股权基金管理公司，软银中国创业投资有限公司
赛富投资 SAIF	SAIF Partners，亚洲较大的风险投资和成长期企业投资基金之一，国内顶级投资机构，赛富投资管理咨询（上海）有限公司
鼎晖投资	专注于中国投资的较大的私募投资基金之一，国内较具影响力的风险投资机构，深圳市鼎晖创业投资管理有限公司
达晨创投	领先的本土创投机构，国内第一批按市场化运作设立的内资创业投资机构之一，深圳市达晨创业投资有限公司
君联资本	联想控股旗下专业风险投资公司，专注于创新与成长的投资公司，领先的投资机构，北京君联资本管理有限公司
启明创投	专注于科技领域的风险投资，领先的风险投资机构，极具竞争力的创投机构，启明维创创业投资管理（上海）有限公司

（资料来源：博思数据，2016 年 5 月 24 日）

（四）天使投资人

天使投资人又被称为投资天使（business angel）。天使投资是权益资本投资的一种形式，指具有一定净财富的个人或者机构，对具有巨大发展潜力的初创企业进行早期的直接投资，属于一种自发而又分散的民间投资方式。天使投资人自己组成的天使团体或天使网络目前正不断扩大，以分享研究成果和集中资金。

天使投资是一种概念，所有有闲钱、愿意做主业外投资的公司或个人都可以叫天使投资人，他们更多参与早期的项目，也有天使敢于投资大项目，不过一般受资力和个人能力范围限制或各种因素干预而不能如愿。

天使资本主要有三个来源：

（1）曾经的创业者；

（2）传统意义上的富翁；

（3）大型高科技公司或跨国公司的高级管理者。

此外，在部分经济发展良好的国家中，政府也扮演了天使投资人的角色。

三、如何获取风险投资

（一）创业者要对自己有一个清醒的认识

具体包括：企业处于哪一个发展阶段，需要多大的资金，获取资金的方式和准备付出的代价，双方合作的形式，等等。

1. 确定企业的发展阶段

一般说来，风险投资者把拟投资的企业分为种子期、创业期、成长期、成熟期。

处于种子期的企业仅有产品的构想，未见产品的原型。有时仅仅是对一种新产品的构想或创意。每个投资于种子期的风险投资者都要冒巨大的风险，但一旦投资项目获得成功，其收益也是十分惊人的。因此，只要有了好的构思或设想，应立即撰写计划书开始寻找合适的风险投资者。

创业期的投资对象虽已完成了产品原型和企业经营计划，但产品仍未上市，资金主要用于生产设备的购置、产品的开发及营销等。在这一阶段，企业面临的是市场风险，因此，如何说服风险投资者相信产品有广阔的市场前景、市场营销方案在市场上一定可以盈利是能否取得投资的关键。

成长期的公司已成功开发出在市场上有生命力的产品或服务，但尚未达到盈亏平衡点。此阶段的产品已投放市场且反映良好，因此当务之急是扩大生产，满足日益增长的市场需求。此阶段公司应着重控制公司发展的节奏。处于此阶段的企业很容易争取到风险投资者的投资，但应注意不宜为了争取投资而出让太多的股权。

成熟期的公司已越过盈亏平衡点，急需要追加投资。此时公司需要大量的资金使自己壮大起来。可以有两种选择，一是依靠自身积累来发展自己，二是寻求风险投资者的支持。风险投资者乐于向这类企业投资，因为风险小且收效可观，此时谈判的主动权已掌握在企业手中。

2. 确定需要的投资

合理确定所需的资金一直是个难题。所寻求的投资额需要满足下列条件：不但能保证现阶段急需完成的任务，而且相关的业务要有本质性的进展，以保证下一次筹资成本会更低。

3. 确定合作的方式

一般来说有两类合作方式，一是风险投资者间接参谋型，二是风险投资者直接指导型。一般创业企业都喜欢第一种合作方式，但如果创业者认为企业本身在管理、财务、营销策划上存在不足，选择风险投资者直接指导也是很好的一种方式。

（二）拟定商业计划书及做好相关准备

商业计划书能够使投资人很快获得风险企业的相关信息。对于创业者来说，一份好的商业计划书是吸引投资者投资的关键因素，意味着成功的开始。一般来说，商业计划书至少应有以下几个方面的内容：摘要、公司的发展计划、公司的主要产品及其市场分析、公司的生产状况、公司的管理、公司的经营情况、公司的风险分析等。

除此之外，在与投资人商讨投资计划之前，创业企业还需做以下准备：

1. 应当在5分钟内将创业计划说清楚

核心问题如下：创业者应当用计算出来的金额向投资人展示市场的大小；创业者必须让投资人认识到只有自己才能将这个创业项目做好；创业者要有具体的商业模式。

2. 准备应对投资人的各种提问

如果想打动一个风险投资家，就必须快速而流利地回答他们的问题，充分的准备会让创业者受益无穷。投资人的问题包括："和其他公司相比，你的公司有什么不同？""你认为公司发展的瓶颈在哪里？""你的团队成员清楚各自的任务吗？""你们的产品将如何打入市场？"等。

3. 准备应对投资人对管理的考察

创业者千万不要认为这种查验是对管理层或个人的侮辱。比如，针对已处于成熟期的企业所有者，创业投资人依然可能会问："你既没进过商学院，又不是律师或会计师，也没有毕业文凭，你凭什么认为你可以将这项业务开展得合乎我们所设想的目标？"对这样的提问，大多数人可能会反应过激。而创业者在面对创业投资人时，确实有可能碰到这样的提问，因为这已构成了创业投资人对创业企业管理进行查验的一部分，因此创业者需要提前做好准备。

4. 准备对投资人做出妥协

创业者应该明白自己的目标和创业投资人的目标不可能完全相同，因此在正式谈判前，创业者要做的最重要决策就是：为了满足创业投资人的要求，企业家自身能做出多大的妥协。一般来说，由于创业资本不愁找不到项目来投资，因此寄希望于创业投资人做出妥协是不大现实的。

<small>小案例</small>

携程风险投资

携程旅行网是中国领先的在线旅行服务公司，创立于1999年，总部设在中国上海。携程旅行网向超过一千余万注册会员提供包括酒店预订、机票预订、度假预订、商旅管理、特惠商户以及旅游资讯在内的全方位旅行服务。作为中国领先的在线旅行服务公司，携程旅行网成功整合了高科技产业与传统旅行业，被誉为互联网和传统旅游无缝结合的典范。凭借稳定的业务发展和优异的盈利能力，携程旅行网于2003年12月在美国纳斯达克成功上市。

携程旅行网是一家吸纳海外风险投资组建的旅行服务公司，主要的投资者有美国卡莱尔集团（Carlyle Group）、日本软银集团（Soft Bank）、美国国际数据集团（IDG）等。1999年10月，携程旅行网吸引了IDG第一笔投资；2000年3月，吸引软银集团第二轮融资；2000年11月，收购国内最大的传统订房公司现代运通，成为中国最大的酒店分销商，同时引来了美国卡莱尔集团的第三笔投资。前后三次募资共计吸纳海外风险投资近1 800万美元。这些风险投资主要用在三个方面：一是增加一些基础设施投资和市场宣传方面的投入；二是拓展产品线，进一步完善产品服务；三是用于一些非常重要的战略收购，如对现代运通的收购等兼并活动。

(资料来源：http：//www.doc88.com，经过改编)

(三) 选择风险投资家

创业者一旦准备好了商业计划书，就应该寻找合适的风险投资者。合适的风险投资者不仅能为创业者提供必不可少的资金，而且还能提供行业知识和经验，帮助公司成长。此外，在创业者陷入经营困难时，风险投资者还能利用自己丰富的相关经验帮助创业者度过难关。

选择风险投资家的诀窍有以下几个：

1. 尽一切所能了解风险投资家

对风险投资家，创业者一般要了解以下几个方面的问题：

(1) 风险投资者的资金实力；
(2) 主要的投资领域；
(3) 介入的方式是直接介入型，还是间接指导型；
(4) 风险投资家有无创业者所在行业的相关知识背景；
(5) 风险投资家以往的投资经历。

2. 在选择风险投资家时还要考虑其后期能否与公司和谐相处

对初创公司来说，企业文化是王道。一旦创业者锁定了潜在投资人，就需要确保其能与企业文化打成一片。创业者可以考虑两个问题：投资人是否介入公司的日常运营工作？投资人的发展理念与创业者是否一致？通常，创业者与投资者见面时总是处于被动地位，但事实上创业者也可以问投资人一些问题，如"您愿意投资我们公司，那么您在我们公司的角色定位是什么呢？"了解投资人对自己的定位，可以有效避免创业者与投资人在未来产生冲突。

专栏 **1号店之殇：创始人丧失控股权被迫离职**

在经过长期的酝酿后，1号店董事长于刚与CEO刘峻岭终于宣布离开了一手创办的1号店。于刚和刘峻岭离开1号店让电商行业受到震动。普遍看法是，1号店与控股股东沃尔玛之间存在很大分歧，合作貌合神离。沃尔玛需有业绩体现，而1号店却为了扩张市场仍在不断烧钱，双方经营理念相悖。

在1号店的股权结构中，沃尔玛占有51%的股份，是最大的股东，平安持有30%多的股份，于刚和刘峻岭持有10%左右的股份。当彼此有矛盾时，作为小股东的于刚离开也是正常现象。

一位1号店中高层表示，外界的看法是正确的，但太表面化，关键还是人的作用。跨国企业与投资公司产生矛盾，及创始人出局的故事，很多时候会让人感到啼笑皆非。

当时沃尔玛负责与1号店董事长于刚谈判的是沃尔玛全球CEO麦道克（Mike Duke）。在沃尔玛入股1号店后，麦道克还曾参观上海1号店办公室，并与1号店全体员工交流谈话。

也就是说，1号店获得了时任沃尔玛全球CEO的支持。可惜好景不长，2014年年初，董明伦（Doug McMillon）接替麦道克，出任沃尔玛百货公司总裁兼CEO。沃尔玛全球总裁的易人很快带来一连串反应，并影响了其在中国市场的人事和业务调整。

有1号店中高层表示，随着沃尔玛高层换帅，沃尔玛与1号店之间的关系变得很微妙，很多原来制订的计划也实施不下去，发展势头正好的1号店突然遭遇了"横祸"。

于刚和刘峻岭的离职，意味着1号店创业团队一方彻底出局，沃尔玛可以更顺畅地接手1号店的业务。

如今，在沃尔玛全资控股不到1年的时间里，1号店又一次被卖给了京东。

（资料来源：腾讯科技，2015年7月17日；21世纪经济报道，2016年06月21日）

（四）签订风险投资协议

如果风险投资者同意投资了，创业企业就要与风险投资家签订投资协议条款清单（term sheet），也就是"投资意向书"。它是风险投资家与创业者就未来的投资交易所达成的原则性约定，集中了投资者与被投企业之间签订的正式投资协议、公司章程等文件的主要条款。一旦双方签署投资意向书，剩下要做的就是按照协议履行既定的程序。

企业可以同时与多家投资公司谈判，但最终只能签署一份投资意向书。正式签订的投资协议中将细化投资意向书的条款清单，但最终条款都是基于在签订投资意向书的时候谈判得来的条款，所以这个协议创业者要足够重视。

风险投资者在投资时关注的是要投入多少和投资后能收回多少，还有就是投资后如何保障投资人自己的利益和监管公司的运营。因此，风险投资家给创业者的投资意向书中的条款一般会着重两个方面：一是如何实现投资的收益，这些条款会比较着重经济方面的问题，涉及利润额的分配，比如清算优先权等；二是如何解决融资后对企业的经营管理问题，比如董事会等。

专栏 **创业者融资时的注意事项**

别期待投资人会为你的成功添砖加瓦。当你开始做某件事情的时候，最好的办法就是将投资人的影响力降到最低。

Zynga的Mark Pincus曾谴责企业家们有时候给了风险投资人过多权力，让投资人毁了自己的项目，或者将项目从自己身边掠走。那么，企业家们在融资中都应该注意什么呢？

企业家应该接受以下三项：

其一，风险投资里有很多不公平的事情。风险投资人拥有优先股而创始人和管理层拥有普通股，许多企业家对此并不知道差别。在出现流动性问题的时候，优先股股东首先获得支付，这事实上不是特别不公平。

其二，风险投资人的律师费是从你所筹得资金中扣除的，这有点不公平，但这可避免谈判拖延，因为风险投资人会提供给你标准条款，执行中也不会偏离条款太远。

其三，风险投资人和你不一样。风险投资人有很多项目，而你只有一个，所以他不会像你那样在乎你的项目，这很正常。

需要注意以下四项：

其一，董事会构成。在初期，你就需要考虑你想在董事会享有多大权力，放出多少权。

其二，主席身份。这是个很微妙的事情。如果你是一个普通的技术创业者，你可能没有兴趣去管理董事会。尽管许多商业创始人缺少管理董事会的经验，但董事会主席是最终决定任命谁为 CEO 的人，所以你应该抓住董事会主席这一职位。通常来说，风险投资人也会委派一位合作伙伴加入你的董事会，他们也应该这么做。所以，风险投资人变成董事会主席也是屡见不鲜的事。但是，除非某个人是你项目的主要投资人或者你想把自己的公司交给一个经验丰富的老手，否则不要把董事会主席的职位拱手让给别人。

其三，清算优先权。当需要清算（并购，IPO）的时候，清算优先权决定了你的公司资产如何分。

其四，股份兑现。投资人都喜欢要求创始人放弃自己的权益，然后几年之后兑现股份。

对创业者的四点建议：

其一，能融资的时候就融资，不要等到逼不得已时才融资。作为企业家，我们有时候会太过乐观，这通常会为我们的事业蒙上一层阴影。

其二，不要融资太多。对风险投资人来说，融资越多越好。但对企业家就不一样了，你只需要筹到合理数额的资金就可以了。

其三，别太偏执。人们常说"只有偏执狂才能生存"，但不是所有风险投资人都会忍受偏执，许多人与风险投资人的关系就因此而告吹。尤其是当公司成长不够快、投资又存在风险的时候，合作关系会很脆弱。如果你认为风险投资人应该容忍你，那么你会毁了你们的合作。

其四，别太贪婪。做一个合理的估值。贪婪没错，但贪得无厌就会毁了一切。当一个投资人考虑投资的时候，他其实是受到了贪婪的驱使。如果你不能为他带来超常收益，他会犹豫然后投向其他人。

（资料来源：罗国锋，等．创新创业融资：天使、风投与众筹［M］．经济管理出版社，2016）

【知识应用】

1. 创业者如何获得风险投资？
2. 找出国内三家利用风险投资成功的案例。你从中得到哪些启示？

【模块知识小结】

创业融资是指创业企业根据自身发展的要求，结合生产经营、资金需求等现状，通过科学的分析和决策，借助企业内部或外部的资金来源渠道和方式，筹集生产经营和发展所需资金的行为和过程。

创业融资方式从不同的角度有不同的划分。可分为：权益融资和债权融资；内部融资和外部融资；直接融资和间接融资；长期融资和短期融资。

新创企业包含了四个阶段，即种子期、创业期、成长期和成熟期。不同的阶段对融资数量和融资渠道有不同的要求，创业者要做到融资阶段与融资需求以及融资渠道的匹配。

风险投资是把资本投向蕴藏着失败风险的高新技术及其产品的研究开发领域，旨在促使高新技术成果尽快商品化、产业化，以取得高资本收益的一种投资过程。

风险投资的特征包括：投资对象是创新型创业企业、期限较长、投资决策建立在高度专业化和程序化的基础之上、提供增值服务、具有阶段性、是一种追求超额回报的财务性投资。

风险投资周期是指一只风险投资基金从融资设立到退出清算的过程。此过程包括融资、投资、管理、退出四个阶段。

我国的风险投资家主要分为以下几类：政府背景的创业投资公司、国内大企业战略资本、国内外知名风险投资公司和天使投资人。

要获得风险投资，必须做到以下几点：创业者要对自己有一个清醒的认识、拟定商业计划书及做好相关准备、选择风险投资家、签订风险投资协议。

【复习思考题】

1. 权益融资和债权融资的主要途径分别有哪些？
2. 简述权益融资和债权融资各自的优缺点。
3. 简述内部融资和外部融资各自的优缺点。
4. 简述直接融资和间接融资各自的优缺点。
5. 短期融资与长期融资的组合策略有哪些？
6. 融资渠道与创业过程应如何匹配？
7. 简述风险投资及其特征。
8. 创业者如何获得风险投资？

【案例训练】

阿里巴巴融资案例：看阿里的成长历程

创业伊始，第一笔风险投资救急

1999年年初，马云决定回到杭州创办一家能为全世界中小企业服务的电子商务站点。回到杭州后，马云和最初的创业团队开始谋划一次轰轰烈烈的创业。大家筹集了50万元，在马云位于杭州湖畔花园的100多平方米的家里，阿里巴巴诞生了。这个创业团队里除了马云之外，还有他的妻子、他当老师时的同事、学生以及被他吸引来的精英。阿里巴巴成立初期，公司是小到不能再小，18个创业者往往是身兼数职。好在网站的建立让阿里巴巴开始逐渐被越来越多人知道。来自美国的《商业周刊》，还有英文版的《南华早报》最早主动报道了阿里巴巴，并且令这个名不见经传的小网站开始在海外有了一定的名气。

有了一定名气的阿里巴巴很快也面临资金的瓶颈：公司账上没钱了。当时马云开始去见一些投资者，但是他并不是有钱就要，而是精挑细选。即使囊中羞涩，他还是拒绝了38家投资商。马云后来表示：他希望阿里巴巴的第一笔风险投资除了带来钱以外，还能带来更多的非资金要素，例如进一步的风险投资和其他的海外资源。而被拒绝的这些投资者并不能给他带来这些。就在这个时候，现在担任阿里巴巴CFO的蔡崇信的一个在投行高盛的旧关系为阿里巴巴解了燃眉之急。以高盛为主的一批投资银行向阿里巴巴投资了500万美元。这一笔"天使基金"让马云喘了口气。

第二轮投资，挺过互联网寒冬

更让他意料不到的是，更大的投资者也注意到了他和阿里巴巴。1999年秋，日本软银总裁孙正义约见了马云。孙正义当时是亚洲首富。孙正义表示将给阿里巴巴投资3 000万美元，占30%的股份。但是马云认为，钱还是太多了，经过6分钟的思考，马云最终确定了

2 000万美元的软银投资,阿里巴巴管理团队仍绝对控股。

从2000年4月起,纳斯达克指数开始暴跌,长达两年的熊市寒冬开始了,很多互联网公司陷入困境,甚至关门大吉。但是阿里巴巴安然无恙,很重要的一个原因是阿里巴巴获得了2 500万美元的融资。那个时候,全社会对互联网产生了一种不信任,阿里巴巴尽管不缺钱,业务开展却十分艰难。马云提出关门把产品做好,等到春天再出去。冬天很快就过去了,互联网的春天在2003年开始慢慢到来。

第三轮融资,完成上市目标

2004年2月17日,马云在北京宣布,阿里巴巴再获8 200万美元的巨额战略投资。这笔投资是当时国内互联网金额最大的一笔私募投资。2005年8月,雅虎、软银再向阿里巴巴投资数亿美元。之后,阿里巴巴创办淘宝网,创办支付宝,收购雅虎中国,创办阿里软件,一直到阿里巴巴上市。

2007年11月6日,全球最大的B2B公司阿里巴巴在香港联交所正式挂牌上市,正式登上全球资本市场舞台。阿里巴巴的上市,成为全球互联网业第二大规模融资。

(资料来源:https://www.11186.com/tourongquan,经过改编)

思考与训练:

1. 根据案例提供的资料,分析阿里巴巴的三轮融资分别属于哪种模式。
2. 在投资人投资阿里巴巴的三个案例中,马云用了哪些投资策略?
3. 阿里巴巴的融资成功对你有何启发?

【能力训练】

1. 采访三位小企业拥有者,了解他们对自己企业的融资所做的事情及效果。
2. 为什么融资成为创业的一大难题?

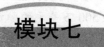

模块七

成立新企业

【学习目标】

能力目标

通过本模块的学习和训练，能够做到：

1. 根据企业的组织形式完成新创企业的登记注册；
2. 根据相关法律规定保护企业合法权益。

知识目标

通过本模块的学习，应该能：

1. 掌握企业不同的法律组织形式；
2. 掌握法人制度和公司治理结构的含义；
3. 掌握新创企业名称的法律规定；
4. 掌握新创企业工商登记的条件和流程；
5. 了解有关企业运营的知识产权法律规定；
6. 掌握劳动法律法规的内容；
7. 了解有关企业运营的合同法律规定；
8. 掌握有关企业运营的税收法律规定；
9. 了解企业社会责任的内容。

素质目标

1. 通过资料收集、课外调查和课堂研讨，提高组织能力；
2. 通过小组集体学习和训练，培养团队协作精神。

任务一　新创企业的法律组织形式

【任务情境】

大学期间，小王在努力学习的同时，利用课余时间勤工俭学，积累了一定的社会经验，也有了一些积蓄。现在国家在创业方面有很多鼓励政策，所以小王大学毕业后想自己创业。因为上大学时在饭店兼职的时间比较长，对餐饮行业较为熟悉，所以他想开个小餐厅。周围的同学和朋友都觉得创业很辛苦，想找个朝九晚五的工作，所以他一时找不到想和他一起创业的伙伴。另外，家里经济条件一般，资金上不能给小王太多帮助。但小王执意要创业，并把创业作为自己的人生目标。

现在小王比较纠结的是：不同的企业组织形式的要求是不一样的，根据他自己的实际情况，他的小餐厅应该采用什么样的企业组织形式呢？

任务要求：
1. 对比各种企业组织形式的优劣，列出选择企业组织形式的标准。
2. 根据任务情境，你认为小王的餐厅采用哪种企业组织形式比较合适？

【相关知识】

创业者在企业的创建期认识和处理好新创企业涉及的法律问题非常重要。因为创业者不仅可以通过了解法律框架内的允许性规定做出有利于企业的决策，保护新企业的合法权益，更可以通过了解法律的禁止性规定避免因法律失误而给新企业带来沉重的代价。其中创业者面临的首要法律问题就是：确定企业的法律组织形式，完成新创企业的工商登记注册，成为法律认可的社会经济组织。

一、企业法律组织形式的类别

在创建新企业前，创业者应该确定企业的法律组织形式。目前我国企业按照投资人的出资方式和责任形式，划分为三大类基本组织形式：个人独资企业、合伙企业和公司制企业。

（一）个人独资企业

个人独资企业是最古老也是最常见的企业法律组织形式。个人独资企业是指依法设立，由一个自然人投资并承担无限责任，财产为投资者个人所有的经营实体。在各类企业中，个人独资企业的创设条件最简单。根据《个人独资企业法》的相关规定，只要满足以下条件即可：

1. 投资者是一个自然人

投资者是具有完全民事行为能力的自然人，而且必须是中国公民。无民事行为能力人或者限制民事行为能力人，不能作为个人独资企业的投资者。法律、行政法规禁止从事营利性活动的特殊公民，如国家公务员、法官、检察官等，不得作为投资人申请设立个人独资企业。

2. 有合法的企业名称

企业应当依法选择自己的名称，才能获得工商登记。个人独资企业因为要以投资者个人财产对企业债务承担无限责任,所以《个人独资企业法》规定企业的名称中不允许使用"有限""有限责任""公司"等字样。

3. 有投资人申报的出资

个人独资企业在设立时要申报创办该企业的必要出资。投资人可以用货币、实物、土地使用权、知识产权或其他财产权利出资。由于个人独资企业的经营和决策比较灵活,加之以投资人的个人财产对企业的债务承担无限责任,因此在设立时国家对其注册资金实行申报制,没有最低的注册资本限额。

4. 有固定的生产经营场所和必要的生产经营条件

固定的生产经营场所能为个人独资企业发展提供一个稳定的生产经营环境。同时,企业设立还必须具备与企业发展相适应的生产设备、稳定的原材料供应和产品销售网络等必要的生产经营条件。

5. 有必要的从业人员

《个人独资企业法》规定,企业必须依法招用职工。

(二) 合伙企业

如果两个或两个以上的人共同创业,那么可以选择合伙制企业作为新创企业的法律组织形式。根据《合伙企业法》的规定:合伙企业是指依法在中国境内设立的由各合伙人订立合伙协议,共同出资、合伙经营、共享收益、共担风险,并对合伙企业债务承担无限连带责任的营利性组织。

合伙企业包括普通合伙企业和有限合伙企业两种形式。两者最大的区别在于合伙人对合伙企业债务承担的责任形式不一样。普通合伙企业的合伙人都是普通合伙人,即对企业债务承担无限连带责任;而有限合伙企业的合伙人分为普通合伙人和有限合伙人,其中普通合伙人对企业债务承担无限连带责任,有限合伙人则仅以投资额为限承担有限责任,后者一般不享有对企业的控制权。另外,普通合伙企业合伙人可以用货币、实物、土地使用权、知识产权或其他财产权利出资,也可以用劳务出资,但有限合伙企业的有限合伙人不得以劳务出资。

1. 普通合伙企业的规定

《合伙企业法》第14条规定,设立普通合伙企业应当具备以下条件:

(1) 有二个以上合伙人。

普通合伙企业的合伙人可以是自然人,也可以是法人或其他组织。合伙人是自然人的,应当具有完全民事行为能力。《合伙企业法》没有规定普通合伙企业的合伙人数上限,但实践中因为普通合伙人承担的无限连带责任比较重,所以合伙人人数一般不会太多。

(2) 有书面合伙协议。

合伙协议是调整合伙人之间权利义务关系的法律文件,应当由全体合伙人协商一致,以书面形式订立。合伙协议应当载明的事项包括:合伙企业的名称和经营场所;合伙目的和经营范围;合伙人的姓名或者名称、住所;合伙人的出资方式、数额和缴付期限;利润分配和亏损分担方式;合伙事务的执行;入伙和退伙;合伙企业的解散与清算;违约责任。

(3) 有合伙人认缴或实际缴付的出资。

与个人独资企业的申报出资不同，合伙企业的必须是各合伙人实际缴纳的出资。出资可以是货币、实物（如房屋）、机器设备等，还可以是土地使用权、知识产权等。非货币出资要进行评估后计算出资额。经其他合伙人同意，合伙企业的合伙人还可以用劳务出资。

(4) 有合伙企业的名称和生产经营场所。

普通合伙企业应当在其名称中标明"普通合伙"字样，其名称中不得使用"有限"或"有限责任"字样。对于企业名称中是否能使用"公司"字样，法律没有禁止性规定。合伙企业一般只有一个经营场所，即在企业登记机关登记的营业地点。

(5) 法律、行政法规规定的其他条件。

2. 有限合伙企业的特殊规定

(1) 有限合伙企业的设立人。

《合伙企业法》规定：有限合伙企业由2个以上、50个以下合伙人设立；但是，法律另有规定的除外。有限合伙企业至少应当有一个普通合伙人。按照规定，自然人、法人和其他组织可以依照法律规定设立有限合伙企业，但是国有独资公司、国有企业、上市公司以及公益性的事业单位、社会团体不得成为有限合伙企业的普通合伙人。

(2) 有限合伙企业的名称。

有限合伙企业名称中应当标明"有限合伙"字样，便于社会公众和交易相对人对其了解。

(3) 有限合伙企业的协议。

有限合伙企业协议除符合普通合伙企业的合伙协议规定外，还应当载明下列事项：普通合伙人和有限合伙人的姓名或名称、住所；执行事务合伙人应具备的条件和选择程序；执行事务合伙人权限和违约处理办法；执行事务合伙人的除名条件和更换程序；有限合伙人入伙、退伙的条件、程序以及相关责任；有限合伙人和普通合伙人相互转变程序。

(4) 有限合伙人的出资。

有限合伙人可以用货币、实物、土地使用权、知识产权或其他财产权利出资，但不得以劳务出资。有限合伙人应当按照合伙协议的约定按期足额缴纳出资。

(5) 有限合伙企业登记事项。

有限合伙企业登记事项中应当载明有限合伙人的姓名或名称以及认缴的出资数额。

（三）公司制企业

公司是现代社会中最主要的企业形式。它是以营利为目的，由股东出资形成，拥有独立的财产，享有法人财产权，独立从事生产经营活动，依法享有民事权利和承担民事责任，并以其全部财产对公司的债务承担责任的企业法人。根据《公司法》规定，我国的公司分为有限责任公司（包括一人有限责任公司）和股份有限公司两种类型。

1. 有限责任公司

有限责任公司的股东以其认缴的出资额为限对公司承担责任，公司以其全部资产对公司债务承担责任。根据《公司法》规定，创业者设立有限责任公司应当具备下列条件：

(1) 股东符合法定人数。

有限责任公司由50个以下股东共同出资设立。

（2）有符合公司章程规定的全体股东认缴的出资额。

有限责任公司的注册资本为在公司登记机关登记的全体股东认缴的出资额。股东应当按期足额缴纳公司章程中规定的各自所认缴的出资额。法律、行政法规以及国务院决定对有限责任公司注册资本实缴、注册资本最低限额另有规定的，从其规定。股东可以用货币出资，也可以用实物、知识产权、土地使用权等可以用货币估价并可以依法转让的非货币财产作价出资。

（3）股东共同制定公司章程。

与合伙企业的合伙协议相同，公司章程是公司设立必备的书面文件。有限责任公司的章程由股东共同制定，应当载明的事项包括：公司名称和住所；公司经营范围；公司注册资本；股东的姓名或者名称；股东的出资方式、出资额和出资时间；公司机构及其产生办法、职权、议事规则；公司法定代表人；股东会会议认为需要规定的其他事项。

（4）有公司名称，建立符合有限责任公司要求的组织机构。

公司的名称应符合《企业名称登记管理办法》的一般规定，必须标有"有限责任"或"有限"字样，并且建立符合公司运作规范的组织机构。

（5）有公司住所。

2. 股份有限公司

股份有限公司与有限责任公司的不同在于，其全部资本分为等额股份，股东以其认购的股份对公司承担责任，公司以其全部资产对公司债务承担责任。设立股份有限公司要有公司名称，要建立符合股份有限公司要求的组织机构，要有公司住所。除此之外，根据我国《公司法》规定，还需要具备下列条件：

（1）发起人符合法定人数。

设立股份有限公司应当有2人以上200人以下为发起人，其中必须过半数的发起人在中国境内有住所。

（2）有符合公司章程规定的全体发起人认购的股本总额或者募集的实收股本总额。

股份有限公司采取发起设立方式设立的，注册资本为在公司登记机关登记的全体发起人认购的股本总额。在发起人认购的股份缴足前，不得向他人募集股份。股份有限公司采取募集方式设立的，注册资本为在公司登记机关登记的实收股本总额。法律、行政法规以及国务院决定对股份有限公司注册资本实缴、注册资本最低限额另有规定的，从其规定。

（3）股份的发行和筹办事项符合法律规定。

（4）发起人制定公司章程，采用募集方式设立的经创立大会通过。

3. 一人有限责任公司

一人有限责任公司是由一个股东出资筹建的承担有限责任的公司，是有限责任公司的特殊类型。一人有限责任公司在我国的合法化给创业者带来了很大的便利，它成为新创企业的重要形式。它允许和鼓励个人创业，降低了创业门槛，拓宽了就业门路。

一人有限责任公司与个人独资企业有相似之处，容易混淆，但实际上这是两种不同类型的企业组织形式：一人有限责任公司属于公司制企业，出资人对企业债务承担有限责任，而个人独资企业属于非公司制企业，出资人对企业债务承担无限责任；一人有限责任公司的股东可以是自然人、法人或其他社会组织，而个人独资企业的出资人只能是自然人；一个自然人只能投资设立一个一人有限责任公司,且该一人有限责任公司不能投资设立新的一人有限责任公司,而一个自然人可以设立多个个人独资企业。

二、企业法律组织形式的比较和选择

(一)企业法律组织形式的优劣比较

一个新创企业可以选择不同的组织形式,或者由个人独立创办个人独资企业和一人有限责任公司,或者由几个人创办合伙企业,或者成立公司制企业。各种法律组织形式没有绝对的好坏之分,对创业者来说各有利弊,关键要看哪种组织形式适合自己。下面就先来比较一下各种企业组织形式对于创业者的利弊。

1. 个人独资企业

个人独资企业的优势在于所有者拥有企业的绝对控制权,不仅可以迅速对市场变化做出反应,还可以保密其技术和经营;投资人只需交纳个人所得税,企业无须缴纳企业所得税。劣势在于:由于投资人只有一个人,容易造成筹资困难,且企业过多依赖创业者的个人能力,企业往往随着创业者退出而消亡,难以形成经营规模大、经营时间长的企业。

2. 合伙企业

合伙企业的优势在于出资人是两个或两个以上的合伙人,这使得企业拥有更多的资金来源和更多的技能及资源。劣势在于普通合伙人承担的无限连带责任很重;入伙、退伙需要全体合伙人同意,这使得企业产权转让困难;关键合伙人的死亡或退出往往会导致企业解散。

3. 有限责任公司

有限责任公司的优势是创业股东只承担有限责任,投资风险小;可以吸引更多投资人,促进资本集中;公司的多元化产权结构有利于决策科学化。劣势是产权转让虽然比合伙企业容易,但仍需要过半数股东通过才能进行,使得产权不能充分流动;存在双重纳税,即股东交纳个人所得税,企业缴纳企业所得税,税收负担较重。

4. 一人有限责任公司

一人有限责任公司的优势在于投资人承担有限责任,使得投资人的风险承担责任小,经营机制灵活。劣势在于股东单一,造成筹资能力有限,且财务审计要求严格,企业难以做大做强。

5. 股份有限公司

股份有限公司的优势是创业股东承担有限责任,投资风险小;股份可以对外发行,筹资能力强;产权可以以股票形式充分流动;公司治理结构比较完善,职业经理人进行管理,专业化程度高。劣势是设立程序比较复杂,尤其是以募集设立方式创立的股份有限公司,设立周期长;需要定期报告公司的财务状况,不便严格保密;政府限制较多,法律法规要求比较严格;存在双重纳税问题,税收负担较重。

(二)企业法律组织形式的选择

从以上分析可以看出,各种企业法律组织形式各有利弊。创业者需要根据自己的实际情况来选择企业的形态,只有这样才能进行企业的有效运营管理,实现企业最佳的经济目标,获得更好的投资回报。一般来说,创业者在选择企业组织形式时需要考虑以下几点:

1. 拟投资的行业特点

根据拟投资的行业确定可以采取的企业组织形式是应当首先考虑的因素。对于一些特殊的行业，法律规定只能采用特殊的组织形式。例如对于银行、保险等金融事业，法律要求必须采用公司制形式。如果拟投资的企业所属行业适合较大规模经营，一般选择合伙制和有限责任公司形式比较适宜。如果拟投资的企业属于一般性服务行业，规模较小，则可以优先考虑选择个人独资企业或者一人有限责任公司类型。

2. 投资者的人数规模

投资者的人数多少对于企业组织形式的选择也有重要影响。如果是一个人创业，应优先考虑个人独资企业或者一人有限责任公司；如果是多人投资成立企业，则应优先考虑合伙企业和有限责任公司。

3. 创业者的风险承担能力

对于创业者而言，其风险承担能力是其创业前必须考虑的重要因素之一。商业环境中存在各式各样的经营风险，而企业的组织形式与创业者日后所需要承担的责任息息相关。正如前文所述，公司制企业的股东仅以其出资额为限对公司承担责任，公司以其全部的资产对公司的债务承担责任，因此公司制企业的有限责任制度对于风险控制具有重大的意义。普通合伙企业以及个人独资企业，合伙人或者投资人需要对企业债务承担无限责任。如果选择这两种组织形式，创业者所必须承担的风险不仅限于目前投资数额，还包括全部个人财产。因此，采用后两种组织形式进行创业的风险相对较大。

4. 企业税收因素

由于不同的企业组织形式所缴纳的税收不同，因此选择企业组织形式时，必须考虑税赋问题。我国不同企业组织形式虽然在增值税、消费税等流转税上税负待遇并无二致，但是在所得税上差异很大。

根据我国税法的规定，个人独资企业和合伙企业不是法律上的法人实体，不缴纳企业所得税。对于企业收益仅对投资人计征个人所得税，其中合伙企业的投资者将全部生产经营所得按照合伙协议约定的分配比例，确定各自的应纳税所得额，分别缴纳个人所得税。而对于公司制企业，既要就公司经营所得缴纳企业所得税，又要在向股东分配利润时为股东代缴个人所得税。因此从税赋筹划的角度而言，合伙企业以及个人独资企业通常所需要缴纳的税赋较公司制企业更低。但是这也不能一概而论。对于一些特殊的行业，例如高新技术企业和小型微利企业，由于国家对其采取税收优惠政策，选择公司制企业形式或许税收负担更轻。

5. 企业存续期限的考虑

个人独资企业的投资人如果死亡且无继承人或者继承人决定放弃继承，则企业必须解散；合伙企业的关键合伙人死亡或退出也容易造成企业的解散。因此，通常合伙企业和个人独资企业的经营期限都不会很长，很难持续发展下去。而公司制企业易于存续（除了因为法定解散事由或者股东决议解散外）。所以，创业时可以根据拟经营的期限来选择企业组织形式。

三、法人制度与公司治理结构

(一) 法人制度

法人制度作为民事法律的一个重要制度,为世界上绝大多数国家所采用。所谓法人,就是和自然人(公民)相对称的,在法律上能够作为民事主体的组织。在我国,法人是指具有民事主体资格的企业、事业单位、国家机关、社会团体和其他组织。

1. 法人的特征

(1) 有一定的组织机构。

这是一个组织取得法人资格的前提。作为法人的组织必须根据法律、法令、组织条例或者章程的规定,具有组织机构的统一性和定型化,能够独立进行民事活动。它并不因为该组织的个别部门或人员的变化而影响民事主体资格,也不因此而影响它应承担的民事责任。

(2) 拥有独立的财产。

一定程度的财产独立性,是一个组织取得民事主体资格的物质基础,是作为法人的组织参加民事活动、享受权利和承担义务的物质保证。法人在财产上独立的法律特征是,该法人组织的财产与其他法人组织的财产、上级机关的财产以及作为法人组织的成员的个人财产是分离的。

(3) 独立承担财产责任。

法人独立承担财产责任,是指法人以自己所有的或者依法独立支配和处分的财产,承担它在民事活动中的债务。能否独立承担财产责任是判断一个组织是否为法人的重要特征,如果一个组织不能独立承担财产责任,那么它就不可能成为法人。法人独立承担财产责任是与它在财产上的一定独立性直接相联系的,是法人责任能力的具体表现。

(4) 以自己的名义进行民事活动。

法人进行民事活动,一般是为了取得或行使财产权利和人身权利,承担和履行民事义务,并且在发生纠纷时到人民法院起诉应诉。所以,只能是作为法人的组织(而不是属于它的内部单位)才有权以自己的名义进行民事活动。法律这样要求,目的在于把民事活动的法律后果落实到具体的法人组织上,以保证民事流转的正常进行。

2. 法人财产权

企业法人是独立的市场主体,其最本质的特点就在于现代企业制度下的企业法人具有独立的人格。企业人格完全区别于投资者的人格,企业财产完全区别于投资者的财产,从而与个人独资企业制度和合伙制企业制度下,企业人格与投资者的人格不分、企业财产与投资者财产不分的状况形成了鲜明的对比。

企业法人享有法人所有权是企业法人制度的内在要求。法人作为一种独立的法律人格存在,与自然人人格有所不同。自然人具有人格并不以拥有财产为条件,没有任何财产的自然人仍然是独立的民事权利主体;而法人具有人格则是以拥有财产为绝对条件,没有财产的团体不可能具有独立的人格。

企业法人享有所有权,并不意味着要否认投资者应享有的权利和利益,也不意味着投资者会丧失其应享有的权利和利益。事实上,企业法人在拥有财产所有权而实现其正常的生产与交易职能的同时,也为投资者提供了一种有效的权利转化保障机制,即所有权转化为股权,为其更好地实现所有权提供了一个理想的途径。

> **小资料**　　　　　　　　　　**法人人格否认制度**
>
> 　　法人人格否认制度,指为防止法人独立人格的滥用和保护公司债权人的利益,就具体法律关系中的特定事实,否认法人的独立人格与成员的有限责任,责令法人的成员或其他相关主体对法人债权人或公共利益直接负责的一种法律制度。
> 　　法人人格否认理论源于西方,该理论是对传统法人制度的补充与完善,目前在中国法律中已经得到确认,即《公司法》第二十条第三款。法人制度在中国发挥着推动投资增长和迅速积累资本作用的同时,也被其股东用作逃避契约或法律义务、牟取非法利益的工具,并且此等现象相当普遍。解决这些问题,仅仅依靠原先的法人制度是不够的,因此我国立法者引进了西方的法人人格否认理论作为传统法人制度的补充和完善,以实现法人制度设计的初衷,实现法律的公平、正义价值。
>
> (资料来源:百度百科)

(二) 公司治理结构

公司治理结构又称法人治理结构,是现代企业制度中最重要的组织架构,指为实现公司最佳经营业绩,公司所有权与经营权基于信托责任形成相互制衡关系的结构性制度安排。狭义的公司治理主要是指公司内部股东、董事、监事及经理层之间的关系。广义的公司治理还包括与利益相关者(如员工、客户、存款人和社会公众等)之间的关系。

公司治理结构是针对公司制企业设计出来的制度:股东(大)会由全体股东组成,是公司的最高权力机构和最高决策机构。公司内设机构由董事会、监事会和总经理组成,分别履行公司战略决策职能、纪律监督职能和经营管理职能,在职权相互制衡的前提下,客观、公正、专业地开展公司治理,对股东(大)会负责,以维护和争取公司实现最佳的经营业绩。

西方的公司治理结构通常有英美模式、日本和欧洲大陆模式。英美模式又称为"股东治理"模式,这种模式重视个人主义,公司的目标仅为股东利益服务,其财务目标是"单一"的股东利益最大化。日本和欧洲大陆模式又称为"共同治理"模式,这种模式提倡集体主义,注重劳资的协调,企业的目标并非唯一的追求股东利益的最大化。企业的本质是系列契约关系的总和,是由企业所有者、经营者、债权人、职工、消费者、供应商组成的契约网;企业不仅要重视股东利益,而且要考虑其他利益主体的利益。

公司治理结构具有重要意义:

第一,协调股东与企业的利益关系,保证投资股东的投资回报。在所有权与经营权分离的情况下,由于股权分散,股东有可能失去控制权;企业被内部人即管理者所控制,控制了企业的内部人有可能做出违背股东利益的决策,侵犯股东的利益。公司治理结构能从制度上保证所有者(股东)的控制权与利益。

第二,协调企业内各利益集团的关系。公司治理结构既包括了对经理层与其他员工的激励,也有对高层管理者的制约。对企业各集团利益关系的有效协调,可以避免因高管决策失误给企业造成的不利影响。

第三，提高企业自身抗风险能力。随着企业规模的不断扩大，企业中股东与企业的利益关系、企业内各利益集团的关系、企业与其他企业的关系以及企业与政府的关系等将越来越复杂，企业将面临越来越多的风险。而合理的公司治理结构，能有效地缓解各利益关系的冲突，增强企业自身的抗风险能力。

【小案例】

猴王事件

猴王股份有限公司（简称"猴王股份"）的前身是猴王焊接公司，1992年8月其进行股份化改造，并于1993年11月在深圳证券交易所上市，是全国最早的上市公司之一，也是焊材行业迄今为止唯一一家上市公司。在2000年1月之前，猴王股份拿给股东们看的成绩单，一直都不错。

多年来，猴王集团进行了大量的投资，其中在外地投资30个电焊条联营厂，损失4.87亿元；投资5个酒店，损失0.70亿元；投资19个其他企业和单位，损失1.31亿元。在1994年至1996年期间，猴王集团炒股的直接亏损达2.596亿元，由于炒股向各个证券公司透支达2.4亿元，两者合计近5亿元。

为了满足自己对资金的需求，猴王集团利用自己是猴王股份有限公司大股东的地位，或者直接从股份公司拿钱，或者以股份公司名义贷款，或者让股份公司提供担保贷款，用这三种形式从股份公司调走了大量资金。截至进入破产程序日，猴王集团累计欠猴王股份10亿元。

自1997年始，猴王集团和猴王股份的董事长、总经理，甚至党委书记都是由同一个人担任，集团和公司的人、财、物都是搅在一起的，从而使得猴王集团轻而易举地实施上述行为。

2000年年底，华融资产管理公司（拥有猴王股份有限公司1.08亿元债权，拥有猴王集团公司6.22亿元债权）为尽量减少自身的损失，要求猴王集团公司破产还债。2001年2月，湖北宜昌市中级人民法院宣布猴王集团公司进入破产程序，猴王股份有限公司的10亿元债权化为乌有。

（资料来源：http://blog.sina.com.cn/s/blog_70f526000100o1eu.html）

【知识应用】

1. 如果你想创业，在选择企业的组织形式时会考虑哪些因素？
2. 从网上找出两家国内比较知名的成立两三年的初创企业（不限行业），从企业组织形式和公司治理结构角度，阐述这些初创企业经营成功的原因。

任务二 新创企业的注册登记

【任务情境】

小李大学毕业工作了两年后决定创业，和一位朋友一起开一家商贸公司，经营化妆品。完成了初步的考察后，她决定把公司开在一个大型居民区内。碰巧一栋临街的居民楼一楼有个住户在招租。经过一番谈价还价，小李和房东签订了房屋租赁合同，房主同意她把临街的窗户改成店面的店门，并且按照经营的要求重新进行设计和装修。合同签完后，小李看到居民区里有家"腾达商贸"的生意很好，于是就给自己的公司起名"腾大商贸"。之后准备了三万块钱的注册资本，到工商局去注册登记。

任务要求：

1. 根据任务情境的内容分析：小李的商贸公司能否顺利完成注册？阐述理由。
2. 小李准备的三万块钱的注册资本有必要吗？说明理由。
3. 请为小李陈述商贸公司的注册登记流程。

【相关知识】

创业者确定了新创企业的法律组织形式后，接下来就进入新企业的具体申办环节。新企业的申办环节主要由工商注册登记、税务登记等一系列程序组成，不同类型的企业的具体申办程序也不同。

一、新创企业的名称设计

企业名称是一个企业区别与其他企业或组织的特定标准。响亮的、引发人们美好联想的企业及产品名称，对于吸引顾客和提高企业的竞争力大有裨益，因此成立新企业前，需要精心设计企业的名称。

（一）企业名称设计的基本规则

为了给消费者留下深刻印象，新创企业的名称要顺口响亮，脍炙人口，利于传播。但是，有些创业者在给新创企业命名时由于不了解相关法律规定，导致企业无法进行工商局登记。因此，企业名称不仅要朗朗上口，还要符合法律规则的要求。根据国家工商总局颁布的《企业名称登记管理规定》的相关要求，设计企业名称时要遵循以下规则：

一是企业只准使用一个名称，在登记主管机关辖区内不得与已登记注册的同行业企业名称相同或者近似，即企业名称具有唯一性。

二是企业名称通常包括字号、行业或经营特点和组织形式。企业的名称一般是"四段式"，即由行政区划＋字号＋行业＋组织形式组成，如"北京市腾达高科技有限责任公司"。

三是企业名称中的字号应由两个以上的字组成。

四是企业名称应当使用汉字，民族自治地方的企业名称可以同时使用本民族自治地方通用的民族文字。企业使用外文名称的，其外文名称应当与中文名称相一致。

五是企业有正当理由可以使用本地或者异地的地名作字号，但不得使用县以上行政区划名称作字号。

六是只有全国性的公司、国务院或其授权的机关批准的大型进出口企业及大型企业集团等，才可以申请在企业名称中使用"中国""中华"或者冠以"国际"字词。

七是企业名称不得含有下列内容和文字：有损于国家、社会公共利益的；可能对公众造成欺骗或者误解的；外国国家（地区）名称、国际组织名称；政党名称、党政军机关名称、群众组织名称、社会团体名称及部队番号；汉语拼音、字母（外文名称中使用的除外）、数字。

（二）设计企业名称的方法与途径

企业名称的命名技巧和常用的方法有很多，下面介绍几种：

1. 吉利命名法

投资获利的愿望，使得创业者在给新创企业命名时用字图吉利，用读音讨口彩，因此吉利命名法是最为常见的企业命名方式，如兴隆有限公司、兴盛车行等。

2. 目标命名法

将企业产品与目标客户联系起来，进而使目标客户产生认同感，如生产儿童产品的"娃哈哈"集团、专为已婚妇女生产营养补品的"太太"药业股份有限公司。

3. 人名命名法

主要将名人、明星或企业首创人的名字作为企业名称，充分利用人名含有的价值，如邓亚萍牌体育用品、惠普、乔丹体育、松下电器、本田汽车等。

4. 中外法

运用中文和字母或结合两者来为企业命名，使消费者感受到企业的"洋"气。如"雅戈尔"就用英文"YOUNGER"作为企业名称，增加了"洋气"；"海信"的英文"HiSense"在外国人眼中是"High Sense"，即"高灵敏、高清晰"的意思，为企业走向世界做了很好的铺垫。

5. 数字命名法

用数字为企业命名，借用人们对数字的联想效应，增加企业产品的特色。如"三九（999）药业"的含义就是：健康长久、事业恒久、友谊永久；"7—11"则用从早7点到晚11点开店时间的服务特色命名，目前已成为世界最大的零售商和便利店特许商。

6. 价值命名法

把企业的追求理念提炼出来作为企业的名称，使消费者感受到企业的价值观念，如上海"盛大"网络发展有限公司、湖南"远大"的企业名称突出了企业志存高远的价值追求。

此外，常见的企业命名法还有联想命名法、形象命名法、特征命名法等。企业名称来源除了创业者自己命名外，还可以通过对外征求、借助广告公司或命名公司以及电脑公司等途径实现。

（三）企业名称系统管理

企业的名称系统从广义上说，除了企业名称外，还包括产品名称、企业域名、企业商标和品牌名称等。其中，品牌名称是某一企业生产的某一类产品中某一品种的标志，企业可以拥有多个品牌，知名度高的品牌还可以进行适当的扩展。此外，随着信息化的不断发展，企业的网络域名越来越重要，因此企业也要注意域名的编码规则、域名的一般格式、域名的申请途径、域名的法律保护等。

二、新创企业工商登记

新创企业要成为合法的市场主体必须经过工商注册登记程序，即依法在工商注册登记机关由申请人提出申请，主管机关审查无误后予以核准、记载法定登记事项并颁发营业执照的行为。新创企业登记注册后才具有法律意义上的民事主体资格，才算宣告成立。

不同类型的新创企业的工商登记程序也不相同：个人独资企业和合伙企业设立时只要申报出资即可，无须办理入资和验资手续，因此这两种组织形式的新创企业的注册登记比较简便。根据法律、行政法规的相关规定，公司制企业在创立时需要注册资本的入资和验资，工商注册登记的程序比较复杂,周期相对较长。这就导致创办公司的成本较高,企业自主经营权受到干预,不利于激发投资者的创业热情。因此,2013年12月,我国针对公司的注册资本登记制度进行了改革。

(一)注册资本登记制度的重大调整

1. 注册资本登记制度改革的背景和意义

我国1993年颁布的《中华人民共和国公司法》(简称《公司法》)对注册资本登记制度的规定非常严格,它不仅规定了很高的注册资本最低限额,而且规定了注册资本实缴制。2005年,我国《公司法》进行了一次修正:较大幅度地降低了注册资本的最低限额,设立有限责任公司的最低注册资本限额为3万元人民币;设立股份有限公司的最低注册资本限额是500万元;同时也改革了注册资本的缴纳制,由一次性足额实缴改为可以在两年内分期缴纳。但是,2005年的《公司法》依然维持了对公司资本采取强制干预的法律政策,这在很大程度上导致创立公司依然很困难,损害了投资者的积极性,市场机制依然未能充分发挥作用。

为了更好地鼓励民间投资创业的热情,拉动经济增长,2013年12月,全国人民代表大会常务委员会通过了《公司法》修正案。2014年2月7日,国务院颁布了《注册资本登记制度改革方案》,推行注册资本登记制度改革,按照便捷高效、规范统一、宽进严管的原则,创新公司登记制度。注册资本登记制度重大调整的意义在于:

(1)有利于进一步优化营商环境。

改革举措进一步放松了对准入条件的管制,大幅度降低创业成本,能够有效激发投资热情,鼓励创业,带动就业。同时,对创新型企业的发展有大的推动作用。

(2)有利于促进政府职能的转变。

改革要求政府部门从对企业微观活动的干预转向对市场主体行为、市场活动的监管,从传统的"重审批轻监管"转变为"宽准入严监管",这将推动政府管理方式由事前审批为主向事中、事后监管为主转变,更加有利于形成宽松准入、公平竞争的市场秩序。

(3)有利于促进信用体系建设。

此次注册资本登记制度改革强调企业在享有改革赋予更多便利条件的同时,也要依法承担相应的信息公示等义务和责任;强调形成部门协同监管、行业自律、社会监督和主体自治相结合的市场监管格局,共同保障交易安全,促进商务诚信建设。

2. 注册资本登记制度的改革内容

(1)注册资本由实缴登记制改为认缴登记制,并放宽注册资本登记条件。

公司股东(发起人)在注册资本管理方面增加了一系列权利:

一是自主约定注册资本总额,取消有限责任公司最低注册资本3万元、一人有限责任公司最低注册资本10万元、股份有限公司最低注册资本500万元的限制,也就是说,理论上可以"一元钱办公司"。

二是自主约定公司设立时全体股东(发起人)的首次出资比例,也就是说,理论上可以"零首付"。

三是自主约定出资方式和货币出资比例。高科技、文化创意、现代服务业等创新型企业可以灵活出资,提高知识产权、实物、土地使用权等财产形式的出资比例,克服货币资金不足的困难。

四是自主约定公司股东（发起人）缴足出资的期限，不再限制两年内出资到位，在登记注册环节，公司实收资本不再作为工商登记事项。在进行公司登记时，也无须提交验资报告。

（2）简化公司住所（经营场所）登记手续。

申请人提交场所合法使用证明即可予以登记。

（3）改革年度检验制度。

将企业年度检验制度改为企业年度报告公示制度。企业应当按年度在规定的期限内，通过市场主体信用信息公示系统向工商行政管理机关报送年度报告，并向社会公示，任何单位和个人均可查询。

（4）推行电子营业执照和全程电子化登记管理。

推行全国统一标准规范的电子营业执照，为电子政务和电子商务提供身份认证和电子签名服务保障。电子营业执照载有工商登记信息，与纸质营业执照具有同等法律效力。推进以电子营业执照为支撑的网上申请、网上受理、网上审核、网上公示、网上发照等全程电子化登记管理方式，提高市场主体登记管理的信息化、便利化、规范化水平。

> **小资料** **暂不实行注册资本认缴登记制的行业**
>
> 2014年2月7日国务院印发的《注册资本登记制度改革方案》规定：现行法律、行政法规以及国务院决定明确规定实行注册资本实缴登记制的银行业金融机构、证券公司、期货公司、基金管理公司、保险公司、保险专业代理机构和保险经纪人、直销企业、对外劳务合作企业、融资性担保公司、募集设立的股份有限公司，以及劳务派遣企业、典当行、保险资产管理公司、小额贷款公司实行注册资本认缴登记制问题，另行研究决定。在法律、行政法规以及国务院决定未修改前，暂按现行规定执行。

（二）新创企业的工商登记流程

注册资本登记制度改革后，根据2013年修正后的《公司法》相关规定，新创企业的工商注册登记流程如下：

1. 公司名称核准

首先到主管新创企业登记的工商行政管理部门领取一张"企业（字号）名称预先核准申请表"，填写事先设计的公司名称，然后在工商局网站上检索是否和登记主管机关辖区内已登记注册的同行业企业名称相同或者近似，俗称"查重"。如果没有重名，就可以使用这个企业名称，工商行政管理部门会核发一张"企业（字号）名称预先核准通知书"。也可以在工商局网站上进行网上核名，经过新用户注册、设定密码、登录后，根据要求进行填写并提交就可以了。公司名称网上核准一次性可以提交8个名称。

2. 提交所需的书面材料

到工商行政管理部门领取公司设立登记的各种表格，包括设立登记申请表、股东（发起人）名单、董事经理监理情况、法人代表登记表、指定代表或委托代理人登记表等。填好上述表格后，连同企业（字号）名称预先核准通知书、公司章程、公司住所地的房产证复印件和房屋租赁合同提交给工商行政管理部门。

3. 领取营业执照

一般三个工作日可以领取营业执照。营业执照的颁发日期是新创企业的成立日期。

4. 刻立企业经营用章

凭借营业执照，到工商行政管理部门指定的刻章社刻立企业经营用章，一般包括公章、财务章和法定代表人名章。

5. 办理组织机构代码证

凭借营业执照及公章到当地的质量监督管理局办理企业组织机构代码证。

6. 办理税务登记证

先在税务局网上预约，预约完成后携带以上材料的原件及复印件去工商登记注册所在地的税务机关办理。

7. 开立基本存款账户

凭借企业的营业执照、组织机构代码证和税务登记证等，到银行开立基本存款账户。

（三）助力大众创业的"五证合一"登记制度改革

为了进一步为企业的开办和成长提供便利化服务，推进大众创业、万众创新，促进就业增加和经济社会的持续健康发展，2016年6月30日，国务院办公厅发布了《关于加快推进"五证合一、一照一码"登记制度改革的通知》，从2016年10月1日起正式实施"五证合一、一照一码"，在更大范围、更深层次上实现信息共享和业务协同。

之前，新创企业需要办理营业执照、组织机构代码证和税务登记证"三证"，还需要到当地人力资源社会保障部门办理社会保险登记证，到统计部门办理统计登记证。如此一来，企业就需要跑五个部门分别办理"五证"，分别提交所需材料，周期长而且很多材料是重复提交的。而"五证合一"办证模式则进一步简化了审批手续，提高了市场准入的便利化程度。"五证合一、一照一码"的具体办理流程如下：

1. 申请

办证申请人持工商局网报系统申请审核通过后打印的《新设企业五证合一登记申请表》，携带需要提交的纸质资料，前往工商行政管理部门大厅的多证合一窗口办理。

2. 审核

窗口审核信息、资料无误后，将信息导入工商准入系统，生成工商注册号，并在"五证合一"打证平台生成各部门号码，补录相关信息，同时窗口将企业材料扫描，与《工商企业注册登记联办流转申请表》传递至质量监督局、国税局、地税局、社会保障部门、统计部门，由五部门分别完成后台信息录入。

3. 领证

窗口核发加载注册登记号、组织机构代码、税务登记证号（纳税人识别号）、社会保险登记证号和统计登记证号的营业执照(正副本)，实现了一表申请、一窗受理、一次告知、一份证照，提高了注册登记效率，降低了行政成本和社会成本，方便了新创企业的市场准入。

小案例   "海阔天空"的企业名称侵权吗？

2012年6月，经国家工商行政管理总局商标局核准，张华南取得了"海阔天空"的文字及图形注册商标专用权，核定服务项目为茶馆、酒吧、蒸气浴室、饭店等。2013年8月10日，张华南作为大股东设立了湖南海阔天空酒店管理有限公司，并出任法定代表人。湖南海阔天空在报纸上多次进行广告宣传,突出"海阔天空"字样并有多家连锁店。2014年1月30日,该公司更名为湖南海阔天空生态茶业有限公司。张华南先后许可他人使用其注册商标,每年使用费为2万元和5万元两种。

2014年9月12日,陕西海阔天空商务会馆有限公司设立(经营范围为洗浴、住宿、餐饮等),其经营场所门头处悬挂有"海阔天空""洗浴休闲广场"字样,代金券、茶水券等票证上标有"海阔天空"文字及图。

张华南认为,陕西海阔天空商务会馆有限公司的行为构成侵权,遂诉至西安市中级人民法院,请求判令被告:停止侵犯原告"海阔天空"注册商标专用权的行为;拆除正在使用的所有"海阔天空"广告牌,并消除其营业场所内的装饰、装修、设施、物品、消费宣传等的"海阔天空"字样;公开赔礼道歉,消除影响;赔偿损失30万元。

(资料来源:http://www.360doc.com/content/17/0217/11/40410480_629669113.shtml)

思考:
1. 陕西海阔天空商务会馆有限公司的行为构成侵权吗?说明理由。
2. 结合此案例总结企业命名时应该注意的法律问题。

【知识应用】

1. 请为开篇任务情境中小李的商贸公司设计5个企业名称。
2. 和同学或朋友临时组建一个创业团队,到附近的工商局完成公司注册程序。

任务三 新创企业运营的相关法律规定

【任务情境】

经过一番紧张的筹备工作,小张的婚庆公司终于开业了。婚庆公司雇了一名摄影师,小张想着反正是临时的,就没和摄影师签劳动合同,这样还可以节省一笔社会费用。摄影师是外地的,考虑到不一定在北京长期干下去,所以就同意了不签合同。现在的婚庆行业竞争很激烈。开业两个月了,因为没有名气,公司一直没有业务。因为没有业务收入,所以小张就没有去税务局进行纳税申报。虽然不用缴税,但公司不开张小张也很着急,于是小张加大了宣传力度。他找到一家业界比较知名的婚庆公司的广告宣传图片,把它改成自己公司的宣传图片,在当地媒体进行发布。

任务要求:
1. 指出任务情境中小张的错误做法并说明理由。
2. 小张的婚庆公司在未来的发展过程中还需要注意哪些法律问题?

【相关知识】

新企业创建起来后便可以投入运营,而运营企业就需要遵守知识产权、竞争、合同、税收和劳动方面的法规,具体包括专利法、商标法、著作权法、合同法、劳动合同法、税法等。

一、知识产权的保护

知识产权是人们对自己通过智力活动创造的成果所依法享有的权利。知识产权包括专利、商标、版权等，是企业重要的无形资产。通过许可证可以经营或出售知识产权，带来许可经营收入。实际上，几乎所有的企业都拥有一些对其成功起关键作用的知识、信息和创意。知识资产已经成为创业企业，尤其是技术型创业企业中最具价值的资产。因此，为了有效保护自己的知识产权，并且避免无意中违法侵犯他人的知识产权，创业者很有必要了解知识产权的内容及相关法律规定。

（一）专利与专利权保护

1. 专利的概念与类型

专利是指政府机构根据申请颁发的，被用来记述一项发明，并且创造一种法律状况的文件。专利发明通常只有经过专利权所有人的许可才可以被利用。专利制度的建立主要是为了解决发明创造的权利归属和发明创造的利用问题。

我国专利法规定的专利类型有三种：发明专利、实用新型专利、外观设计专利。

发明是指对产品、方法或者其改进所提出的新的技术方案，又分为产品发明和技术方案的方法发明。实用新型是指对产品的形状、构造或者其结合所提出的适于实用的新的技术方案。实用新型专利及申请无须进行实质审查，且审批周期短，该类型专利的申请量占总专利申请量的2/3。外观设计是指对产品的形状、图案或者其结合以及色彩与形状、图案的结合所做的富有美感的并适于工业应用的新设计，即产品的样式。

2. 专利权的法律保护

专利具有独占性的特点，对同一内容的发明创造，国家只授予一项专利权。被授予专利权的人享有独占权利，未经专利权人许可，任何单位或个人都不得以生产经营为目的制造、使用、许诺销售、销售、进口其专利产品，或者使用其专利方法以及使用、许诺销售、销售、进口依照该专利方法直接获得的产品。如果未经专利权人许可而从事上述行为则构成专利侵权。

（1）专利权的保护范围。

根据《专利法》规定，发明或者实用新型专利权的保护范围以其权利要求的内容为准，申请专利时的说明书及附图可以用于解释权利要求的内容。

外观设计专利权的保护范围以表示在图片或者照片中的该产品的外观设计为准，简要说明可以用于解释图片或者照片所表示的该产品的外观设计。

专利权具有地域性特征，一个国家或一个地区所授予的专利保护权仅在该国或地区的范围内有效，在其他国家或地区没有法律约束力。

专利权还具有时间性特征，即专利权有一定的保护期限。根据我国《专利法》规定，发明专利权的保护期限为二十年，实用新型专利权和外观设计专利权为十年，均自申请日起计算。专利保护期限届满，未缴付年费或主动提出放弃，专利权不再受到保护。

（2）专利权的保护途径。

在专利权被侵权后，专利权人可以采取三种方式保护自己的专利权。

一是协商、谈判。未经专利权人许可实施其专利，即侵犯其专利权引起纠纷的，可以由当事人之间通过谈判进行协商解决。

二是请求专利行政管理部门处理。双方不愿协商或者协商不成的，专利权人或者利害关系人可以请求专利行政管理部门处理。管理专利工作的部门处理时，认定侵权行为成立的，可以责令侵权人立即停止侵权行为，当事人不服的，可以自收到处理通知之日起十五日内依照《中华人民共和国行政诉讼法》向人民法院起诉；侵权人期满不起诉又不停止侵权行为的，管理专利工作的部门可以申请人民法院强制执行。进行处理的管理专利工作的部门应当事人的请求，可以就侵犯专利权的赔偿数额进行调解；调解不成的，当事人可以依照《中华人民共和国民事诉讼法》向人民法院起诉。

三是提起专利侵权诉讼。双方不愿协商或者协商不成的，专利权人或者利害关系人可以向人民法院起诉。专利权人或者利害关系人有证据证明他人正在实施或者即将实施侵犯专利权的行为，如不及时制止将会使其合法权益受到难以弥补的损害的，可以在起诉前向人民法院提供担保，申请采取责令停止有关行为的措施；为了制止专利侵权行为，在证据可能灭失或者以后难以取得的情况下，专利权人或者利害关系人可以在起诉前向人民法院申请保全证据。

（二）商标与商标权保护

1. 商标概念及分类

商标是指在商品或者服务项目上所使用的，由文字、图形、字母、数字、三维标志和颜色组合，以及上述要素的组合构成的显著标志。商标用于识别不同经营者所生产、制造、加工、拣选、经销的商品或提供的服务。商标按照不同的标准有不同的划分：

根据识别对象的不同，商标可划分为商品商标和服务商标；

根据构成要素的不同，商标可划分为文字商标、图形商标、组合商标；

根据商标是否注册，商标可划分为注册商标和未注册商标；

根据商标的用途，商标可划分为证明商标、等级商标、防卫商标和集体商标等。

2. 商标权及法律保护

商标权是商标专用权的简称，是指商标主管机关依法授予商标所有人对其注册商标受国家法律保护的专有权。注册商标的专用权以核准注册的商标和核定使用的商品为限。

注册商标的有效期是十年，可以申请续展，每次续展注册的有效期也是十年。

（1）具体的商标侵权行为。

根据《中华人民共和国商标法》的相关规定，有下列行为之一的，均属侵犯注册商标专用权：

未经商标注册人的许可，在同一种商品上使用与其注册商标相同的商标的；

未经商标注册人的许可，在同一种商品上使用与其注册商标近似的商标，或者在类似商品上使用与其注册商标相同或者近似的商标，容易导致混淆的；

销售侵犯注册商标专用权的商品的；

伪造、擅自制造他人注册商标标识或者销售伪造、擅自制造的注册商标标识的；

未经商标注册人同意，更换其注册商标并将该更换商标的商品又投入市场的；

故意为侵犯他人商标专用权行为提供便利条件，帮助他人实施侵犯商标专用权行为的；

给他人的注册商标专用权造成其他损害的。

(2) 商标权的保护途径。

因为上述侵权行为引起纠纷的,由当事人协商解决;不愿协商或者协商不成的,商标注册人或者利害关系人可以向人民法院起诉,也可以请求工商行政管理部门处理。

对侵犯商标专用权的赔偿数额的争议,当事人可以请求进行处理的工商行政管理部门调解,也可以依照《中华人民共和国民事诉讼法》向人民法院起诉。

对于查处的侵犯注册商标专用权的行为,工商行政管理部门认为涉嫌犯罪的,应当及时移送司法机关依法处理。

商标注册人或者利害关系人有证据证明他人正在实施或者即将实施侵犯其注册商标专用权的行为,如不及时制止将会使其合法权益受到难以弥补的损害的,可以依法在起诉前向人民法院申请采取责令停止有关行为和财产保全的措施。

为制止侵权行为,在证据可能灭失或者以后难以取得的情况下,商标注册人或者利害关系人可以依法在起诉前向人民法院申请保全证据。

(三) 著作权与著作权的法律保护

1. 著作权概念及权利内容

著作权又称版权,是指作者对其创作的文学艺术和科学作品依法享有的权利。著作权的内容具体包括发表权、署名权、修改权、保护作品完整权、复制权、发行权、出租权、展览权、表演权、放映权、广播权、信息网络传播权、摄制权、改编权、翻译权、汇编权以及应当由著作权人享有的其他权利。

2. 著作权的法律保护

(1) 著作权的保护范围及保护期限。

根据《中华人民共和国著作权法》的相关规定,著作权中的作品是以下列形式创作的文学、艺术、自然科学、社会科学、工程技术等作品:文字作品;口述作品;音乐、戏剧、曲艺、舞蹈、杂技艺术作品;美术、建筑作品;摄影作品;电影作品和以类似摄制电影的方法创作的作品;工程设计图、产品设计图、地图、示意图等图形作品和模型作品;计算机软件;法律、行政法规规定的其他作品等。

著作权的保护期限:作品的作者是公民的,保护期限至作者死亡之后第50年的12月31日;作品的作者是法人、其他组织的,保护期限到作者首次发表后第50年的12月31日。

(2) 侵犯著作权的具体行为及保护途径。

根据《中华人民共和国著作权法》的规定,有下列侵权行为的,应当根据情况,承担停止侵害、消除影响、赔礼道歉、赔偿损失等民事责任;同时损害公共利益的,可以由著作权行政管理部门责令停止侵权行为,没收违法所得,没收、销毁侵权复制品,并可处以罚款;情节严重的,著作权行政管理部门还可以没收主要用于制作侵权复制品的材料、工具、设备等;构成犯罪的,依法追究刑事责任:

① 未经著作权人许可,复制、发行、表演、放映、广播、汇编、通过信息网络向公众传播其作品的;

② 出版他人享有专有出版权的图书的;

③ 未经表演者许可,复制、发行录有其表演的录音录像制品,或者通过信息网络向公众传播其表演的;

④ 未经录音录像制作者许可，复制、发行、通过信息网络向公众传播其制作的录音录像制品的；

⑤ 未经许可，播放或者复制广播、电视的；

⑥ 未经著作权人或者与著作权有关的权利人许可，故意避开或者破坏权利人为其作品、录音录像制品等采取的保护著作权或者与著作权有关的权利的技术措施的，法律、行政法规另有规定的除外；

⑦ 未经著作权人或者与著作权有关的权利人许可，故意删除或者改变作品、录音录像制品等的权利管理电子信息的，法律、行政法规另有规定的除外；

⑧ 制作、出售假冒他人署名的作品的。

著作权纠纷可以调解，也可以根据当事人达成的书面仲裁协议或者著作权合同中的仲裁条款，向仲裁机构申请仲裁。当事人没有书面仲裁协议，也没有在著作权合同中订立仲裁条款的，可以直接向人民法院起诉。

小资料　　　　　　**创意是否受著作权法保护**

所谓创意，即创作的意图，是指创作所要达到的目的，其属于思想观念的范畴。著作权法不保护属于思想观念范畴的创意。只有在创意通过有形形式表现出来，形成作品后，才能依据著作权法获得作品的著作权。

虽然创意不受著作权法的保护，但是创意者可以通过其他途径保护自己的创意不被他人乱用，比如事先与他人签订合同等。如果创意具有商业价值，可以作为商业秘密，通过反不正当竞争法予以保护；如果创意可以依法申请专利，可以通过获得专利权从而得到专利法的保护。

(资料来源：http://www.lawbang.com/index.php/topics-list-baikeview-id-187554.shtml)

二、保护雇员权益的劳动法

劳动法是调整劳动关系以及与劳动关系密切联系的社会关系的法律规范总称。企业在运营过程中了解劳动方面的法律法规，及时保护劳动者（雇员）的合法权益，对于构建和谐的劳动关系，促进企业经济效益的提升具有重大意义。《中华人民共和国劳动法》（简称《劳动法》）于1995年1月1日起施行，《中华人民共和国劳动合同法》（简称《劳动合同法》）于2008年1月1日起施行。这两部法律是我国劳动法律法规的重要组成部分。下面着重介绍这两部法律中有关劳动者（雇员）保护的主要内容。

（一）劳动者的主要权利

我国《劳动法》规定劳动者有以下劳动权利：

（1）平等就业的权利。公民的劳动就业权是公民享有其他各项权利的基础。

（2）选择职业的权利。即劳动者有权自由选择职业。

（3）取得劳动报酬的权利。即劳动者有权依照劳动合同及国家有关法律取得劳动薪酬。

（4）获得劳动安全卫生保护的权利。这是对劳动者在劳动中的生命安全和身体健康最直接的保护。

(5) 休息休假的权利。国家规定了职工的工作时间和休假制度，并兴建供劳动者休息和休养的设施。

(6) 享受社会保险和福利的权利。劳动者患疾病时和年老时有保障。

(7) 接受职业技能培训的权利。这是劳动者实现劳动权利的基础条件。

(8) 提请劳动争议处理的权利。即当劳动者与用人单位发生劳动争议时，劳动者享有申请调解、仲裁，提起诉讼的权利。

(9) 法律规定的其他劳动权利。包括依法参加和组织工会的权利，依法享有参与民主管理的权利，从事科学研究、技术革新、发明创造的权利，依法解除劳动合同的权利等。

（二）劳动合同的订立

《劳动合同法》第10条规定："建立劳动关系，应当订立书面劳动合同。"书面形式有利于加强双方当事人的责任感，保护当事人尤其是劳动者的合法权益。

实际中有些用人单位为逃避法定义务，不与劳动者签订劳动合同，导致劳动者权益受到侵害的现象时有发生。《劳动合同法》规定，即使用人单位没有与劳动者订立劳动合同，只要存在用工行为，该用人单位与劳动者的劳动关系即宣告建立。

用人单位自用工之日起，超过一个月，不满一年未与劳动者订立书面劳动合同的，应该向劳动者每月支付二倍的工资，并与劳动者补签书面劳动合同；用人单位自用工之日起，满一年未与劳动者订立书面劳动合同的，视为自用工之日起，满一年的当日已经与劳动者订立了无固定期限的劳动合同。

（三）劳动合同的内容

劳动合同的内容分为必备条款和协商条款：必备条款又称法定条款，是劳动合同必须具备的内容。若提供的劳动合同文本中欠缺了必备条款，用人单位应负法律责任。协商条款又称任意条款，是双方当事人自行协商后约定的条款内容。

1. 劳动合同的必备条款

根据《劳动合同法》第17条的规定，劳动合同的必备条款包括：用人单位的名称、住所和法定代表人或主要负责人；劳动者的姓名、住址和居民身份证或其他有效身份证件号码；劳动合同期限；工作内容和工作地点；工作时间和休息休假；劳动报酬；社会保险；劳动保护、劳动条件和职业危害防护；法律、法规规定应当纳入劳动合同的其他事项。

其中劳动合同期限分为固定期限、无固定期限和完成一定工作为期限三种。劳动者在该用人单位连续工作满十年的、连续订立二次固定期限劳动合同的，原则上可以和用人单位订立无固定期限劳动合同。无固定期限劳动合同有利于稳定劳动关系，保护劳动者权益。

根据《劳动法》的规定，我国实行每日工作8小时，每周工作40小时的标准工时制度。标准工时制度适用于一般工种或者工作岗位；除此之外，还有缩短工时制、综合计算工时制、不定时工作制以及延长工时制等特殊工时制度。实行标准工时制的企业每周休息两天，因工作性质和生产特点不能实行标准工时制的，应保证职工每周至少休息一天。实行特殊工时制的企业，根据本企业的实际情况安排休息时间。休息期间给劳动者安排工作的，用人单位应该支付加班工资。根据《劳动法》第44条的规定，用人单位安排劳动者延长工作日时间的，支付不低于工资的150%的工资报酬；休息日安排劳动者工作又不能安排补休的，支付不低于工资的200%的工资报酬；法定节假日安排劳动者工作的，支付不低于工资的300%的工资报酬。

为了保护劳动者的合法权益，为其生病和养老提供保障，《劳动合同法》突出了社会保险条款，规定在劳动合同中应当具备社会保险的内容。社会保险主要包括养老保险、医疗保险、失业保险、工伤保险和生育保险。养老保险、医疗保险和失业保险由劳动者个人分别按照本人工资的一定比例缴纳，用人单位按照职工工资总额的一定比例缴纳，实行社会统筹和个人账户相结合的模式。工伤保险和生育保险由用人单位缴纳，劳动者本人不用缴纳保险费。

2. 劳动合同的协商条款

按照《劳动合同法》第17条的规定，劳动合同除必备条款外，用人单位与劳动者可以约定试用期、培训、保守秘密、补充保险和福利待遇等其他事项。这些就是劳动合同的协商条款。

试用期工资是约定工资的80%，一些用人单位为了省钱，会延长试用期或者反复约定试用期。为了保护劳动者利益，《劳动合同法》对试用期进行了具体的规定：劳动合同期限3个月以上不满1年的，试用期不得超过1个月；劳动合同期限1年以上不满3年的，试用期不得超过2个月；3年以上固定期限和无固定期限的劳动合同，试用期不得超过6个月。同一用人单位与同一劳动者只能约定一次试用期。

另外，《劳动合同法》还规定了劳动合同的限制性条款，如违约金条款。现实中用人单位滥用违约金条款的现象较多，损害了劳动者的合法权益。为此，《劳动合同法》规定，除了服务期条款和竞业限制条款可以约定由劳动者承担违约金外，其他任何情形，用人单位不得与劳动者约定违约金条款。

（四）劳动合同的解除

根据《劳动合同法》的规定可知，解除劳动合同分为协商解除、用人单位单方面解除、劳动者单方面解除、违法解除四种情形。

1. 协商解除

协商解除劳动合同是指用人单位和劳动者在平等自愿的基础上协商一致，解除合同关系。如果解除劳动合同是由用人单位一方先提出来的，则用人单位需要向劳动者支付经济补偿金。

2. 用人单位单方面解除

用人单位单方面解除劳动合同可以分为过失性解除、非过失性解除和经济性裁员。

（1）过失性解除合同。

根据《劳动合同法》第39条规定，劳动者存在以下情形之一的，用人单位可以单方面解除劳动合同，且不需要向劳动者支付经济补偿金：

① 劳动者在试用期内被证明不符合录用条件的；

② 劳动者严重违反用人单位的规章制度的；

③ 劳动者严重失职、营私舞弊，给用人单位造成重大损害的；

④ 劳动者同时与其他用人单位建立劳动关系，对完成本单位的工作任务造成严重影响，或者经用人单位提出，拒不改正的；

⑤ 以欺诈、胁迫的手段或者乘人之危，使对方在违背真实意思的情况下订立或者变更劳动合同的；

⑥ 劳动者被依法追究刑事责任的。

(2) 非过失性解除合同。

根据《劳动法》第 26 条规定，非因劳动者过失解除劳动合同包括三种情形：

① 劳动者患病或者非因工负伤，医疗期满后，不能从事原工作也不能从事用人单位另行安排的工作的；

② 劳动者不能胜任工作，经过培训或者调整工作岗位，仍不能胜任工作的；

③ 劳动合同订立时所依据的客观情况发生重大变化，致使原劳动合同无法履行，经当事人协商不能就变更劳动合同达成协议的。

用人单位非因劳动者过失解除劳动合同的，应当给予劳动者相应的经济补偿。

(3) 经济性裁员。

经济性裁员是用人单位与劳动者集体解除劳动合同的行为。相对于用人单位单个解除劳动合同，国家对经济性裁员规定了严格的条件、程序。用人单位需提前 30 日向工会或全体职工说明情况，听取工会或职工意见后制定裁员方案，经向劳动行政部门报告后，才可以裁减人员。

针对上述非过失性劳动合同解除以及经济性裁员，《劳动法》和《劳动合同法》专门规定了限制性条款，意在保护劳动者的利益。主要是针对以下情形：

劳动者在本单位患职业病或者因工负伤并被确认丧失或者部分丧失劳动能力的；

劳动者患病或者负伤，在规定的医疗期内的；

从事接触职业病危害作业的劳动者未进行离岗前职业健康检查，或者疑似职业病病人在诊断或医学观察期间的；

女职工在孕期、产期、哺乳期内的；

在本单位连续工作满 15 年，且距法定退休年龄不足 5 年的。

对以上情形中的劳动者的劳动合同期限届满，用人单位不能必然终止或解除劳动合同，应当顺延至相应的情形消灭时终止。

3. 劳动者单方面解除

劳动者单方解除主要是在用人单位存在过错的情况下劳动者享有的特别解除权。劳动者在用人单位未及时足额支付劳动报酬、未依法为劳动者缴纳社会保险费等情形下可单方解除劳动合同，并有权要求经济补偿金。

4. 违法解除

违法解除劳动合同主要是指用人单位在不具备上述合法解除劳动合同的条件下解除了双方的劳动合同。

经济补偿金是用人单位解除或终止劳动合同时，依法一次性给予劳动者的经济上的补助。《劳动合同法》规定：经济补偿金按劳动者在本单位工作的年限，每满一年支付一个月工资的标准向劳动者支付。六个月以上不满一年的，按一年计算；不满六个月的，向劳动者支付半个月工资的经济补偿。

违法解除劳动合同的用人单位应向劳动者支付相当于以上经济补偿标准两倍的赔偿金。

三、保护自身合法权益的合同法

企业在运营中经常会接触到合同，无论生产、销售产品还是提供服务项目，都需要用合同来确定双方的权利和义务关系，可以说，企业是和合同朝夕相处的。因此，在法治时代，如何运用合同法保护自身的权益就显得尤为重要。

（一）合同法的概念和基本原则

合同是平等主体的自然人、法人、其他组织之间设立、变更、终止民事权利义务关系的协议。实践中合同可以以不同的名称出现，如合同、合同书、协议、协议书、备忘录等。

合同法是规范民事主体的合同行为，调整民事主体之间以商品交换为核心的民事财产流转关系的法律规范总称。合同法的基本原则是当事人订立合同、行使合同权利、履行合同义务必须遵循的基本准则。

1. 平等原则

即合同当事人的法律地位平等，一方不得将自己的意志强加给另一方，如果以胁迫、命令、强制等手段签订合同，法律将不承认这种合同的效力。

2. 自愿原则

即当事人依法享有自愿订立合同的权利，任何单位和个人不得非法干预。

3. 公平原则

公平原则要求当事人应当遵循公平原则确定各方的权利和义务，合同中权利义务对等，合同上负担和风险的分配合理。

4. 诚实信用原则

即当事人在合同活动中讲诚实守信用，以善意的方式行使权利和履行义务。

5. 合法原则

即当事人订立、履行合同，应当遵守法律、行政法规，尊重社会公德，不得扰乱社会经济秩序，损害社会公共利益。这一原则要求合同的目的、合同的内容、合同的形式、合同的履行符合法律规定。

（二）合同的订立与成立

合同的签订需要经过要约和承诺阶段。要约是希望和他人订立合同的意思表示。发出要约者为要约人，接受要约的相对方为受要约人。要约到达受要约人时生效。要约可以撤回，撤回要约的通知必须先于或同时与要约到达受要约人。要约可以撤销，撤销要约的通知应当在受要约人发出承诺通知之前到达受要约人。

承诺是受要约人同意要约的意思表示。承诺的内容应当与要约内容一致。承诺应当在要约确定的期限内到达要约人。承诺可以撤回，撤回的通知必须先于或同时与承诺到达要约人。受要约人超出承诺期限发出承诺的，除要约人及时通知受要约人该承诺有效的以外，为新要约。

《中华人民共和国合同法》（简称《合同法》）规定：承诺生效时合同成立。当事人采用合同书形式订立合同的，自双方当事人签字或者盖章时合同成立；当事人采用信件、数据电文等形式订立合同的，可以在合同成立之前要求签订确认书，签订确认书时合同成立。

（三）合同的内容与形式

合同的内容是指一般合同中当事人约定的合同条款。合同的条款是否完整、明确，与合同是否成立具有密切的关系。根据《合同法》规定，合同条款一般包括：当事人的名称或者姓名和住所；标的，即合同权利义务指向的对象；数量；质量；价款或者报酬；履行期限、地点和方式；违约责任；争议解决的方法。以上列举的条款对合同当事人仅具参考示范作用，缺失与否不直接作为合同成立的判断标准。

合同的形式是指合同内容的外部表现形式。根据《合同法》相关规定，当事人订立合同，有书面形式、口头形式和其他形式。法律、行政法规规定采用书面形式的，应当采用书面形式。当事人约定采用书面形式的，应当采用书面形式。

（四）合同的效力

合同的效力是指已经成立的合同对当事人直接产生的法律约束力。根据合同的效力，可以将合同分为有效合同，无效合同，可撤销、可变更合同与效力待定合同。

有效合同就是能够依法在当事人之间产生法律约束力的合同。按照法律规定，合同必须具备一定的有效要件才能发生法律约束力。合同的有效要件包括：当事人缔约时有相应的缔约能力；意思表示真实；不违反强制性法律规范及公序良俗；合同标的必须确定或可能。

无效合同是当事人虽然完成了合同的订立，但是由于欠缺合同的有效要件，没有法律约束力的合同。具体包括：行为人欠缺行为能力订立的合同；欺诈、胁迫手段订立，损害国家利益的合同；恶意串通，损害国家、集体或者第三人利益的合同；违反法律、行政法规的强制性规定的合同。

可变更、可撤销合同是指行为人的意思与表示不一致及意思表示不自由，导致非真实意思表示，法律并不使之绝对无效，而是权衡当事人的利害关系，赋予表意人以变更权、撤销权的合同。根据《合同法》的规定，可变更、可撤销合同包括五种：受欺诈而订立的非损害国家利益的合同；受胁迫而订立的非损害国家利益的合同；乘人之危的合同；容易产生重大误解的合同；显失公平的合同。

效力待定的合同是指合同成立后，其有效还是无效处于不确定状态，需要由第三人同意或者拒绝的意思表示来确定其效力的合同。根据《合同法》的规定，效力待定的合同包括三种：限制民事行为能力人未经法定代理人许可订立的与其能力、智力或者精神状况不相适应的合同；无权代理人与相对人订立的合同；无处分权人与相对人订立的处分他人财产的合同。

（五）合同的履行、变更和转让

合同的履行是指合同当事人按照合同的约定，全面完成合同的义务，使合同关系全面终止的整个过程。合同当事人在履行合同的过程中，应当遵循全面履行和协作履行原则，按照约定全面履行自己的义务的同时，遵循诚实信用原则，根据合同的性质、目的和交易习惯履行通知、协助、保密等义务。

合同的变更是指依法成立的合同尚未履行或尚未完全履行完毕之前，由当事人达成协议而对其内容进行修改和补充。合同的变更有约定和法定两种方式。原合同被变更部分失去法律上的效力，已变更部分产生新的债权债务。合同变更不存在溯及力，已经履行的债务不因合同变更而失去法律根据。

合同转让是指合同当事人依法将其合同权利或义务全部或部分地让与第三人的法律行为。合同转让分为合同权利转让、合同义务转让和合同权利义务一并转让三种形式。

(六) 合同的终止和违约责任

合同终止是指合同关系在客观上不复存在，合同权利和义务归于消灭。根据《合同法》相关规定，合同终止原因包括：债务已经按照约定履行；合同解除；债务相互抵销；债务人依法将标的物提存；债权人免除债务；债权债务同归于一人等。

违约责任是指当事人不履行或不完全履行合同义务而依法应当承担的法律责任。根据《合同法》的规定，当事人一方不履行合同义务或者履行合同义务不符合约定的，应当承担继续履行、采取补救措施或赔偿损失等违约的责任。因此违约责任的承担方式有继续履行、采取补救措施、赔偿损失，还有支付违约金和定金，共五种形式。

当事人双方都违反合同的，应当各自承担相应的责任。当事人因第三人的原因造成违约的，应当向对方承担违约责任。当事人一方和第三人之间的纠纷，依照法律规定或者按照约定解决。因不可抗力不能履行合同的，根据不可抗力的影响，部分或者全部免除责任，但法律另有规定的除外。当事人迟延履行后发生不可抗力的，不能免除责任。

四、影响企业收益的税法

依法纳税是企业的法律义务，企业在运营过程中应当缴纳何种税以及缴纳多少税，是创业者必须了解的问题。只有明了税收成本才能核算企业的收益。

(一) 税法概念及构成要素

税收是国家为实现其职能，凭借其政治权力，按照预先规定的标准，强制无偿参与社会产品和国民收入分配的手段。税法是调整税收征纳关系的法律规范的总称。税法是国家取得财政收入的法律保障，是国家税务机关征税的法律依据，也是纳税人履行纳税义务的准则。

我国税法的构成要素包括：

1. 纳税主体

纳税主体是指依法直接负有纳税义务的单位和个人。税法中对每一个税种都规定了纳税人。为保证税金的征收，税法还规定了代扣代缴义务人、代收代缴义务人。

2. 征税对象

征税对象是指对什么征税。征税对象包括物或行为。不同的征税对象是区分不同税种的重要标志。

3. 税目

税目是指税法中具体规定应当征税的项目，是征税对象的具体化。

4. 税率

税率是指应纳税额与计税金额之间的比例，它是计算税额的尺度。我国现行税率分为比例税率、定额税率和累进税率三种。

5. 计税依据

计税依据是指计算应纳税额的依据或标准。计税依据有从价计征、从量计征和复合计税。

6. 纳税环节

纳税环节是指税法规定的商品从生产到消费的流转过程中,应当缴纳税款的环节。

7. 纳税期限

纳税期限是指纳税人向国家缴纳税款的法定期限,包括按期纳税和按次纳税两种。

8. 减税和免税

减税是对应征税款减征其中一部分,免税是对应征税款全部予以免征。减税和免税是税法规定的鼓励性或照顾性措施,又具体分为税基式减免、税率式减免和税额式减免等。

9. 违法责任

违法责任是指对违反税法规定的行为人采取的处罚措施。违反税法应承担的法律责任主要有:补缴税款和滞纳金、罚款、行政处分、刑罚等。

10. 税务争议处理

税务争议处理是指税法具体规定的纳税人、扣缴义务人、纳税担保人等同税务机关发生争议的解决程序和方式。纳税人对税务机关采取的征税措施不服的,可以通过行政复议或行政诉讼程序解决。

(二) 我国现行实体税法制度

经过多轮的税制改革,目前我国形成了以流转税和所得税为主,财产税、资源税和行为税为辅的实体税法制度体系。

1. 流转税

流转税属于间接税,是以商品生产、流通和劳务服务的流转额为征税对象的一类税收。它由一系列单行税种组成,主要有增值税、消费税、关税等。

(1) 增值税。

增值税是对在商品生产、流通过程中或提供劳务时实现的增值额征收的税种。我国自1984年开始试行征收增值税。由于增值税能够避免重复征税,减轻企业负担,因此2012年1月1日起我国进行了营业税改增值税的改革,到2016年5月1日止,我国全面实施增值税,同属流转税的营业税退出历史舞台,增值税制度更加规范。

营改增后的增值税的征税范围是:原增值税的征税范围,即销售货物、提供加工和修理修配劳务、进口货物,再加上原营业税的征税范围,即提供应税劳务、转让无形资产和销售不动产。其中,提供应税劳务又具体包括交通运输业、建筑业、金融保险业、邮电通信业、文化体育业、娱乐业和服务业7个税目。

增值税纳税人根据其生产经营规模,分为一般纳税人和小规模纳税人两类。一般纳税人是指年应征增值税销售额超过财政部规定的小规模纳税人标准的企业和企业性单位。小规模纳税人是指年销售额在规定标准以下,并且会计核算不健全,实行简易办法征收增值税的纳税人。一般纳税人使用增值税专用发票,小规模纳税人使用一般发票。

增值税的税率为比例税率,具体有基本税率、低税率、零税率和营改增后增加的两档税率。增值税的基本税率是17%,适用于绝大多数货物和部分应税劳务。增值税的低税率是13%,目前适用13%的低税率的货物有粮食、食用植物油;自来水、暖气、热水、冷气、煤气、石油液化气、天然气、沼气、居民用煤炭制品;图书、报纸和杂志;饲料、化肥、农药、农机、农膜;农产品。适用零税率的有报关出境货物,运往海关管理的保税工厂、保税仓库和保税区的货物。营改增后,为了不增加税制改革涉及行业的企业的总体税负水平,设置了11%和6%两档低税率,如交通运输业适用11%的税率,服务业适用6%的税率。小规模纳税人适用3%的征收率。

增值税应纳税额的计算方法有扣税法和简易征税法。扣税法并不直接计算增值额,而是采用抵扣税款的方法计算应纳增值税。其计算公式为:

$$应纳税额 = 当期销项税额 - 当期进项税额$$
$$销项税额 = 销售额 \times 税率$$
$$进项税额 = 买价 \times 扣除率$$

小规模纳税人实行按照销售额和征收率计算应纳税额的简易办法,并不得抵扣进项税额。应纳税额的计算公式为:

$$应纳税额 = 销售额 \times 征收率$$

(2) 消费税。

消费税是以特定消费品为课税对象所征收的一种税,属于流转税的范畴。在对货物普遍征收增值税的基础上,选择对少数消费品再征收一道消费税,目的是为了调节产品结构,引导消费方向,保证国家财政收入。

我国目前消费税的征税对象包括:烟、酒、鞭炮、焰火、化妆品、成品油、贵重首饰及珠宝玉石、高尔夫球及球具、高档手表、游艇、木制一次性筷子、实木地板、摩托车、小汽车、电池、涂料等税目,有的税目还进一步划分若干子目。

消费税的纳税人是我国境内生产、委托加工、零售和进口《消费税暂行条例》规定的应税消费品的单位和个人。

消费税的税率有两种形式,即比例税率和定额税率。应税商品的税率有高有低,甲类香烟的消费税率最高,为56%,税率最低的是小排量的汽车,仅为3%。

消费税实行从价定率、从量定额,或者从价定率和从量定额复合计税的办法计算应纳税额。应纳税额的计算公式为:

$$实行从价定率计算的应纳税额 = 销售额 \times 比例税率$$
$$实行从量定额计算的应纳税额 = 销售数量 \times 定额税率$$
$$实行复合计税计算的应纳税额 = 销售额 \times 比例税率 + 销售数量 \times 定额税率$$

(3) 关税。

关税是指对进出境的货物或物品征收的税。关税包括进口关税、出口关税和过境关税,我国不征收过境关税。

关税征收的范围仅限于进出境的货物或物品。货物是指贸易性的进出口商品;物品是指非贸易性的属于入境旅客随身携带的行李物品,个人邮递进境的物品,各种运输工具上的服务人员入境时携带的行李物品、馈赠物品以及其他方式入境的个人日常物品。

进出口货物的纳税人是:进口货物的收货人、出口货物的发货人、接受委托办理有关进出口货物手续的代理人。

物品的纳税人是:入境旅客随身携带的行李、物品的持有人,各种运输工具上服务人员入境时携带的自用物品的持有人,馈赠物品以及其他方式入境的物品的所有人,进口个人邮件的收货人。

2. 所得税

所得税是以纳税人的收益额为征税对象的一种税。所得税属于直接税，不能进行税负转嫁。所得税在我国可分为企业所得税和个人所得税。

（1）企业所得税。

企业所得税是以企业在一定期间内的全部生产经营所得和其他所得为征税对象的一种税。企业所得税的纳税人为在我国境内的企业和取得收入的组织。个人独资企业、合伙企业属于自然人性质企业，不具有法人资格，不属于企业所得税纳税人。

企业所得税的纳税人分为居民企业和非居民企业：

居民企业是指依法在中国境内成立，或者依照外国（地区）法律成立但实际管理机构在中国境内的企业。居民企业负有全面纳税义务，应当就其来源于中国境内、境外的全部所得缴纳企业所得税。

非居民企业，是指依照外国（地区）法律成立且实际管理机构不在中国境内，但在中国境内设立机构、场所的，或者在中国境内未设立机构、场所，但有来源于中国境内所得的企业。非居民企业承担有限纳税义务。

企业所得税的征税范围是纳税人取得的生产经营所得和其他所得，主要包括以下所得：

销售货物收入；

提供劳务收入；

转让财产收入；

股息、红利等权益性投资收益；

利息收入；

租金收入；

特许权使用费收入；

接受捐赠收入；

其他收入。

收入总额中的下列收入为不征税收入：

财政拨款；

依法收取并纳入财政管理的行政事业性收费、政府性基金；

国务院规定的其他不征税收入。

企业的下列收入为免税收入：

国债利息收入；

符合条件的居民企业之间的股息、红利等权益性投资收益；

在中国境内设立机构、场所的非居民企业从居民企业取得与该机构、场所有实际联系的股息、红利等权益性投资收益；

符合条件的非营利组织的收入。

企业所得税的基本税率为25%。非居民企业在中国境内未设立机构、场所的，或者虽设立机构、场所但取得的所得与其所设机构、场所没有实际联系的，应当就其来源于中国境内的所得缴纳企业所得税，适用税率为20%。符合条件的小型微利企业，减按20%的税率征收企业所得税。国家需要重点扶持的高新技术企业，减按 15% 的税率征收企业所得税。

企业的应纳税所得额乘以适用税率，减除依照企业所得税法关于税收优惠的规定减免和抵免的税额后的余额，为应纳税额。企业的下列所得，可以免征、减征企业所得税：

从事农、林、牧、渔业项目的所得；

从事国家重点扶持的公共基础设施项目投资经营的所得；

从事符合条件的环境保护、节能节水项目的所得；

符合条件的技术转让所得等。

企业所得税按纳税年度计算。纳税年度自公历 1 月 1 日起至 12 月 31 日止。企业所得税分月或者分季预缴。企业应当自月份或者季度终了之日起 15 日内，向税务机关报送预缴企业所得税纳税申报表，预缴税款。企业应当自年度终了之日起 5 个月内，向税务机关报送年度企业所得税纳税申报表，并汇算清缴，结清应缴应退税款。

（2）个人所得税法。

个人所得税是对个人的劳务和非劳务所得征收的一种税。个人所得税的纳税人分为居民纳税人和非居民纳税人。《个人所得税法》规定，在中国境内有住所，或者无住所而在境内居住满一年的个人为居民纳税人。居民纳税人负无限纳税义务，即对从中国境内和境外取得的全部所得均应缴纳个人所得税。在中国境内无住所又不居住或者无住所而在境内居住不满一年的个人是非居民纳税人。非居民纳税人负有限纳税义务，即仅就来源于中国境内的所得纳税。

《个人所得税法》列举了 11 项所得为个人所得税的征税对象：

工资、薪金所得；

个体工商户的生产、经营所得；

对企事业单位的承包经营、承租经营所得；

劳务报酬所得；

稿酬所得；

特许权使用费所得；

利息、股息、红利所得；

财产租赁所得；

财产转让所得；

偶然所得；

经国务院财政部门确定征税的其他所得。

个人所得税的税率具体如下：

一是工资、薪金所得适用超额累进税率，该税率按照个人工资、薪金所得划分级距，共划分为七级，税率为 3%～45%。

二是个体工商户的生产、经营所得和对企事业单位的承包经营、承租经营所得适用五级超额累进税率，税率为 5%～35%。

三是稿酬所得适用比例税率，税率为 20%，并按应纳税额减征 30%。

四是劳务报酬所得适用比例税率，税率为 20%，对劳务报酬所得一次收入畸高的，可以实行加成征收，具体办法由国务院规定。

五是特许权使用费所得，利息、股息、红利所得，财产租赁所得，财产转让所得偶然所得和其他所得适用比例税率，税率为20%。

个人所得税应纳税款的计算公式是：

$$应纳税款 = 应纳税所得额 \times 适用税率$$

应纳税所得额是纳税人收入总额扣除法定的必要费用后的余额。其具体计算标准如下：

一是工资、薪金所得，以每月收入额减除费用3 500元后的余额，为应纳税所得额。

二是个体工商户的生产、经营所得，以每一纳税年度的收入总额减除成本、费用以及损失后的余额，为应纳税所得额。

三是对企事业单位的承包经营、承租经营所得，以每一纳税年度的收入总额减除必要费用后的余额，为应纳税所得额。

四是劳务报酬所得、稿酬所得、特许权使用费所得、财产租赁所得，每次收入不超过4 000元的，减除费用800元；4 000元以上的，减除20%的费用，其余额为应纳税所得额。

五是财产转让所得，以转让财产的收入额减除财产原值和合理费用后的余额，为应纳税所得额。

六是利息、股息、红利所得，偶然所得和其他所得，以每次收入额为应纳税所得额。

根据《个人所得税法》规定，免征个人所得税的情形有：

省级人民政府、国务院部委和中国人民解放军军以上单位，以及外国组织、国际组织颁发的科学、教育、技术、文化、卫生、体育、环境保护等方面的奖金；

国债和国家发行的金融债券利息；

按照国家统一规定发给的补贴、津贴、福利费、抚恤金、救济金；

保险赔款；

军人的转业费、复员费；

按照国家统一规定发给干部、职工的安家费、退职费、退休工资、离休工资、离休生活补助费；

依照我国有关法律规定应予免税的各国驻华使馆、领事馆的外交代表、领事官员和其他人员的所得；

中国政府参加的国际公约、签订的协议中规定免税的所得；

经国务院财政部门批准免税的所得。

小资料

个税改革方案：怎么改怎么交税？

目前我国的个人所得税是分类所得税制度，即只要个人月收入过了起征点，不论家庭负担轻重、是否已婚，都适用相同的税率。这种一刀切的做法虽简单易行，但它没有考虑地区差异、家庭总收入以及赡养老人、抚养子女等情况，对收入相同而纳税能力不同的纳税人也适用相同的税率，有违量能纳税原则。

本轮个税改革的重点是综合所得和分类所得相结合，就是按照综合所得减除标准，而不是继续按工薪所得的费用标准，"抵扣"成为最大的亮点。个税改革就是要将部分收入纳入综合，同时建立基本扣除加专项扣除的机制，适当增加专项扣除，减轻中低收入者的税收负担。

目前来看，将工资薪金所得、劳务所得、股份转让所得等部分资产所得纳入综合征税范围的可能性比较大。此外，再教育支出或成为专项抵扣首选，首套房贷款利率也有望纳入选项。长期来看，根据社会配套条件和征管机制的完善程度，赡养老人、抚养二孩等家庭支出也有望逐步纳入抵扣。

(资料来源：http://www.zhicheng.com/n/20161123/108114_3.html)

3. 财产税

财产税是以法定财产为征税对象，根据财产占有或财产转移的事实加以征收的一种税。财产税主要包括房产税、城市房地产税、契税和车船税。

(1) 房产税。

房产税，是以房产为征税对象，按照房产的计税价值或房产租金收入向房产所有人或经营管理人等征收的一种税。这里所说的房产，是指以房屋形态表现的财产，独立于房屋以外的建筑物，如围墙、水塔、室外游泳池等不属于房产税的征税对象。

根据《房产税暂行条例》的规定，凡是在我国城市、县城、建制镇和工矿区内拥有房屋产权的单位和个人，都是房产税的纳税人。具体包括产权所有人、经营管理单位、承典人、房产代管人或使用人。产权属于全民所有的，经营管理单位为纳税义务人；产权出典的，承典人为纳税义务人；产权所有人、承典人不在房产所在地的，或者产权未确定及租典纠纷未解决的，房产代管人或者使用人为纳税义务人。

房产税适用比例税率，以房产余值计征的，年税率为1%~5%，以房屋租金收入计征的，年税率为12%。

(2) 契税。

契税，是指在国有土地使用权出让、土地使用权转让、房屋所有权转移或变动时，向产权承受人征收的一种税。契税的纳税人，是指在我国境内承受土地、房屋权属转移的单位和个人。契税的征收范围包括国有土地使用权出让、土地使用权转让（包括出售、赠与和交换）、房屋买卖、房屋赠与和房屋交换，其中，土地使用权转让不包括农村集体土地承包经营权的转移。视同土地使用权转让、房屋买卖或者房屋赠与的需要征税。

契税采用比例税率，并实行3%~5%的幅度税率。具体税率由省、自治区、直辖市人民政府在幅度税率规定范围内，按照本地区的实际情况确定。

(3) 车船税。

车船税，是指对在中国境内车船管理部门登记的车辆、船舶依法征收的一种税。根据《车船税暂行条例》的规定，在中华人民共和国境内，车辆、船舶（以下简称车船）的所有人或者管理人为车船税的纳税人。车辆所有人或者管理人未缴纳车船税的，使用人应当代为缴纳车船税。从事机动车交通事故责任强制保险业务的保险机构为机动车车船税的扣缴义务人。

车船税的征税范围，包括依法在公安、交通、农业等车船管理部门登记的车船，具体可分为车辆和船舶两大类。车船税采取定额税率，具体的计税单位和单位税额如下：载客汽车每辆60~600元（包括电车）；载货汽车按自重每吨16~120元（包括半挂牵引车、挂车）；三轮汽车、低速货车按自重每吨24~120元；摩托车每辆36~180元；船舶按净吨位每吨3~6元，拖船和非机动驳船分别按船舶税额的50%计算。

4. 资源税

资源税是国家对开发、利用境内资源的单位和个人就其开发、利用资源的数量或价值征收的一种税。我国的资源税主要有：资源税、城镇土地使用税、耕地占用税。

资源税是为了调节资源开发过程中的级差收入，以自然资源为征税对象的一种税。资源税的纳税人是在我国境内开采规定的矿产品或者生产盐的单位和个人。我国目前的资源税的征税范围包括矿产品和盐类，具体包括原油（指开采天然原油，不包括人造石油）；天然气；煤矿（指原煤，不包括洗煤、选煤及其他煤炭制品）；其他非金属矿原矿；黑色金属矿原矿；有色金属矿原矿；固体盐。资源税采用定额税率，从量定额征收。

城镇土地使用税是对在城市和县城占用国家和集体土地的单位和个人，按使用土地面积定额征收的一种税。城镇土地使用税的纳税人是在城市、县城、建制镇、工矿区范围内使用土地的单位和个人。城镇土地使用税的征税范围是税法规定的纳税区域的土地。凡在城市、县城、建制镇、工矿区范围内的土地，不论是属于国家所有的土地，还是集体所有的土地，都属于城镇土地使用税的征税范围。城镇土地使用税的税率采用定额税率，采用有幅度的差别税率。按大、中、小城市和县城、建制镇和工矿区，分别规定每平方米城镇土地使用税年应纳税额。

5. 行为税法

行为税是指以特定的行为为征税对象的一种税，主要包括印花税、车辆购置税等。

印花税，是指对经济活动和经济交往中书立、领受、使用税法规定的应税凭证的单位和个人征收的一种行为税。

印花税的征税范围具体包括合同或者具有合同性质的凭证；产权转移书据；营业账簿；权利、许可证照；经财政部确定征税的其他凭证。

印花税纳税人，是指在中华人民共和国境内书立、领受、使用应税凭证的单位和个人。

印花税的税率有两种形式，比例税率和定额税率。对载有金额的凭证采用比例税率。在印花税的13个税目中，各类合同以及合同性质的凭证、产权转移书据、营业账簿中记载资金的账簿，适用比例税率。为了简化征管手续，对无法计算金额的凭证，或载有金额但是作为计税依据不合理的凭证，采用定额税率，以件为单位缴纳一定金额的税款。权利、许可证照，营业账簿中的其他账簿，税额为每件5元。

车辆购置税，是国家对购置应税车辆的单位和个人，以其购置应税车辆的计税价格为计税依据，按照规定的税率一次性征收的一种行为税。车辆购置税的纳税人是我国境内购置规定的车辆的单位和个人。"购置"包括购买、进口、自产、受赠、获奖或以其他方式取得并自用应税车辆的行为。车辆购置税的征收范围包括汽车、摩托车、电车、挂车、农用运输车。车辆购置税的税率采用固定比例税率，税率为10%。车辆购置税税率的调整，由国务院决定并公布。

（三）税收征收管理法

税收征收管理法是调整征税机关与纳税人在征税和纳税过程中产生的各种关系的法律规范的总称。我国现行的税收征收管理法包括：2001年5月1日实施的《税收征收管理法》、2002年10月15日实施的《税收征收管理法实施细则》。另外还包括财政部、国家税务局等部门颁布的大量的部门规章和规范性法律文件。

1. 税务管理

税务管理是税收征收管理的前提和基础性工作,主要有税务登记、账簿和凭证管理、纳税申报等内容。

税务登记是纳税人在开业、变更或终止时向税务机关办理登记的法定手续。

根据《税收征收管理法》及其实施细则的规定,纳税人、扣缴义务人应当自领取营业执照之日起15日内,按照国务院财政、税务主管部门的规定,设置账簿,并根据合法有效的凭证进行记账、核算。

纳税申报是指纳税人、扣缴义务人按照法律、行政法规的规定,在法定的申报期限内就纳税事项向税务机关书面申报的一种法定手续。

2. 税款征收

根据《税收征收管理法》的规定,税务机关按照法律、行政法规的规定征收税款,不得违反法律、行政法规的规定开征、停征、多征、少征、提前征收、延缓征收或者摊派税款。

纳税人未按照规定期限缴纳税款的,扣缴义务人未按照规定期限解缴税款的,税务机关可以责令限期缴纳,并从滞纳税款之日起,按日加收滞纳税款万分之五的滞纳金。

3. 税收保全措施

税务机关为保证税款征收权利将来得以实现,对有明显逃避纳税义务行为的纳税人的财产可以采取税收保全的强制措施。包括书面通知纳税人开户银行或者其他金融机构冻结纳税人相当于应纳税款金额的存款,扣押、查封纳税人的价值相当于应纳税款的商品、货物或其他财产。

4. 税收强制执行措施

税收强制执行措施是指税务机关在纳税人、扣缴义务人或者纳税担保人未按规定期限履行相应义务时,依法定程序强制其履行义务的行为。主要包括:书面通知其开户银行或其他金融机关从其存款中扣缴税款;扣押、查封、依法拍卖或变卖其价值相当于应纳税款的商品、货物或其他财产,以拍卖或者变卖所得抵缴税款。

5. 违反税法的法律责任

违反税收法律制度应当承担法律责任。《税收征收管理法》及其实施细则和《刑法》做出了相应的规定,主要包括以下方面:

(1) 违反税务管理行为的法律责任。

具体包括纳税人不办理税务登记,未按照规定使用税务登记证件,或者转借、涂改、损毁、买卖、伪造税务登记证件,未按照规定的期限办理纳税申报和报送纳税资料等违法行为。纳税人承担的法律责任主要有责令限期改正、罚款、吊销营业执照等行政责任。

(2) 欠税、偷税、骗税、抗税的法律责任。

欠税、偷税违法行为的纳税人承担的法律责任主要是:由税务机关追缴欠缴、不缴或者少缴的税款、滞纳金,并处欠缴、不缴或少缴税款百分之五十以上五倍以下的罚款;构成犯罪的,依法追究刑事责任。

对于骗税的纳税人,由税务机关追缴其骗取的退税款,并处骗取退税款一倍以上五倍以下的罚款;构成犯罪的,依法追究刑事责任。

对于抗税的纳税人,除由税务机关追缴其抗缴的税款、滞纳金外,依法追究刑事责任。

情节轻微，未构成犯罪的，由税务机关追缴其拒缴的税款、滞纳金，并处拒缴税款一倍以上五倍以下的罚款。

(3) 税务人员违反税法的法律责任。

税务人员的违法行为主要包括：

税务人员利用职务上的便利，收受或者索取纳税人、扣缴义务人财物或者谋取其他不正当利益；

税务人员徇私舞弊或者玩忽职守，不征或者少征应征税款，致使国家税收遭受重大损失；

税务人员滥用职权，故意刁难纳税人、扣缴义务人等行为。

上述违法行为应追究行政责任，构成犯罪的追究刑事责任。

小案例　妇女"三期"劳动合同纠纷案

付女士于2012年6月加入某私营企业担任出纳一职，双方签订三年固定期限劳动合同，合同期限从2012年6月30日到2015年6月29日止。合同中约定付女士的月基本工资为1 800元，加上岗位工资每月共计3 500元，公司没有给付女士交纳社会保险。

2014年7月，付女士怀孕，之后一直坚持工作，只是有时按照医院的要求进行产前检查，但每次产检公司都将此算作事假，并扣发付女士相应的事假工资。2015年4月5日，付女士以剖宫产的方式生下一女。刚出满月不久就接到公司人事部门的电话，说她和公司的劳动合同6月底到期，公司不准备和她续签合同，因此提前一个月通知，告知付女士在6月底之前到人事部门办理离职手续，没有经济补偿。

因为公司没有给付女士交社会保险，因此付女士怀孕生孩子的费用都是自费，这下又被公司解除了劳动合同，付女士觉得不能再忍下去了，于2015年7月初申请了劳动仲裁，要求公司补交医疗保险，而且因为自己属于受保护群体，不能被解除劳动合同，要求公司续签劳动合同。

思考：

1. 根据劳动法律的相关规定，你认为劳动仲裁的结果是什么？说明理由。
2. 新创企业如何防范劳动用工方面的法律风险？

【知识应用】

1. 找出涉及逃税的知名公司的案例，分析纠纷给公司业务带来的影响。
2. 收集"女子十二乐坊创意"纠纷案的资料，从该纠纷中能得到什么启示？

任务四　新创企业的社会责任及承担

【任务情境】

小李在居民区里开了一个餐厅，生意不错。夏季到来后，小李在餐厅门口的人行道上摆了几排餐桌餐椅,把人行道的一半面积改成了大排档。为了丰富菜肴的花色品种,餐厅又增加了多种食材的烧烤。经过这一改造,餐厅的生意更加红火。每到夜幕降临,餐厅门前坐满了边喝啤酒边吃烧烤的顾客,很是热闹。

小李赚钱赚得眉开眼笑,居民区里的住户却遭了殃:人行道被占,通行困难;食客的嬉笑喧哗声加上餐厅的音乐声,吵得人不得休息;餐厅为了节约成本没有安装符合要求的排油烟装置,烧菜和烧烤的油烟随风飘散,附近的居民都不敢开窗户;洗碗洗菜的污水和残羹剩饭直接倒进人行道边的下水井里,把下水井都堵住了……周围的居民在多次向餐厅提意见无果后,分别向环保部门、工商部门和公安部门投诉。

任务要求:
1. 居民认为小李的餐厅行为不当的理论依据是什么?
2. 餐厅的可持续发展性如何?说明理由。

【相关知识】

企业不仅仅是谋取自身利益最大化的经济体,作为社会的细胞体,企业还是社会整体财富积累、社会文明进步、环境可持续发展的重要推动者。企业在发展过程中,需要充分考虑经济、社会、环境这三重底线,需要对员工、消费者、供应商、社区、环境等一系列对象负责。企业需要承担社会责任。

一、企业社会责任的概念及内容

(一)企业社会责任的概念及发展历程

企业社会责任,是指企业在创造利润、对股东和员工承担法律责任的同时,还要承担对消费者、社区和环境的责任。它要求企业必须超越把利润作为唯一目标的传统理念,强调要在生产过程中对人的价值的关注,强调对环境、消费者、社会的贡献。企业社会责任的概念最早由西方国家提出。

企业社会责任思想的起点是亚当·斯密的"看不见的手"。古典经济学理论认为,一个社会最好能够通过市场确定其需要,如果企业尽可能高效率地使用资源以提供社会需要的产品和服务,并以消费者愿意支付的价格销售它们,企业就尽到了自己的社会责任。

19世纪中后期,企业制度逐渐完善,劳动阶层维护自身权益的要求不断高涨,加之美国政府接连出台《反托拉斯法》和《消费者保护法》以抑制企业的不良行为,企业社会责任观念的出现成为历史必然。

20世纪70年代,西方社会经济观点认为,利润最大化是企业的第二目标,企业的第一目标是保证自己的生存。为了实现这一点,他们必须承担社会义务以及由此产生的社会成本。

20世纪80年代,企业社会责任运动开始在欧美发达国家逐渐兴起,它包括环保、劳工和人权等方面的内容,由此导致消费者的关注点由单一关心产品质量,转向关心产品质量、环境、职业健康和劳动保障等多个方面。90年代初期,很多欧美跨国公司在劳工和人权组织等非政府组织(NGO)和消费者的压力下,都相继建立了自己的生产守则,后演变为"企业生产守则运动",又称"企业行动规范运动"或"工厂守则运动"。企业生产守则运动的直接目的是促使企业履行自己的社会责任。到 2000 年，全球共有 246 个生产守则，其中除 118 个是由跨国公司自己制定的外，其余皆是由商贸协会或多边组织或国际机构制定的所谓"社会约束"的生产守则。这些生产守则主要分布于美国、英国、澳大利亚、加拿大、德国等国。2002 年，联合国正式推出《联合国全球协约》，希望公司在对待其员工和供货商时都要遵循其规定的九条原则。

企业社会责任建设工作在中国近十几年的发展大致经历以下三个阶段：

第一个阶段：从 20 世纪 90 年代中期到 21 世纪初，在国际销售商、品牌商的推动下，逐步重视社会责任问题，建立了在国际采购中实施社会责任方面的准则、标准或体系。中国企业开始接受跨国公司实施的社会责任方面的工厂审核。

第二个阶段：从 21 世纪初到 2006 年，企业社会责任开始得到广泛关注。中国的学术机构、非政府组织以及在华国际组织开始对社会责任进行系统的介绍和广泛的研究、讨论。政府部门也开始关注企业社会责任建设工作。劳动部、商务部调查中国企业社会责任建设情况。

第三个阶段：2006 年修订的《公司法》第五条第一款规定：公司从事经营活动，必须遵守法律法规，遵守社会公德、商业道德，诚实守信，接受政府和社会公众的监督，承担社会责任。《公司法》中明确了承担社会责任是企业的一项法定义务。

（二）企业社会责任的内容

企业社会责任的内容是企业到底应当对哪些利益相关者承担社会责任，即企业社会责任的相对方包括哪些实体及对其承担社会责任的具体内容。具体来说，企业社会责任主要包括以下内容：

1. 企业对员工的责任

员工作为当今公司人力资本的所有者，在公司中的地位越来越重要。他们的利益实现与否也一直是各国企业社会责任的重要内容之一。

我国《公司法》规定，公司对员工承担的社会责任有：

一是按时足额发放劳动报酬，不得无故克扣、拖延，并根据社会发展逐步提高工资水平；

二是改善劳动环境条件，坚持做到安全、卫生，杜绝重大伤亡事故的发生，积极预防职业病；

三是建立规范的职业教育和岗前培训制度，可以使员工有机会提高自身的素质和水平；

四是完善工会、职工董事和职工监事制度，培育良好的企业文化。

2. 企业对消费者的责任

所谓消费者，是指为生活消费需要购买、使用商品或者接受服务的公民个人和单位。广大的消费者是企业产品的最终使用者，企业是有义务保证产品质量的，因此保障广大消费者的权益是公司不可推卸的责任。承担这种责任表现在以下四个方面：

一是保证产品的质量及服务安全，严厉打击、杜绝假货，营造安全的消费环境；

二是丰富产品的市场以满足消费者各方面需求；

三是保证售后服务，及时为消费者解决问题，这样公司一方面可以在客户当中树立良好的口碑，另一方面也可以为社会创造更多的财富；

四是诚实守信，提供正确的商品信息，确保消费者的知情权及保障消费者自主选择的权利。

3. 企业对债权人的责任

我国《公司法》将保护债权人的合法权益作为立法目的之一。公司的股东和公司的债权人这两类利益群体在公司的经济活动中与公司的关系是最密切的。这种责任主要包括三个方面：

一是按照法律法规和公司章程的规定，及时准确地披露公司信息，不编造、不隐瞒；

二是做到诚实信用，不滥用公司人格。

三是积极主动地偿还债务（《公司法》规定：清算组应当自成立之日起10日内通知债权人，并于60日内在报纸上公告）。

4. 企业对环境保护的责任

对环境的保护不仅仅关系到我们这一代人的切身利益，还关系到子孙后代的生存与发展，是实现可持续发展的前提和关键。在保护环境方面，企业应责无旁贷地做出贡献。一方面，企业应该懂得合理利用资源，节约生产成本，坚持清洁生产和使用绿色工艺；另一方面，要自觉有效地处理"三废"，防止环境污染，资助环保事业。

5. 企业对政府的责任

在现代社会，政府正日益演变为社会的服务机构，扮演着为公民和各类社会组织服务和实施社会公正的角色。在这种制度框架下，企业要扮演好社会公民的角色，自觉按照政府有关法律、法规的规定，合法经营、照章纳税，承担政府规定的其他责任和义务，并接受政府的监督和依法干预。

6. 企业对社会公益的责任

企业在社会公益方面的责任最为广泛，这也是企业社会责任最初的含义，它包括向医院、福利院、贫困地区提供捐赠，为残疾人、特困人群、下岗职工等提供岗位，为教育机构提供奖学金和助学金，为社区提供就业机会，等等。企业是社会的组成部分，要融入社会就必须承担社会责任。

小资料

伊利股份：公益之心温暖社会

伊利股份作为一个有责任、有担当的企业，一直以来都保持着一颗公益之心。多年来，伊利股份在全国范围内开展了"伊利方舟""伊利兴趣课堂""伊利爱心图书室""伊利爱心温暖包""伊利光明行"等公益活动，受到了社会各界的广泛好评。

针对突发性的自然灾害与重大社会事故，伊利股份建立了企业社会责任内外应急预案系统，以确保第一时间做出反应。在四川汶川、芦山地震，浙江余姚水灾等自然灾害中，伊利股份都为灾民们送去了急需的物资和实实在在的援助。

此外，伊利股份发起的关注儿童成长安全的教育类公益项目——"伊利方舟"也成为其公益事业的重要组成部分。该项目致力于打造儿童安全公益行动平台，让更多人关注并参与其中，共同保护儿童安全成长。4年来，"伊利方舟"在不断深入各地去教会孩子自我保护、教会老师提升安全教育工作的同时，也在关注着全社会的儿童安全问题，并针对这些问题不断创作公益影片，希望通过影像和传播的力量，去影响更多的人提升儿童安全意识和技能。

伊利股份的"伊利方舟"公益项目得到了进一步的肯定，在首个国家级原创公益影视大奖颁奖盛典——"中国公益映像节"上，"伊利方舟"的两支公益影片分别摘下两项大奖。"伊利方舟"防拐微电影《你在哪》获得"企业社会责任创新奖"，同时，"伊利方舟"纪录片《留守儿童，选择坚强》获得了优秀作品奖。

如今，"伊利方舟"的活动已遍布全国25个省市地区，开展了70余场儿童安全专项培训，涵盖防拐防走失、交通安全、日常生活安全等近20个主题，直接让20余万孩子、老师、家长受益。我们相信，在伊利股份公益事业的不断深入发展下，会有越来越多人得到帮助，我们的社会也将更加温暖。

（资料来源：http://news.xiancity.cn/readnews.php?id=340225）

二、企业社会责任的承担

企业在诸多因素的制约和影响下承担社会责任，企业自身能力的变化是企业承担不同社会责任的主要制约因素。有学者提出了企业社会责任的三级递推模型：第一层级反映的是企业初期的基本社会责任，即通过合法经营，为消费者提供合格的产品和服务，同时为股东创造利润，为国家创造税收；第二层级是企业社会价值观和基本责任行为，包括关注企业员工、消费者权利和保护环境等社会责任；第三层级是企业为了改善社会环境、实现企业与社会和谐共处承担的社会责任。这三个层级从基本经济责任、法律责任到道义责任逐步递进，共同构建了企业社会责任系统。

（一）初创期——依法生产和经营

1. 依法生产和经营

处于初创期的新创企业受内在能力以及发展理念的限制，积极承担法律责任和经济责任是新创企业这个时期最主要的任务。只要新创企业合法经营，同时为消费者提供合格的产品和服务，依法向政府缴纳税收，为社会提供就业机会，就满足了社会对初创期企业的基本期望。

2. 关注股东利益

初创阶段的企业面临诸多威胁，资金和市场是其中最为关键的因素。股东是大多数新创企业资金的主要提供者，这一阶段的新创企业更注重经济利益的获得，因此维护股东利益和拓展市场就成为这一时期新创企业的关注重点。

（二）成长期——基于利益相关者的社会责任扩散

1. 关注与保障员工权益

企业对员工负有不可推卸的责任。企业主要通过改善员工工作条件、增加工作保障、提高员工福利和扩大员工权利等方式来承担责任，从而使得企业内部员工的工作积极性不断提高，同时吸引来自企业外部的优秀员工，推动企业与员工之间的关系和谐发展，为企业进一步发展聚集资源和力量。

2. 保护消费者的利益

企业最基本的价值在于满足消费者的需求。保护消费者权利无疑是企业的主要社会责任。具体来说，企业对消费者应该承担四种社会责任：使消费者获得安全产品与服务的权利；使消费者获得有关产品充分信息的权利；使消费者具有自由选择产品的权利；保证消费者具有申诉的权利。

3. 保护环境

在生产过程中，企业将新产品的开发、设计、包装和使用服务等环节都纳入环境生态安全、保护人类健康的轨道之中，将绿色生产的理念纳入企业的经营决策之中。在运营过程中，企业节约使用资源，避免因设备、技术落后以及生产缺乏规范的环境保护措施而造成的环境问题。

（三）成熟期——锻造多层次全方位的责任模式

成熟期的企业开始进入快速发展的良性循环时期，考虑的社会目标由企业经济利润最大化的短期目标转向为企业与社会和谐发展的长期目标。同时，企业的社会责任目标由提供高质量的产品和服务上升到企业经营理念上的主流价值取向，从而获得竞争优势，实现品牌效应。

1. 以信任和责任为基础打造优质企业文化

社会责任理念是企业建设和形成优秀企业文化的基础，企业应致力于保障消费者、员工以及其他的利益相关者的权益，树立以员工、顾客为本的价值观和人与自然和谐发展的生态文明观。

2. 行业内企业互动履约

反对不正当竞争，谋求企业的可持续性发展。

3. 深化企业对社区的社会责任

企业有责任在加快自身发展的同时，为社区居民提供就业机会，繁荣社区经济生活，并根据自身的能力，积极关心、主动赞助社区的慈善事业，支持社区的文化、福利事业，并积极参与社区公益活动。

4. 积极开展公益慈善事业，提升企业形象

企业应积极促进社会公正，支持社会公益活动和文化教育活动等，并把社会责任作为企业品牌的有机组成部分，为提升企业形象而努力。

（四）衰退期及蜕变期——坚守责任，完美蜕变

经过了成熟期，由于衰退期的市场规模缩小、利润急剧下降，企业的社会责任目标由慈善责任向道德责任甚至基本经济与法律责任转移，关注的利益相关者群体也相应减少，因此企业需要量力而行，积极承担对利益相关群体的社会责任，最终可能成功蜕变为一个新的企业生命体。

小案例   **"魏则西事件"引发的百度信任危机**

"魏则西事件"可以称得上是 2016 年国内最受关注的社会公众事件之一。魏则西，西安电子科技大学 2012 级学生，2014 年 4 月被查出得了恶性滑膜肉瘤。2014 年 9 月至 2015 年年底，通过百度搜索和央视得知"武警北京总队第二医院"（简称"武警二院"）后，魏则西先后在武警二院进行了 4 次生物免疫疗法的治疗，花了 20 多万元，非但没有达到医生

承诺的保10年20年的疗效，反而不到几个月的时间肿瘤就转移到了肺部。

事后，魏则西通过在知乎网上认识的一个美国留学生，得知武警二院的所谓从美国斯坦福引进的生物免疫疗法，在国外因为有效率太低，在临床阶段就被淘汰了，美国根本就没有医院用这种技术，可到了国内却成了"最新技术"。2016年3月30日，魏则西在知乎网上记录了自己的这段求医经历，当时没有太多反响。2016年4月12日，魏则西因为病情迅速恶化去世，其后知乎网上他求医经历中关于武警二院和百度搜索的内容才引发公众的广泛关注，被称为"魏则西事件"。

"魏则西事件"将百度搜索和百度推广推到了舆论浪尖。在这个公众信息相对透明的时代，很快这件事背后的北京武警二院、承包医院科室的莆田系医院等"黑手"开始浮出水面。之后事件迅速发酵，莆田系民营医院、百度推广、部队医院承包体制以及医疗监管制度等话题成为全民关注焦点。2016年5月2日，搜狐网发出了一篇重点文章《起底调查：引发公愤的医院科室背后是莆田系身影》，指出"乱象源于部队医院不归卫计委管理"。随后，国家有关部门组成联合调查组介入，勒令百度进行整改，并出台互联网广告相关管理办法，明确互联网广告不能写"推广"，而要明示为"广告"。

虽然相当一部分网友认为医疗监管部门应该对魏则西的去世负主要责任，但不可否认的是，"魏则西事件"中最大的输家就是百度。百度美股股价遭遇大跌，一夜之间市值缩水近350亿元。"魏则西事件"中广受质疑的"竞价排名"引发了公众对百度的信任危机，有网友戏称百度为"百毒"。2017年2月8日，网曝百度医疗事业部被裁撤，百度相关媒体负责人回应称只是正常调整，其在医疗领域AI和服务仍会加大投入。

（根据网络相关资料整理）

思考：
1. 从企业社会责任角度分析"魏则西事件"对百度的影响。
2. 百度应如何重塑企业形象，恢复公众信任？

【知识应用】

1. 点评德国大众的尾气"排放门"事件。
2. 结合小资料中的伊利股份热心办公益的案例，谈一谈对企业社会责任的认识。

【模块知识小结】

本模块主要是有关新创企业的相关法律知识。在我国，新创企业可以选择的法律组织形式主要有：个人独资企业、合伙企业、有限责任公司（包括一人有限责任公司）和股份有限公司。每种法律组织形式各有利弊。创业者可以根据投资者的资本和规模、企业税费负担和运营成本负担、利润分配与责任承担、组织存续期限等因素选择合适的企业组织形式。

新企业的申办环节主要由工商注册登记、税务登记等一系列程序组成，不同类型企业的具体程序不同。为了推进大众创业，2014年的公司注册资本制度改革取消了入资、验资程序，简化了公司设立流程。2016年10月实施的"五证合一、一照一码"在更大范围内实现了信息共享和业务协同。

创业者在创建和经营企业的过程中，必须了解和遵守有关法律法规，以确保自身和他人的利益不受非法侵害。与创业有关的法律主要有知识产权法（包括专利法、商标法和著作权法）、合同法、劳动法、税法等。

企业除了谋取自身利益最大化外，还需要承担社会责任。企业不仅需要对员工、消费者、债权人、政府等利益相关者承担责任，还需承担环境保护、社会公益等方面的责任。

【复习思考题】

1. 企业有哪些法律组织形式？它们有哪些特点？创业者应该如何选择合适的企业组织形式？
2. 法人制度和企业治理结构的含义是什么？
3. 设计新创企业的名称时应注意哪些法律问题？
4. 有限责任公司的设立条件有哪些？进行工商登记需要经过哪些步骤？
5. 劳动法律法规对新创企业有哪些影响？
6. 税收法律规定对新创企业有哪些影响？
7. 企业社会责任的主要内容是什么？企业如何承担社会责任？

【案例训练】

"乔丹"商标纠纷案

乔丹体育股份有限公司（简称"乔丹体育"）1984年成立于福建省晋江县（今为晋江市），而乔丹体育使用的主要商标"乔丹"在2003年前注册完成。截至2011年6月30日，乔丹体育已建立起覆盖中国31个省、直辖市和自治区的市场营销网络。乔丹体育经过多年发展，品牌价值达10亿美元以上，在中国拥有6 000余家门店，有员工8万多人。

2000年以来，乔丹体育在多个商品注册了"QIAODAN""侨丹""乔丹王"等多个商标。在该公司注册的商标中，杰弗里乔丹、马库斯乔丹、JIEFULIQIAODAN、MAKUSIQIAODAN等字样赫然在列。这几个商标与迈克尔·乔丹两个儿子的英文名字、中文音译名字相同。

耐克公司与迈克尔·乔丹有长期合作关系，并建立了"Air Jordan"高端子品牌，在全球范围内销售该品牌的运动鞋和服装的特许经营权。"Air Jordan"品牌虽然进入了中国市场，但是并没有注册使用对应的中文名称。耐克公司只有文字商标"Michael Jordan"和两个图形商标在中国获得注册。

2012年2月23日，迈克尔·乔丹（Michael Jordan）向中国法院提起诉讼，指控乔丹体育在未经授权的情况下滥用其姓名和形象，要求乔丹体育停止侵权，赔偿精神损失费5001万元。其中方代理人表示：迈克尔·乔丹是知名篮球运动员，中国公众看到与"乔丹""QIAODAN"相同或近似的标识时，会将其与迈克尔·乔丹本人相联系，而收集到的证据可以充分证明，乔丹体育的商标已经和迈克尔·乔丹产生一一对应的关系。第三方的调查显示，消费者误以为乔丹体育就是乔丹本人的品牌，社会公众对产品来源产生了混淆和误认，因此乔丹体育的行为扰乱正常的社会秩序，产生了不良社会影响。

面对"飞人"的指控，乔丹体育在其网站上发表公开声明，强调中文"乔丹"是该公司依照中国法律申请注册并享有专用权的注册商标，该公司对注册商标的合法使用行为受中国法律的保护。该公司使用的主要图形商标"乔丹"已于2005年被国家工商行政管理总局商标局认定为驰名商标,中文文字商标"乔丹"于2009年被认定为驰名商标。虽然商号及主要产品商标"乔丹"与美国前职业篮球球星 Michael Jordan 的中文音译名"迈克尔·乔丹"姓氏相同,但乔丹体育和迈克尔·乔丹不存在任何商业合作关系,也未曾利用其形象进行企业、产品宣传。

2014年10月,北京市第一中级人民法院经开庭审理后做出一审判定,"乔丹"只是常见的美国人姓氏,乔丹体育股份有限公司注册、使用"乔丹"系列商标的行为不侵犯迈克尔·乔丹的姓名权或肖像权。迈克尔·乔丹不服一审判决,提起上诉。对于迈克尔·乔丹与乔丹体育的商标争议案,北京市高级人民法院二审后于2015年7月27日公布了二审判决书,判决书认为:公民的姓名权、肖像权作为在先权利受《商标法》的保护。具体到本案,虽然"Michael Jordan"中文翻译为"迈克尔·乔丹",但争议商标中的"乔丹"并不唯一对应于"Jordan",且"Jordan"为美国人的普通姓氏而不是姓名,故现有证据不足以证明"乔丹"确定性指向"Michael Jordan"和"迈克尔·乔丹",故迈克尔·乔丹主张争议商标损害其姓名权的依据不足。肖像权是自然人基于其肖像而享有的人格权益,肖像应清楚反映人物的主要容貌特征,至少应清楚到社会公众能够普遍将该肖像识别为肖像权人。本案中,争议商标图形部分的人体形象为阴影设计,未能清楚反映人物的容貌特征,相关公众难以将争议商标中的形象认定为迈克尔·乔丹。因此,迈克尔·乔丹要求撤销乔丹体育的争议商标的上诉理由依据不足,法院不予支持。

2016年4月26日,最高人民法院公开开庭审理申请人迈克尔·乔丹与被申请人国家工商行政管理总局商标评审委员会、一审第三人乔丹体育股份有限公司10件商标争议行政纠纷系列案件。2016年12月8日,最高人民法院判决乔丹体育股份有限公司对争议商标"乔丹"的注册损害迈克尔·乔丹的在先姓名权,违反《商标法》,撤销一、二审判决,判令商标评审委员会重新裁定。同时认为迈克尔·乔丹对拼音"QIAODAN""qiaodan"不享有姓名权,认定拼音商标"QIAODAN"及"qiaodan"未损害迈克尔·乔丹的在先姓名权。

(资料来源:根据"2·23乔丹商标案"百度百科资料整理)

思考与训练:
1. 根据现有法律规定谈谈对三级法院判决的看法。
2. 分析商标权纠纷案给乔丹体育业务发展带来的法律风险。
3. 从这起纠纷案中能得到什么启示?

【能力训练】

有人曾经比较中国香港和大陆地区在新企业注册管理方面的差异,说香港是"不监管出生,但注重出生后的监管",说大陆是"重视出生监管,出生之后则不重视监管了"。请在调查分析的基础上,讨论上述观点。

模块八

新创企业的经营管理

【学习目标】

能力目标

通过本模块的学习和训练,能够做到:
1. 根据市场调研知识,结合营销方法训练,进行市场分析、营销策划与营销管理;
2. 根据客户寻找程序和客户培养秘诀,对客户实施差别化管理;
3. 根据品牌经营关键因素,对企业品牌口碑进行有效的传播;
4. 根据培养企业核心竞争力的途径,协助决策层培养新创企业的核心竞争力;
5. 通过企业现金流知识的学习和训练,正确分析企业财务的三大报表。

知识目标

通过本模块的学习,应该能:
1. 掌握现代市场营销方法;
2. 掌握客户差别化管理方法;
3. 掌握品牌口碑的传播方式;
4. 了解企业核心竞争力的培养途径;
5. 掌握分析企业财务三大报表的方法。

素质目标

1. 通过客户、品牌、竞争及财务等方面知识的学习和训练,提高企业经营管理素养;
2. 通过本模块知识的学习和工作任务的训练,培养创新精神和创业精神。

创业者在完成选定创业项目、整合资源、组建团队、设计商业模式、制订创业计划、创业融资、创立企业之后，必须对新创企业进行营销管理、客户服务管理、品牌经营管理、竞争策略制定、财务管理等庞大复杂的经营管理，这样才能使新创企业顽强地生存下去，并且顺利发展和壮大。

任务一　新创企业的营销管理

创业的过程实质上是对营销理论的一次伟大的实践过程！市场犹如大海，创业犹如冲浪，营销就是创业者的冲浪板。

【项目情境】

你正在一间教室里上市场营销课，其中老师提了一个问题让全班同学讨论：如何把梳子卖给和尚？大家都认为这是一个很奇葩的问题！和尚没有头发，怎么可能把梳子卖给他呢？课堂讨论结束后，老师讲了卖梳子的六种方法，其中有一种方法让大家惊叹不已。

卖梳子的这个人来到了一座寺庙，想把梳子卖给一个和尚，可和尚连说不需要。但那个人与和尚又说了一番话之后，和尚竟代表寺院从他那里买了一万把梳子。

原来他告诉和尚：梳子是善男信女的必备之物，经常被女香客带在身上，如果大师能为梳子开光，让梳子成为她们的护身符，这样既能积善行德，又能保佑平安，很多香客还能为自己的亲朋好友请上一把，保佑幸福安康。梳子弘扬佛法，扬您寺院之名，岂不是天大善事？大师岂有不做之理？

"阿弥陀佛，善哉！善哉！"大师听了双手合十，"施主有这番美意，老衲岂能不从？"寺院便买了一万把，取名"积善梳""平安梳"，由大师亲自为香客开光，竟十分兴隆。当然，开光所捐的善款也不菲啊！

任务要求：

1. 这个卖梳子的人借助和尚与寺院，把梳子的价值最大化了，你怎么解释这个观点？
2. 如果这个卖梳子的人自己创业，你认为他具备新创企业成功营销所必备的要素吗？

【相关知识】

完成"任务一　新创企业的营销管理"所需要掌握的相关知识包括：准确地开展市场调研活动、新创企业成功营销的必备要素、掌握现代市场营销方法。

一、准确地开展市场调研

开展市场调研，主要包括两个方面：一是结合新创企业项目开展市场调研活动；二是针对新创企业市场环境开展调研活动。

（一）结合新创企业项目开展市场调研活动

新创企业需要有针对性地开展市场调研活动，尤其要结合自身的创业项目开展市场调研，使调研活动更具有契合性、对接性、价值性。

1. 通过调研根据新创企业项目细分市场

新创企业通过市场调研，结合自己的创业项目，根据消费者需求的异质性，把整个市场划分成不同的消费者群，形成相对集中的细分市场，在异质市场中求同质，使新创企业能够集中、优化有限的资源，更好地满足范围相对较小的细分市场，再从各个细分市场中锁定目标市场。

2. 通过调研针对新企产品锁定目标市场

创业者及其新创企业通过市场调研，找到需集中精力去满足其需求的消费群体，这个群体的集合即为目标市场。新创企业锁定目标市场之后，随之提供有针对性的产品、商品或服务，满足目标市场的需要。

3. 通过调研竞品占领定位市场

创业者及其新创企业通过调研，根据竞品及其服务在市场上的地位，针对目标消费者的偏好，强有力地推出自己与众不同、个性鲜明的产品、商品或服务，塑造新创企业及其产品、商品或服务形象，占领市场，蓄积竞争优势。

（二）针对新创企业的市场环境开展调研活动

市场环境是新创企业生存与发展的具体环境，涉及市场需求、市场竞争等众多因素。新创企业对市场环境的调研即对直接影响与制约新创企业营销活动的各种市场因素展开调研。

1. 新创企业对产品或商品市场需求进行调研

市场需求即为一定时期、一定市场范围内，对某种商品或服务愿意而且能够购买的数量，即消费者需求的总和，亦称市场潜力，是市场环境的重要构成元素。市场需求的多少决定于市场规模的大小，对新创企业的营销策略具有重要影响。通过对消费者数量和结构、消费者购买力、消费者购买行为等市场需求环境的调研，掌握市场容量，可为新创企业安排业务计划、确定生产和销售规模提供重要依据。

2. 新创企业对目标市场潜在竞争者进行调研

新创企业在目标市场中的潜在竞争者是指目前对新创企业还不能构成威胁，但将来可能具有威胁性的一些蓄势待发的竞争企业。潜在竞争者威胁的可能性大小取决于进入行业的障碍程度，以及行业内部现有企业的反应情况。新创企业进入目标市场的障碍主要有六个方面，即规模经济、品牌忠诚、资金要求、分销渠道、政府限制及其他方面（比如专利的障碍等），这些都能构成威胁而形成市场竞争环境。通过调研，新创企业可以前瞻性地为自己制定有效的竞争策略，应对市场竞争环境。

二、新创企业成功营销的必备要素

新创企业成功营销的必备要素主要包括三项：营销知识结构、营销策划能力、营销管理素养。

（一）营销知识结构

营销知识结构是新创企业成功营销的必备要素之一。创业者拥有营销知识，则创业可能成功；没有营销知识，则创业很难成功。创业者掌握营销知识与技能会使其创业更加专业。营销知识能提升创业者的创业能力，是新创企业经营所必备的养料。

1. 营销知识可以提高创业者的市场分析能力

创业者拥有营销知识可以提高分析能力，这有利于降低选择创业项目的风险，有利于正确制定新创企业的战略。市场调研知识可使创业者准确捕捉到创业信息和商机,通过营销环境分析可以锁定新创企业的经营模式。

2. 营销知识渗透贯穿于创业活动的全过程

营销理念可为创业者开启创业思维,营销新方式可为新创企业拓展经营思路。创业者"懂营销"有时比"懂产品"更加重要,营销知识可以助其识别和捕捉市场机遇,创业者及其新创企业都需要营销知识的积蓄与滋养。

(二) 营销策划能力

营销策划能力是新创企业成功营销的必备要素之一。营销策划能力有利于创业者布控新创企业的经营格局。创业者可从营销要素切入创业活动,找到理想的创业项目;营销策划能力可使创业者的创业项目更富有创新与创意元素,可使新企产品策略的制定更具针对性,使新企产品的价格更具竞争力,使新企产品的分销渠道更加畅通,使新创企业的资源配置更加优化。

(三) 营销管理素养

营销管理素养是新创企业成功营销的必备要素之一。创业者实施有效的营销管理,可以规避新创企业的经营风险。营销管理素养可以提升创业者的创业管理能力,而营销管理能力又是创业管理能力的具体体现。新创企业的营销活动实质是一项复杂的管理活动,在计划与评价的管理环节上,营销活动与创业活动实现对接;在协调与控制的管理环节上,营销活动与创业活动思路相通。

小资料   **冬奥会开幕式五环少一环被商家借势营销**

2014年2月8日凌晨0点14分,俄罗斯索契冬奥会正式开幕,大屏幕上当五朵雪绒花绽开,形成奥运五环之际,位于右上角的那一朵雪绒花却戛然终止不开放,导致奥运五环没有完美形成,主办方尴尬不已,官方已经承认是技术故障。沃尔沃借势营销,刷存在感,这既是一种创意,又是一种调侃。

(资料来源:http://www.sohu.com/?strategyid=00005)

三、掌握现代市场营销方法

新创企业需要掌握的现代市场营销方法主要有:病毒营销、饥饿营销、借势营销、软文营销、社会化媒体营销。

(一) 病毒营销

病毒营销是常见的现代市场营销方法之一。病毒营销亦称病毒式营销，是指企业经过策划，将其产品或服务等信息加工并包装成具有杀伤力的"病毒"，使传播者为其自发自愿、无限地复制和传播，使"病毒"以几何级数增长的传播速度自由蔓延和扩散，最后实现企业营销目标的一种网络营销方法。

该营销成功的关键点在于找到有感染力的"病原体"，将热点话题融入其中，制作出有独特创意的"病毒"，赋予其新闻性、新奇性、娱乐性，使病毒传播者获得快感，锁定"免疫力"较差的易感染人群设计引爆点，使每位病毒宿主都能随时激活、发酵和扩散。

(二) 饥饿营销

饥饿营销是现代市场营销方法之一。饥饿营销亦称饥饿式营销，是指企业在线上线下发布大量广告进行宣传造势，诱发消费者购买欲望，吊起消费胃口，随即采取囤积惜售、供货休克手法，制造供不应求的热销假象和恐慌气氛，让消费者苦苦等待，顺势提价销售或为日后大量销售积蓄人气的一种促销方法。

该法利于维护产品形象和高价位、提高品牌附加值，比较适合单价高、不易形成单个重复购买、且有一定的差异性、业已形成一定品牌黏性的产品。若产品市场竞争不充分、消费者心态不成熟、不可替代性较强，饥饿营销方式便可发挥至极致。

(三) 借势营销

借势营销是指企业经过策划，激发创意，趁机借助社会热点或焦点事件、名人名企活动等产生轰动效应的强势能量，顺势找到企业与之共存的借势点，创作出联想性、广告性、娱乐性等融为一体的文案作品，使其迅速在媒介中传播，以此提高企业及其产品或服务的关注度、知名度、美誉度的一种顺势谋事的营销方法。

该法集新闻、广告、粉丝效应于一体，强调借势发力、顺风搭车、跟进敏捷、势在必行；要求文案设计有匠心，热点与企业元素的融合有创造性和艺术性。可通过时政新闻、文化活动、关联品、旺销品、意见领袖等切入点进行借势营销。

(四) 软文营销

软文营销是指企业为了达到提升自身及其网站知名度、促进产品销售、塑造品牌形象等目的，策划编写具有隐蔽性广告功能的新闻、评论、案例分析等付费短文，将其在互联网、手机、报纸、杂志等媒介中进行报道、刊发、转载和炒作，从而达到宣传推广目的的一种营销方法。

它是软文广告的拓展和延伸。软文标题要求充满诱惑力；软文内容要求对消费者具有价值性；营销策略以攻心为上，捕获社会热点为切入点，采用心理战术，打动目标受众，使其步入软文设计的"思维圈"。

软文营销的特点是成本低、受众广，感染力和渗透力强、持续力与关注度高。

(五) 社会化媒体营销

社会化媒体营销是利用社会化网络、在线社区、微信、微博、百科或者其他互联网平台媒体来开展营销活动的一种现代营销方法。

社会化媒体主要是指具有网络性质的综合站点，营销信息内容都由用户、粉丝自愿提供，没有直接的雇佣关系，体现的是一种社交思维模式，而不是传统思维模式。

一般社会化媒体营销工具包括论坛、博客、播客、SNS社区、图片和视频等，通过自媒体或新媒体平台、组织媒体平台发布和传播营销信息，开展营销业务。

小案例

小米公司初创时"饿"疯了手机发烧友

北京小米科技有限责任公司（简称小米）成立2010年4月，是中国一家专注于智能硬件、智能家居以及软件开发的企业。小米手机、米聊、MIUI是小米公司旗下的三大核心业务，"为发烧而生"是小米的产品理念，小米公司首创用互联网模式开发手机操作系统，发烧友参与改进的模式。

2011年，小米发布第一款产品"小米手机"。2011年12月18日，小米手机在官方网站开始对个人限量10万发售以及对企业公开发售。凌晨开放购买3小时后，12月在线销售的10万库存已售罄。12月20日15:00，中国联通联手小米公司宣布推出定制版本。12月29日，雷军发布消息。

2012年1月4日中午12:00小米手机第二轮开放购买。每人仅限购买一台手机，同步发售的还有原厂电池（LG电芯）、座充两种新配件。2012年1月11日13:00开始小米手机第三轮手机预订，到1月12日23:00，50万部小米手机已经全部预订完毕，预定于2月1日开始发售。

2012年2月8日，小米召开CDMA电信版手机发布会，发布CDMA版手机，该手机支持CDMA 2000/WCDMA/GSM制式，双模单待。2月16日零点，电信版小米手机首次开抢。2月17日摇号第二日已有超过894 707人次提交摇号申请抢电信版小米手机。2月18日，电信版小米手机摇号活动结束，总共924 370人参与了摇号。2月28日至2月29日，电信版小米手机首轮15万台预订，仅限"小米手机电信首发纪念版"摇号活动参与用户预订。3月1日开放预订。小米手机官网消息称，首轮预订不到半小时，15万台电信版小米手机已经预订一空。按照此前的计划，第一轮预订的日期定在2月28日至2月29日两天，而不到半小时时间就已经预订一空，打乱了原计划，此轮预订提前结束。

（资料来源：http://baike.sogou.com）

思考：
1. 在小米公司创业初期，创业者雷军对小米手机的销售运用的是哪种现代营销方法？
2. 小米新创企业的手机上市推广活动体现了雷军团队的营销策划能力，请解释说明。
3. 你怎样看待小米的产品理念"为发烧而生"？小米手机的目标消费者都有谁？

【知识应用】

1. 微信平台是一种社会化媒体，你用它做过营销吗？请说出你做微商的感觉。
2. 请你把收藏的令你赞叹不已的优秀软文发到朋友圈跟大家分享，同时在课堂上展示与阅读，并且讲解和分析。请你自己试着写一篇软文广告，为某种产品做软文营销。

任务二　新创企业的客户服务管理

【项目情境】

你的校友小张是去年毕业的大学生，目前在一家蛋糕房工作。她昨天中午刚接班时，来了一位客户邱先生。他满脸抱怨地说，昨天上午 10 点在蛋糕房花了 400 元给他的老父亲买了一套生日蛋糕，结果在庆祝老人的家庭生日宴会上，蛋糕发霉变味了，令在场的亲朋好友非常气愤，所以邱先生气冲冲地马上返回蛋糕房投诉。当时小张刚接她的同事小黄的班，根本不知蛋糕事件的来龙去脉，当头遭到邱先生的一顿怒斥。但是小张并没有表现出委屈，而是立即真诚地道歉，说："真对不起，这是我们的错！真诚向您道歉！"然后小张上楼端来一套新做的生日蛋糕呈送给邱先生。她说："邱先生，这是给您换的新蛋糕，请您拿好。影响了您家人过生日，再次道歉！这是返还给您的全部蛋糕款，我们应该受到惩罚！"邱先生很感动，带着蛋糕回家，在生日宴会上把小张的表现说给了 20 多位亲朋好友听，大家都非常动容。后来，邱先生和他的 20 多位亲朋好友只要买相关商品都会去小张的蛋糕房。

任务要求：
1. 请说出你的校友小张培养忠诚客户的秘诀是什么。
2. 小张委曲求全对待客户的服务态度给你带来了哪些启示？
3. 小张主动替小黄承担责任，给外界树立蛋糕房的整体形象，对此谈谈你的感想。

【相关知识】

完成"任务二　新创企业的客户服务管理"所需要掌握的相关知识包括：创业前寻找客户、对客户进行差别管理、培养忠诚客户的秘诀。

一、创业前寻找客户

创业前寻找客户主要从以下两个方面进行叙述：一是要明确寻找客户的含义；二是要遵循寻找客户的程序。

（一）寻找客户的含义

寻找客户是指创业前创业者主动找出潜在客户即准客户的过程。准客户是指对未来新创企业的产品或服务确实存在需求并具有购买能力的个人或组织。寻找客户包含两层含义：一是根据创业项目产品或服务的特点，拟定有可能成为潜在客户的基本条件，框定未来新创企业的客户群体范围、类型以及提供客户服务的重点区域。二是根据潜在客户的基本条件，通过各种线索和渠道来寻找符合这些基本条件的客户。

（二）寻找客户的程序

在开展创业活动之前，创业者几乎不可能知道所有未来新创企业产品或服务的潜在需求者。寻找客户的工作既包括获悉潜在客户是谁，也包括对潜在客户是否会购买进行分析和判断，从而对潜在客户进行筛选。创业者首先要根据项目产品的特征，提出可能成为准客户的条件；然后据此搜集资料，寻找各种可能的线索，拟出一份准客户名单，进行准客户的评估和资格审查，根据审查结果确定潜在客户群；最后对这些准客户进行分析、分类，建立档案，编制拜访计划，进行拜访洽谈。

二、对客户进行差别管理

对客户进行差别管理主要从以下两个方面展开叙述：一是客户差别化管理的关键；二是客户差别化管理的措施。

（一）客户差别化管理的关键

新创企业实施客户差别化管理的关键是客户细分。客户细分是指新创企业在明确的业务模式和特定的市场中，根据客户的属性、行为、需求、偏好以及价值等因素对客户进行分类，并提供有针对性的产品、服务、销售模式。客户细分应该建立在大量翔实的客户信息与数据的收集和处理的基础上。新创企业可以通过各种商业网点收集详细数据，还应该有效地、充分地利用这些信息，对客户信息资料的分析结果实行分类，并针对目标客户提出相应的措施。

（二）客户差别化管理的措施

客户差别化管理的措施主要包括：品牌措施、营销措施、服务措施三种。

1. 品牌措施

新创企业要有明确的市场定位，重视产品创新，在精确分析客户与细分市场的基础上，推出具有吸引力的多样化产品，争做市场第一，抢占市场先机；重视品牌形象的塑造，注重产品的标准化和一致性，实施品牌战略，增强品牌产品在社会公众中的吸引力。

2. 营销措施

新创企业要针对特定客户群体的需要，推出产品及其组合新理念，实施理念营销，以便捕捉客户心理；采取多种营销方式，在客户分析基础之上，实行差异化营销，根据客户贡献度不同，提供各种优惠服务，包括利率优惠、服务费用优惠、特约客户打折等，吸引并留住客户。

3. 服务措施

新创企业要确立"以客户为中心"的服务理念，以服务质量吸引客户，逐步建立一站式服务模式，提供统一标准的服务，使客户随时随地都能享受到优质服务；注重差别化服务，通过客户信息管理系统鉴别客户价值，确定重点服务的客户群体，采取有针对性的营销方式吸引优质客户；在详细了解客户的愿望和需求后，向客户提供最精准的服务，满足客户的个性化需求。

> **小资料** **海尔出色的售后服务提升了客户满意度和忠诚度**
>
> 海尔真诚到永远！！！
>
> 在产品同质化日益严重的今天，售后服务作为销售的一部分已经成为众厂家和商家争夺客户的重要领地。良好的售后服务是下一次销售前最好的促销，是提升客户满意度和忠诚度的主要方式，是树立企业口碑和传播企业形象的重要途径，在这方面海尔无疑是做得最出色

的，也是做得最早的。海尔在售后服务方面积累了大量实战经验，再加上科学合理的改进，其服务模式已经成熟稳定，深得消费者认可，也是众多企业争效模仿的对象之一。

三、培养忠诚客户的秘诀

稳定的客户群是新创企业的重要资源，拥有了客户就能赢得市场。新创企业可以通过客户关系管理，运用一系列手段来实现客户的稳定和长久性。培养忠诚客户的核心秘诀可用三个字来概括："情、理、法"。

（一）情——真情

真情是培养忠诚客户的第一要素。创业者一定要付出真情实意，摆正心态，用情感与客户交往。培养忠诚客户是一个双向动态的情感培养过程，要注意礼尚往来。一个优秀的创业者和经营者要充分了解客户的消费心理，以情动人，这样便可在最短时间内与客户建立感情，实现"爱达（AIDA）"效果，即引起客户注意（Attention）、使客户产生兴趣（Interest）、激发客户购买欲望（Desire）、购买行动完成（Action）。

（二）理——理智

理智是培养忠诚客户的不二法宝。要理性对待客户的抱怨或投诉，在平息客户抱怨的同时，还要了解客户抱怨的原因，把被动转化为主动。要适时建立客户服务部门，设立意见搜集中心，收集更多的客户投诉，并对其进行分类。比如，明确投诉是关于产品质量（功能欠缺或过于复杂、包装不美观、使用不方便等），还是关于服务态度（不守时、服务态度差、服务水平低等）。企业若出现危机，应在第一时间坦诚道歉，通过政府、媒体、网络等，及时理性地开展危机公关，赢得客户的谅解，同时快速出台改进措施，防止客户资源流失。

（三）法——规则

规则是一种管理制度。新创企业必须模范遵守业界公认的经营游戏规则，因为无规矩难以成方圆。新创企业可以适时建立客户会员制度，出台各种优惠措施，比如采用金卡、银卡的方式对那些忠诚的客户给予优惠和特殊待遇，让客户真切地感觉到自己被新创企业所尊重。同时，新创企业要建立定期回访的跟进制度，比如通过上门拜访、电子邮件、微信朋友圈、QQ客户群等方式进行定期感情交流。

> **小案例**
>
> ## 新加坡航空——两个忠诚度创造非凡的价值
>
> 如何通过高质量的产品或服务保持顾客的忠诚度，这是一个令众多公司绞尽脑汁、冥思苦想的问题，因为忠诚的顾客往往带来高额的商业利润。享誉世界的新加坡航空（简称新航）无疑是最有资格回答这一问题的公司之一。
>
> "不管你是一名修理助理，还是一名发放工资的职员，或者一名会计，你都能享受到我们的优质服务。我们能有这份工作，完全是因为客户愿意为我们付费，这就是我们成功的'秘密'。"新航前总裁Joseph Pillay在创业伊始就不停地以此告诫员工，塑造和灌输"关注客户"的思想。事实上，正是持之以恒地关注客户需求，尽可能为客户提供优质服务，新航才有了今天的成就。

在长达三十多年的经营中，新航总是果断地增加最好的旅客服务，特别是通过旅客的需求和预测来推动自身服务向更高标准前进。早在20世纪70年代，新航就开始为旅客提供可选择餐食、免费饮料和免费耳机服务；20世纪80年代末，新航开始第一班新加坡—吉隆坡"无烟班机"；1992年年初，旅客在所有飞离新加坡的新航客机上都可以收看美国有线电视网络的国际新闻；2001年，新航在一架从新加坡飞往洛杉矶的班机上首次推出了空中上网服务——乘客只需将自己的手提电脑接入座位上的网络接口，就可以在飞机上收发电子邮件和进行网上"冲浪"。在过去3年内，新航花费近4亿元提升舱内视听娱乐系统，为近七成（所有远程飞机）飞机换上这个系统，花费了6亿多元来提升机舱娱乐设施和商务舱座位。

随着竞争的加剧，客户对服务的要求也像雨后春笋一样疯长，"人们不仅仅把新航和别的航空公司做对比，还会从多个角度把新航和其他行业的公司进行比较。"为了在竞争中保持优势地位，新航成了世界上第一家引入国际烹饪顾问团和品酒师的航空公司，该顾问每年为新航提供4次食谱和酒单。硬件只是基础，软件才是真功夫。

当然，服务的一致性与灵动性同时受到新航的关注。比如，怎样让一个十三四个人的团队在每次飞行中提供同样高标准的服务？新航在对服务进行任何改变之前，所有的程序都会经过精雕细琢，研究、测试的内容包括服务的时间和动作，并进行模拟练习，记录每个动作所花的时间，评估客户的反应。

（资料来源：http://wenku.baidu.com/link?url，经过改编）

思考：

1. 新航总裁告诫员工"我们能有这份工作，完全是因为客户愿意为我们付费"。从客户关系管理的角度怎样理解这句话？

2. 新航的客户服务内容和服务水平与时俱进。你怎样理解"客户永远是对的"这句话？

3. 新航不但提升硬件服务系统，还提升软件服务水平。你怎样理解"软件才是真功夫"这句话？

【知识应用】

1. 1985年，张瑞敏为了唤起海尔员工的质量意识，更好地满足客户需求，把存在各种各样缺陷的76台冰箱（价值25万元）全部砸毁，赢得了全国乃至全世界客户的赞誉。很数消费者就是凭着"砸冰箱事件"成为海尔的忠实客户的，并且一直到现在都初心不改。海尔的壮举体现了培养忠诚客户的哪些秘诀？

2. 请列出3家由于客户关系管理到位而赢得客户尊敬、带来客户忠诚度的国内企业，然后在课堂上用PPT解释说明。

任务三　新创企业的品牌经营管理

【项目情境】

你是一位在校大三学生，对自己学校组织的"品牌策划大赛"非常感兴趣，而且对参赛方式、竞赛规则、评分细则等已经很熟悉。你组建了一个由4人组成的参赛队并且担任组长。现在，你和队员们需要编制并提交一份"品牌策划方案"，里面必须包含品牌经营的关键要素、品牌口碑的传播方式等。

任务要求：

1. 你在编制"品牌策划方案"时，怎样结合实际阐述品牌经营的关键要素？
2. 你在编制"品牌策划方案"时，怎样结合案例表述品牌口碑的传播方式？
3. 你觉得校级"品牌策划大赛"本身能否做成品牌，固定赛制，实现标准化、规范化，扩大其在全校及至本地区的口碑和影响力？

【相关知识】

完成"任务三　新创企业的品牌经营管理"所需要掌握的相关知识包括：品牌经营的关键要素、品牌口碑的传播方式。

一、品牌经营的关键要素

在现代社会中，品牌越来越被消费者所追逐和青睐。塑造品牌很难，维护品牌更难。要维护企业的品牌形象和生命力，需要多种因素同时发力，其中产品质量和社会责任是品牌经营中不可或缺的两大关键要素。

（一）产品质量

质量是新创企业的立身之本、利润之源、品牌之魂。在激烈的市场竞争中，新创企业要想在市场中站稳脚跟、赢得市场份额、营造品牌效应，最关键的还是要有过硬的产品质量。新创企业在品牌经营的过程中，应该杜绝急功近利的心态，踏踏实实提高产品质量。企业在品牌经营的过程中，付出的创新、艰辛、恒心是巨大的，在树立品牌之后不要利欲熏心而背离创业初心，为客户提供高质量的产品或优质的服务永远都是企业的第一要务。

（二）社会责任

品牌之所以被消费者所崇尚和尊重，是因为品牌严格受制于经营道德的约束和规范，是因为品牌恪守的是一种承担社会责任的承诺，这是顶级成功品牌坚守的不二法则。新创企业把其产品修炼成品牌的过程。就是不折不扣实践其诺言的过程。创业法则与经营法则就是对新创企业品牌施加的社会责任约束。创建品牌就是一个自我约束的过程，新创企业要抗拒短期快速获取高利的强烈诱惑，不以牺牲品牌承诺为代价去换取眼前利益。社会责任是一种力量，能推动一个企业成长壮大。

小资料

某年我国十大品牌列表

1	海尔	6	红塔山
2	中央电视台	7	中国工商银行
3	宝钢	8	中铁工程
4	联想	9	中国人寿
5	中国石化	10	中国移动

（资料来源：https://wenku.baidu.com）

二、品牌口碑的传播方式

为了树立良好的品牌口碑，应对愈演愈烈的品牌宣传大战，新创企业在品牌口碑的传播上应该坚持走低调沉稳的品牌口碑宣传路线，运用传统和现代的传播工具树立品牌口碑。不过，无论借助哪种传播方式，品牌口碑的宣传都是建立在过硬产品质量的基础之上的。

（一）传统口头传播方式

传统口头传播方式即在企业营造品牌口碑的过程中，用户或受众个体在非正式组织的人际关系中以口头方式传播企业品牌或服务的正面评价，以此提升企业品牌形象，为企业品牌树立良好的口碑。其中，企业竭力提高消费者对品牌或服务的知名度、认可度、满意度，被感化的消费者把这种好感和赞誉在其亲属、朋友、同事或邻里等与之关系密切而稳定的个体或群体中，有意或无意地进行品牌口头宣传。这种传播方式具有强大杀伤力，相对于硬性广告方式而言，其可信度、成功率都很高。

（二）现代媒体传播方式

现代媒体传播方式的主要代表是互联网、移动互联网。该方式指的是企业品牌的粉丝们借助互联网或移动互联网通道，把企业品牌的信誉和声誉、对产品的信任度和价值的认同感，以文字、图片、音频、视频等形式，在微信、微博、播客、论坛、相册、网站等平台，进行主动或自愿地传播。该传播方式是完全建立在粉丝对品牌完美体验的基础之上的，其借助网络舆情为企业品牌做宣传，成本小，产出大；风险低，效率高；针对性强，精准度高；群体性强，成功率高。其核心作用就是缔结品牌忠诚度、提升企业品牌形象。

小案例　　　　　　　　　**李宁品牌需要创新和维护**

李宁是我国著名的运动员。李宁公司成立于1990年，经过20年的探索，已逐步成为代表中国的、国际领先的运动品牌公司。李宁公司采取多品牌业务发展策略，除自有核心李宁品牌（LI-NING）外，还拥有乐途品牌（LOTTO）、艾高品牌（AIGLE）、心动品牌（Z-DO）。此外，李宁公司控股上海红双喜，全资收购凯胜体育。

李宁公司在广东三水起步，创立之初即与中国奥委会合作，通过体育用品事业推动中国体育发展，并不遗余力地赞助各种赛事。1995年，李宁公司成为中国体育用品行业的领跑者。2005年，李宁公司继续保持行业领先地位，销售额创下历史新高，向着国际一流品牌的目标冲刺。2008年12月30日，在世界权威的品牌价值研究机构——世界品牌价值实验室举办的"2008世界品牌价值实验室年度大奖"评选活动中，李宁凭借良好的品牌形象和品牌活力，荣登"中国最具竞争力品牌榜单"，赢得广大消费者普遍赞誉。

但是，公开资料显示，2013年上半年，李宁公司关闭的门店数量达到了410家。为了消化库存，李宁公司频频推出特卖商品，甚至新品一上市就大打折扣，即便如此，李宁公司的门店仍然门可罗雀。

面对业绩的持续不佳，李宁公司将原因归咎于宏观经济环境变化太快，不过业内专家指出，除了宏观经济环境低迷，李宁公司的吐血甩卖也是原因之一。李宁公司品牌的价值随着吐血甩卖大幅下跌，并被打回中低端，而中低端竞争更加激烈，所以造成业绩继续下滑。不少消费者也感叹道:"李宁的低价甩卖实在有损品牌形象,没想到李宁会走到这个地步。"

评论员林耘认为,李宁公司业绩持续不佳的主要原因是李宁本人现在的影响力大不如从前了。当李宁孤注一掷往中高端走的时候,底下留出来了一些空间,但这些空间被他原来的代工厂替代了;当他再往上走的时候,又遇到来自国外的强势品牌,所以他被夹在了中间,高不成低不就。

(资料来源:http://wenku.baidu.com/link?url)

思考:

1. 从2013年起,李宁品牌的业绩持续下滑,你认为李宁怎样才能保护好自己的品牌?
2. 就李宁品牌目前的业绩状况,你认为李宁公司应该经营低端、中端还是高端品牌?

【知识应用】

在2017年4月23日的"中国绿"公司年会上,国内最大的火锅品牌海底捞的创始人张勇宣布今年公司的收入有望达到100亿人民币。四个月后的8月25日,微博的一组图片和视频显示,海底捞后厨"有老鼠在地上乱窜,打扫卫生的簸箕与餐具同池混洗,用顾客使用的火锅漏勺掏下水道",瞬间所有媒体都在转载评论,这是张勇创立海底捞24年以来最大的一次品牌危机。

1. 通过网络调查海底捞如何应对"老鼠"品牌危机。你认为张勇的危机公关是否成功?
2. 请结合海底捞的案例,说明在进行品牌危机公关时企业需要注意的事项有哪些。
3. 请给海底捞创始人张勇提一些建议,帮助其保护品牌,并反转品牌口碑。

任务四 企业的创新竞争策略

【项目情境】

小白是一名大四在校生,忙着找工作。可是近3个月过去了,她投出去的简历犹如石沉大海,杳无音信,她连一次面试的机会都没有获得。每次想起投简历的场面,她都感到恐惧。每个招聘岗位前都是犹如小山般高的简历,并且都是"985"学校毕业生的简历,小白的简历无法从中脱颖而出,她认为自己一点儿竞争力都没有。这一切令小白焦虑不已。

圣诞节快到了,小白的心情有了好转,因为她在简历制作方面有了一个小小的创新。随后几天,又有一场招聘会。上午10:30左右,各个招聘摊位的工作人员已稍有倦意,应聘者也渐渐离去。此时小白走到一个企业摊位前,这是她慕名已久的企业,她非常愿意去那里工作。她把求职资料提交上去,然后把自己精心准备的3张圣诞音乐贺卡送给了招聘人员,内页夹着她的简历。招聘人员眼睛一亮,有一种豁然开朗的感觉,因为他们已对文字简历产生视觉疲劳,能听能看的音乐贺卡令他们耳目一新。他们觉得这个女学生富有创新和创意,便把她的简历放在显著的位置,做了记号。三天后,小白接到电话通知,让她下周一去面试。最后,小白终于面试成功,找到了自己心仪的工作。

任务要求:

1. 小白在简历制作方面想出一个小的创新金点子,便在竞聘中取胜了,对此你怎么看?
2. 小白的创新也体现在时间的把握上,小白把握了哪两个关键时间?

3. 小白的创新属于制作创新和策划创新,她的简历比其他竞聘者的简历略胜一筹,对此你认同吗?

【相关知识】

完成"任务四 企业的创新竞争策略"所需要掌握的相关知识包括:创新下的市场竞争策略、培养企业核心竞争力的途径。

一、创新下的市场竞争策略

市场竞争策略的创新源自于产品的动态创新、价格为零创新、渠道差异创新、价值重心转移创新等。

(一)产品创新"动化"了市场竞争策略

产品创新使企业的竞争优势不断升级,促使市场竞争策略不断螺旋式上升,在动态中寻求竞争地位,积极主动进攻求得竞争优势。

1. 产品创新使竞争优势升级

新创企业通过不断地创新产品、更新换代保持产品的领先地位和竞争优势。在竞争市场环境下,新创企业要想维持长期生存和发展,就必须分阶段积蓄一系列的短期竞争优势,而不是保守自己某种特有的竞争优势。这就要求新创企业在其发展战略的统领下,针对竞争环境的变化,不断调整市场竞争战略,使之形成一系列的动态市场竞争战略,随之形成持续不断的产品创新,主动破坏自己目前的竞争优势,再创造新的竞争优势。

2. 产品创新使市场竞争策略动态化

只有加快产品创新速度,新创企业才能取得先动优势。比如,手机新产品若晚上市3个月,产品创新就会失去价值。原则上,产品自身所具备的竞争优势都可以被竞争者所复制,即时原创者的竞争优势便不复存在,产品创新又打破了原有平衡,引发新一轮的竞争,产品创新者从中取得主动地位,成为市场竞争主导者。总之,产品创新使市场竞争策略形成了"动态"螺旋上升之势,形成了新创企业维持其可持续发展的市场竞争策略。

(二)价格创新"深化"了市场竞争策略

价格创新带来了理念的创新,"免费才盈利"彰显的是互联网平台下的辩证逻辑,"创新零定价"突破传统,催生出"免费为王"的新奇理念。

1. "免费才盈利"彰显辩证逻辑

2008年7月17日,360公司首次推出免费杀毒软件。2010年7月8日,360安全中心在沪正式发布《互联网安全免费白皮书》(简称《白皮书》),断言杀毒软件已全面进入免费时代。《白皮书》指出,迄今国内互联网行业发生了三次"免费"和"收费"竞争:第一次是263收费邮箱和网易免费邮箱之争;第二次是C2C电子商务领域的淘宝免费和eBay收费之争;第三次是360免费杀毒和收费杀毒之争。"免费才盈利、收费不盈利"是竞争策略的内涵深化。每一次竞争都会以免费方的胜利而告终,并且带来更好的产品、更优质的服务,以及更奇特的商业模式。

2. "创新零定价"炼成"免费为王"

360杀毒软件无条件永久免费供网友下载使用,其价格创新即为"产品定价为零",蕴含的是一种理念创新，免费却创造了巨大价值，体现了互联网开放和分享精神的游戏规则。当时无法被人理解，被鉴定为"赔本赚吆喝、撑不了多久"，可后来360在市场竞争中大获全胜，成为行业龙头老大。"价格创新，免费为零"体现的是一种高层次、高水平的市场竞争策略，深化了市场竞争策略的意境和内涵。实体市场的"便宜没好货"在网络市场中彻底被颠覆。360产品有两种主要盈利模式，一是广告模式，二是增值服务模式。360在2016年仅移动用户就有8亿多，只要有1%的用户使用增值收费服务，360的收入就非常可观。

（三）渠道创新"异化"了市场竞争策略

越来越多的新创企业发现，在产品、价格乃至广告同质化趋势加剧的今天，单凭产品的独立优势赢得竞争已非常困难。在产品同质化的背景下，唯有"渠道"和"传播"能产生差异化的竞争优势。销售渠道已成为当今新创企业谋求生存和发展所关注的重心，并日渐成为它们克敌制胜的竞争武器。在市场经济日益发达、企业市场营销环境不断变化、竞争日益激烈的今天，重视分销渠道创新与管理成为企业成功的重要条件。新兴的分销渠道往往会带来全新的顾客期望值，形成低成本竞争优势。市场的动态变化必然要求企业对市场竞争策略做出相应的改进，很多企业通过渠道创新获得了差异化的竞争优势。

（四）价值创新"转化"了市场竞争策略

价值创新是现代企业竞争的一个新理念，它不是单纯提高产品的技术竞争力，而是通过为顾客创造更多的价值来争取顾客，使企业赢得成功。价值创新意味着关于商业成长的一次战略思想改变。就本质而言，它是将企业战略思考的出发点从竞争对手转变为创造全新市场或重新诠释现有市场。价值创新并非着眼于竞争，而是力图使客户和企业的价值都实现飞跃，由此开辟一个全新的、非竞争性的市场空间。传统的市场战略逻辑关心的是"如何击败竞争对手"，当企业把竞争对手作为设计战略的唯一参照对象时，竞争对手之间针锋相对，刻意相互模仿，以求在同一游戏规则下打败竞争者的行为就在所难免。而价值创新所遵从的是另一种竞争逻辑，其着力点是在较大范围内发现并努力满足顾客尚没被满足的需求，向顾客提供更大更广的价值。

小资料

某年我国最具竞争力的十大企业集团

1	中国华能集团公司	6	中国铁路工程总公司
2	中国普天信息产业集团公司	7	中国航空工业第二集团公司
3	中国海洋石油总公司	8	中国铁道建筑总公司
4	海尔集团公司	9	联想控股有限公司
5	广东移动通信有限责任公司	10	中国房地产开发集团公司

二、培养企业核心竞争力的途径

要了解培养企业核心竞争力的途径，首先需要了解和界定企业核心竞争力的概念。

（一）企业核心竞争力的概念界定

企业核心竞争力是企业组织中的积累性学识，特别是协调不同生产技能和有机结合多种技术流派的学识；它隐含在企业核心产品或服务里，是企业获取持续竞争优势的来源和基础；它以结构性形态存在，具有独特性，难以被模仿和超越；它能实现用户的核心价值；它能够随着核心竞争力、核心技术、核心产品、最终产品的走向而延展；它随环境变化而变化，需要维护和创新。现代企业的核心竞争力是一个以知识、创新为基本内核的企业关键资源组合或在竞争中取胜的能力组合。

（二）企业核心竞争力的培养途径

企业核心竞争力的培养途径有三种：一是企业通过知识联盟获得企业核心竞争力；二是通过自我培养获得企业核心竞争力；三是通过企业兼并获取核心竞争力。

1. 通过知识联盟获得企业核心竞争力

传统的战略联盟可以划分为两种类型：产品联盟和知识联盟。知识联盟以学习和创造知识作为联盟的中心目标，有助于企业间的紧密合作、相互学习、专业能力优势互补，催生新的交叉知识。联盟成员可与工会、经销商、供应商、大学实验室等合作形成知识联盟。知识联盟具有巨大的战略潜能，从战略上更新企业核心竞争力或创建新的核心竞争力。

2. 通过自我培养获得企业核心竞争力

处在认知、挖掘阶段的企业已经初步具有了一定的市场竞争实力，具备了一些独有的技术和非技术优势。企业高层及基层成员要认知企业核心竞争力的作用，重视其培养，善于寻找、挖掘现有技术和非技术优势，锁定核心竞争能力的生长点并给予重点培养。

处在开发、运用阶段的企业应充分利用现有的知识积累、人才资源、管理能力，将核心竞争力以及生长点运用于企业的各项经营活动中，形成一个"学习型组织"。组织成员间的学习和交流是核心竞争力形成和发展的重要源泉。

处在保持和创新阶段的企业，其核心竞争力获得了创新，核心竞争力的体系更加完善，但要防止出现阶段性、低层次的核心竞争力因不能适应环境、技术、市场变化而带来的成长能力不足问题，使企业核心竞争力与新开拓的经营领域之间形成一种良性循环关系。

3. 通过企业兼并获得企业核心竞争力

企业兼并是企业扩大规模、快速进入其他竞争领域的一种有效途径，也是名牌企业获得其他核心技术或核心产品的一条捷径。

企业核心竞争力的培养不是短期内一蹴而就的，它是一项长期的、根本性的战略，需要企业构建和发展一个创新型的学习组织，在不断的学习和积累过程中，增加企业的有形资源和无形资源，形成竞争对手难以模仿和超越的竞争力，并不断地改进和发展这种竞争能力。

培养企业核心竞争力必须具有三个要素：拥有一支知识结构合理的人才队伍，保障企业的知识积累；培养一批具有敏锐的市场眼光和超前意识的经营管理者；培育企业成为一个善于学习的集体。

企业核心竞争力的形成还与企业各种资源的投入密切相关。

小案例

华为的核心竞争力

华为技术有限公司（简称"华为"）是一家生产销售通信设备的民营通信科技公司，其产品主要涉及通信网络中的交换网络、传输网络、无线及有线固定接入网络、数据通信网络及无线终端产品，为世界各地通信运营商及专业网络拥有者提供硬件设备、软件、服务和解决方案。

2013年，华为首超全球第一大电信设备商爱立信，排名《财富》"世界500强"第315位。2014年10月，华为以排名94的成绩成为中国大陆首个进入"Inter-brand Top 100 榜单"的企业公司。2017年6月30日，华为荣获"中国商标金奖"的"马德里商标国际注册特别奖"。位列2017年度《财富》"世界500强"第83位。

华为的业绩有目共睹，华为的神秘也是人所共知。走到今天，华为靠的是什么？虽然仅有14年历史，今天的华为已是家大业大。在华为诞生不久，任正非就提出"做一个世界级的、领先的电信设备提供商"。这个想法对当时的华为来说无异于天方夜谭，但任正非就是敢想。敢想带来的是敢干。华为的今天开始于一个匪夷所思的梦想。在不断打造自己的核心竞争力的过程中，华为一直在追求"落差"，从与其他公司的差别中找到自己的优势，从而提高自己的品牌含金量。

核心竞争力是企业生存之本，它具有四大特征，即："偷不去，买不来，拆不开，拿不走。"核心竞争力也不是仅仅通过学习与模仿就能够取得的，它必须内在于企业文化之中，必须自己建构，具有很强的排他性。核心竞争力不是企业中几个要素的简单组合，它具有很强的整体性。在某种意义上讲，核心竞争力不是取决于企业的优势和长项，更大程度上决定于企业的"短木板"，而能够形成企业核心竞争力的唯有管理。原因有四：

第一，因为只有管理才能把企业的核心技能聚合起来，形成整体力量和系统优势，为企业的持续发展提供生生不息的力量。

第二，企业只有依靠系统的管理，才能最终摆脱对人才、技术、产品的依赖，才能适应激烈的外部市场的变化。

第三，良好的管理体系能够降低企业对优秀人力资源或少数稀缺人才的要求，降低对管理者整体管理能力的要求，进而为企业的持续发展打造稳固和长远的基础。

第四，企业经营管理的实践证明，那些优秀的世界领先企业可能在某项或几项核心技能方面并不出类拔萃，但在整体管理能力和整体管理水平上无疑是最优秀的。

世界领先企业之所以领先世界，在于其领先世界的管理。因为衡量其领先的重要指标不是其员工规模和销售额，而是其效率，特别是人均效率，而唯有管理才能带来人均效率的持续和稳定的提高。

（资料来源：http://wenku.baidu.com/view）

思考：

1. 华为人说：企业核心竞争力"偷不去，买不来，拆不开，拿不走"。请说出你对此的观点。

2. 华为认为，能够形成企业核心竞争力的唯有管理。对这个观点，你怎么看？

【知识应用】

1. 京东的经营理念是：不仅要协同战略合作伙伴，加强密切合作关系，更要与对手在充分竞争的基础上展开"合作"。京东理解的"合作",是共赢发展的合作、联合互补的合作,由合作和竞争带来的"竞合共赢"是京东谋求发展的永恒理念。京东实现了"竞争的最高境界就是合作"的理念。你怎样看待京东与竞争对手的合作?为什么?

2. 从2010年到2014年,腾讯QQ与奇虎360上演了一系列互联网大战,诉讼后双方互诉三场,奇虎360败诉。这一案件被称为"互联网反不正当竞争第一案",是迄今为止互联网行业诉讼标的额最大,也是《反不正当竞争法》出台以来,最高人民法院审理的首例互联网反不正当竞争案。你怎样看企业间的不正当竞争?

任务五　新创企业的财务管理

【项目情境】

小李是一名大二在校生,经过校园调查研究,他打算在三食堂旁边开设一家礼品店。他已经组建了一个创业团队,有两名大二学生加入了他的团队,打算下个月开始筹划创业。小李通过他所能想到的所有融资渠道,经过三人的艰苦努力,终于融资32.7万元。这些资金来得不易,尽管数量不多,但小李的团队非常珍惜这笔资金。他们现在比较纠结的是三人都没有学过财务,不知这笔资金怎样配置才能发挥最大效应,创造最大价值。

任务要求:

1. 假设你有财务管理经验,请你帮助小李写一份礼品店创业资金优化配置报告。
2. 小李的团队在创业的过程中,应该怎样管理这笔不多也不少的现金流?
3. 请阐述适合大学生创业融资的渠道都有哪些。

【相关知识】

完成"任务五　新创企业的财务管理"所需要掌握的相关知识包括:如何管好企业现金流、如何分析财务报表。

一、管好企业现金流

在当今企业"现金为王"的管理理念下,无论是从企业价值、流动性、还是破产界定角度,良好的现金流量都是新创企业财务稳定和高效运营不可或缺的部分。企业的现金流管理措施主要有:强化现金流量控制意识、建立现金流量管控系统、准确分析和预测现金流量、加强财会人员的培训和管理。

(一)强化现金流量控制意识

新创企业管理者应重视现金流管理的作用,培养企业各个管理层及员工的现金流管理意识。现金流量管理在企业财务管理中处于核心地位。现金流量是否充足、活跃是对企业经营能力和企业价值进行评估的重要指标,是判断企业财务风险大小的重要依据。企业的现金流量状况也是衡量企业经营成果的重要参考指标。企业的决策者应从企业战略的高度来审视企业的现金流量管理,为提高其管理水平提供组织保障。企业应该在各个管理层员工的实际工作中推行现金流量管理方法，使经营中的每项现金流入和流出都有据可循。

（二）建立现金流量管控系统

企业要进行现金流量管理，就要加强对企业现金流量的内部监督，建立分工明确的组织机构和严格的现金流量管理制度体系，完善企业现金流量的管理控制系统，明确企业各管理层在现金流量控制过程中的责任和义务。财务部门与企业各职能部门之间要相互配合，强化监督、堵塞漏洞、防止越权，使企业营运资金和现金流量得以严格控制，实现企业价值增长。企业要实现现金流管理的日常化、标准化、规范化，让企业的每一项工作流程所带来的财务变化都能及时准确地反映到现金流量上来。通过定期的财务报告、预算与预算控制报告，对现金管理进行及时反馈，做出相应的跟踪调整，从而使企业的财务管理更加高效与透明。

（三）准确分析和预测现金流量

现金流量预测是指根据企业当前发展情况，预测企业未来现金流的流向、流量、流程等情况，它可以全面规划企业的现金流量管理活动，是预算管理的基础和财务规划工作的前提。它还可以提前分析未来企业现金赤字和现金盈余状况，为企业筹资用资做好准备。如果预测企业期末的现金流量出现金赤字，则表示企业现金流通不足，需要筹集资金，因此企业可以提前做好资金筹集规划，降低企业的筹资成本和财务危机风险。如果预测企业期末现金盈余，企业有多余的资金可以利用，那么，企业可以为盈余现金做好投资规划，提高企业现金的使用效率。

（四）加强财会人员的培训和管理

新创企业应该加强会计人员的培训和管理工作，提高财务人员编制和分析现金流量报表的能力。财务人员还应该具有为企业决策层提供有效财务建议的能力，应该能够及时发现企业财务管理中存在的问题并实时予以反馈，使企业决策者在企业财务管理方面做出正确决策。另外，新创企业应加强企业管理者的财务知识培训，使之能够看懂财务会计报表，能够从中获得有效的财务信息，正确了解企业的营运状况。

小案例　新创企业天行健一年后账面只剩100多元

某理工大学学生李玲玲凭借其发明的高杆喷雾器和防撬锁专利被世博公司看好，世博公司为她提供了10万元的创业风险基金，李玲玲出任新创立的天行健公司的董事长，成为"中国女大学生创业第一人"。有了好的技术和项目，也得到了风险投资，学生创业公司是否就能一帆风顺呢？

天行健公司的创业失败体现出创业者的沟通问题，导致财务管理出现问题。在公司的实际运作中，李玲玲与世博公司的矛盾不断，双方从股权纠纷、融资渠道到产品开发都存在分歧，最终导致李玲玲和投资公司合作破裂。创业设计仅仅过了一年，天行健公司账面就只剩下100多元，最终公司宣告倒闭。

（资料来源：https://wenku.baidu.com/view）

二、懂得分析财务报表

创业者及其新创企业团队成员应该懂得如何分析财务报表。财务报表主要包括资产负债表、损益表、现金流量表三大报表。

（一）资产负债表

1. 资产负债表的定义

资产负债表是表示企业在一定日期（通常为各会计期末）的财务状况（即资产、负债和业主权益的状况）的主要会计报表。其功用除了企业内部除错、防止弊端外，也可让所有读者于最短时间了解企业经营状况。资产负债表利用会计平衡原则，将合乎会计原则的资产、负债、股东权益交易科目分为"资产"和"负债及股东权益"两大区块，在经过分录、转账、分类账、试算、调整等会计程序后，以特定日期的静态企业情况为基准，浓缩成一张报表。它反映的是企业资产、负债、所有者权益的总体规模和结构。

2. 资产负债表分析

资产负债表分析是指基于资产负债表而进行的财务分析。资产负债表反映了公司在特定时点的财务状况，是公司的经营管理活动结果的集中体现。通过分析公司的资产负债表，能够揭示出公司偿还短期债务的能力，公司经营稳健与否或经营风险的大小，以及公司经营管理总体水平的高低等。分析资产负债表的目的包括揭示资产负债表及相关项目的内涵，了解企业财务状况的变动情况及变动原因，评价企业会计对企业经营状况的反映程度，评价企业的会计政策，修正资产负债表的数据。资产负债表分析的内容包括资产负债表水平分析、资产负债表垂直分析、资产负债表项目分析。

（二）损益表

1. 损益表的定义

损益表（利润表）是用以反映公司在一定期间实现的利润或发生的亏损的财务报表。它是一段时间内公司经营业绩的财务记录，反映了这段时间的销售收入、销售成本、经营费用及税收状况。报表结果为公司实现的利润或形成的亏损。它是重要的财务报表之一（其余为资产负债表、现金流量表、股东权益变动表）。损益表主要计算及显示公司的盈利状况。在合伙经营和有限公司的利润表中，公司净盈利后会有分配账，以显示公司如何分发盈利。

2. 损益表分析

损益表分析即分析企业组织收入、控制成本费用支出、实现盈利的能力，评价企业的经营成果。同时还可以通过收支结构和业务结构分析，分析与评价各专业业绩成长对公司总体效益的贡献，以及不同分公司经营成果对公司总体盈利水平的贡献。通过损益表分析，可以评价企业的可持续发展能力。它反映的是盈利水平，对于上市公司的投资者更有意义，因为它是资本市场的"晴雨表"。

损益表分析的目的是了解企业利润的构成及主要来源、成本支出数额及成本支出的构成、企业收益水平。通常可以分析各项利润的增减变动、结构增减变动及影响利润的收入与成本。损益表的附表主要是利润分配表及分部报表。损益表附注分析指的是根据其附注及财务情况说明书等相关信息，分析说明企业损益表及附表中的重要项目变动情况，深入揭示利润形成及分配变动的主观、客观原因。

(三) 现金流量表

1. 现金流量表的定义

现金流量表也叫账务状况变动表，是反映一家企业在一定时期现金流进和现金流出动态状况的报表。通过现金流量表，可以概括经营活动、投资活动和筹资活动对企业现金流进流出的影响，在评价企业的实现利润、财务状况及财务治理方面，要比传统的损益表更好。

2. 现金流量表分析

一是分析现金净流量与短期偿债能力的变化。如果本期现金净流量增加，表明公司短期偿债能力增强，财务状况得到改善；反之，则表明公司财务状况比较困难。

二是分析现金流入量的结构与公司的长期稳定。经营活动提供的现金流量可不断用于投资再生现金，来自主营业务的现金流量越多，表明公司发展稳定性越强。

三是分析投资活动与筹资活动产生的现金流量与公司的未来发展。对内投资的现金流出量增加，意味着固定资产、无形资产等增加，说明公司正在扩张，公司成长性较好；对外投资的现金流入量大幅增加，意味着公司现有的资金不能满足经营需要，从外部引入了资金。

小案例 **家教公司现金流断线难以为继**

赵先生是清华大学毕业的硕士研究生，毕业不久，便创办了一个家教公司。赵先生公司的管理者都是北京大学、清华大学尚在就读或刚毕业的研究生。凭借北大、清华两所名校的教育资源，赵先生的家教公司培训业务量占据了北京家教市场的绝大部分市场份额，即占据了80%份额。招生第二年公司的营业额就超过600万元，利润100万元左右。

第三年的7月15日，面对十余名记者，赵先生宣布了一条新的培训项目：5万元保你上重点大学，10万元保你上北京大学、清华大学，否则将全额赔付，并支付20%的利息。他们的做法是把外地那些优秀的、刚刚退休的教师请到北京来，再从北京大学、清华大学聘请高考状元，组建高考状元顾问团。公司预测这个项目当年即可实现盈利。

公司计划招收200名学生，包括复读生和马上要升高三的学生，对他们进行全日制、全封闭式的培训。为了降低风险，他们要对报名的学生进行一项学习成绩和心理健康等方面的综合测试，达到他们要求的方可以接收为之培训。而他们的基本要求是学习成绩在学校处于中等水平。公司预计赔付率在5%左右。发布会后，这个项目在社会上引起了很大反响，有近100名家长与公司签订了合同。

第四年后的8月27日是赔付的最后日子。共有四十多位没有达到目的的学生和家长向公司索要退款。结果，赵先生发现自己需要赔付400多万。而就在此前，他寄予厚望的一个培训项目却突然出了问题，公司的账面现金流出现困难。

更为雪上加霜的是公司的几位创始人发生利益纷争，管理层发生集团哗变。当日上午10点左右，数十名愤怒的学生家长挤到公司门口，他们将工作人员团团围住，有的学生家长表示要拨打"110"报警电话,也有的家长认为自己被骗了,要将公司告上法庭。

(资料来源:http://wenku.baidu.com/link?url)

思考:

1. 根据案例信息,赵先生的新创公司账面现金出现困难。请你分析原因都有哪些。
2. 如果你是赵先生,从新创企业财务管理角度,你应该怎样经营这家公司?

【知识应用】

1. 1991年,史玉柱在珠海创办巨人集团。1994年建造78层的巨人大厦,建造资金约12亿元。当年由于资金链断裂,巨人大厦成为"烂尾楼",巨人集团欠债2.5亿元,濒临破产。请你通过网络调查,分析巨人集团当年资金链断裂的真正原因都有哪些。

2. 请你通过线上线下调查,找出四个国内新创企业由于现金流断线而倒闭的案例,并从新创企业财务管理的角度给予全面分析。

【模块知识小结】

本模块主要阐述新创企业的经营管理内容,分为五项工作任务,共包括五个方面的企业经营管理知识,具体为:新创企业的营销管理、新创企业的客户服务管理、新创企业的品牌经营管理、企业的创新竞争策略、新创企业的财务管理。运用这些知识完成五项工作任务和训练。

【复习思考题】

1. 请列出新创企业成功营销的三大必备要素都有哪些,并阐述如何培养这些要素。
2. 客户是资源,请阐述如何对这些资源进行差别化管理。
3. 品牌是企业的无形资产,你作为新创企业的经营者,怎样经营管理企业的品牌?
4. 企业核心竞争力并不是一成不变的,它需要维护和创新。怎样创新企业核心竞争力的培养途径?
5. 请从新创企业财务管理角度,列出控制企业现金流的常见措施都有哪些。

【案例训练】

雷厚义创建经营的悟空共享单车公司倒闭了

因为大量单车被"拿"走了……无奈之下,多家共享单车服务商宣布停止服务!雷厚义的"卡拉"单车公司也宣布倒闭了,单车丢失率达到了76.5%,亏了300万!首家倒闭的共享单车创始人雷厚义:"真的当做公益了"。

2017年6月16日,摩拜宣布又获得超6亿美元融资。与此同时,重庆一家名为"悟空单车"的共享单车却撑不下去了。就在摩拜宣布巨额融资的三天前,悟空单车宣布停止运营,这让悟空单车成为行业首家彻底退出的企业。为了这个风口,悟空单车创始人雷厚义搭进去了300多万元,1 000多辆单车也不见了踪影。当然,他也不打算找回来,"当做公益了"。雷厚义是怎么被卷入这个风口的?有哪些心路历程?又有哪些血淋淋的教训呢?

一年前，他有了做共享单车的想法。彼时，他受到了两点启发：一是他之前的"项目资金链"断裂，没钱打车，于是经常步行跑业务，但效率很低，浪费时间；二是在网上看到 ofo 的报道，觉得这是刚需，正好解决了三公里内出行的需求。之前，他做过消费金融领域的小额现金贷，这个项目后来无疾而终，问题出在资金上，没找到放款资金，也没融到资。他找了几家投资机构，人家的评价很简单：消费金融领域没问题，但这个事情不是雷厚义所能做的，因为他的专业能力不强。后来，他转型做"贷款流量"分发。这个转型总算让他重新活过来，口袋里有了点钱。但流量分发也存在问题：拿不到用户数据，无黏性，基本盘不稳定，顶多做一两年时间。于是，他启动了共享单车项目。启动前，有人劝他说，摩拜和 ofo 的风头正劲，你做成的概率很小。还有人建议他做垂直领域，比如山地自行车或者景区单车。但他喜欢赌，而且只赌大的。他自认为，他既然能让一个公司起死回生，就有能力做好共享单车。

2016 年下半年，共享单车行业的融资极疯狂，摩拜和 ofo 的架势真是不让后来者活下去。不过，在激烈竞争的市场上雷厚义没时间去考虑这些，他能想到的就是尽快投产，拿到一张"门票"。12 月 9 日，他们开始做 APP，并用 20 天时间完成了开发。他们将第一站选在了重庆。为什么选在重庆？一是大家都认为重庆是山城，不可能做共享单车，如果他们做的话，就很具传播点；二是重庆是他们的大本营，战略意义大于实际意义，总不至于连大本营都不投放车辆。他们的单车投放分两批。第一批是试探市场，第二批是让市场知道悟空单车，占领用户的心智，拿到"门票"。

第一批是在 2017 年 1 月 5 日，投放了两三百辆，每辆车加运费大约 250 元，总计花费 5 万元左右。第二批是在 2 月底，投放了 1 000 辆单车。他们向天津的一个厂家下了 1 万辆订单，交了 30% 的定金。这批车成本高很多，每辆约 750 元，再加上锁和物流成本，总计 800 万元左右。后来因为没有拿到投资，实际上只拿到 1 000 辆单车，定金也打了水漂。

单车主要投放在大学城和白领聚集的写字楼，但这些不是封闭环境，投放不久后车就分散了。因为他们用的是机械锁，到后面车也不见了踪迹。他们也开车去找，把车调配到人流量大的地方，但没用，第二天车又散开了。这样反复几次，人工搬运维持了两周时间，发现效率太低，干脆放弃，打算下一批单车全部换上智能锁。但计划赶不上变化，他们的核心问题是供应链和融资，如果这些解决不了，就没资格去考虑运营问题。2017 年 4 月中旬，雷厚义判断这件事情做不成，一是融资没成功，二是"合伙人模式"也垮了。而后智能锁的研发，以及单车的投放就再无推进。当时担心引起动荡，投下去的单车还一直在运营，直到把合伙人的钱还完。

2017 年 6 月，处理完各项事情后，他们发布了一个停止运营的通告。悟空单车前后运营的 4 个月里，累积 1 万多用户，收了 100 多万押金。最高的时候，每天日活两三千。起初用户也付费，收了四五万元，后来就免费骑了。截止项目关闭，他们总计亏损 300 万元左右。他们投放了 1 000 多辆，最后只找回几十辆。他们也没有再去找，项目都停了，就当做公益了。

对于新创小公司而言，共享单车行业很残酷，"头部集中效应"太严重，资金集中，资源集中，比如供应链资源、媒体资源。摩拜和 ofo 等形成了巨大黑洞，后起的单车品牌成长空间并不大，只能做一些小城市。然而，如果做不大，也就没有存在的意义。想打这场仗，首先得有资金。雷厚义当时在网上给"真格基金"等投资机构都发了BP，基本上无下文，有几家也回了，但都觉得他们做成的希望渺茫。当时，他们想到了一个解决方法，借鉴修高速公路的套路。过去，没钱修路就把路分成一段一段，让私人出钱修，然后让他/她收10年的过路费。于是，他们计划通过"合伙人方式"来撬动市场，合伙人投入资金获得单车所有权。这也是他们和其他公司不一样的地方。

当时，雷厚义还很乐观，目标几十亿，甚至也想过上百亿。但最终，意向投资金额只有3 000多万元，真正投进来的资金不到60万。"合伙人模式"之所以失败，关键问题在于共享单车是个新事物，这相当于"合伙人加盟"，他们没信心。他们挣的都是辛苦钱，安全意识非常强。雷厚义自己都验证不了的东西，他们肯定也在观望，而没有资金，雷厚义他们也无法验证这个模式。除了资金链，"供应链"也存在问题。共享单车到后期拼的是"运营和产品"，拿不到顶级的供应链资源，就意味着产品体验很难做好。摩拜和ofo都在与顶级的供应链资源合作，这些资源雷厚义拿不到，所以产品与摩拜的差距越来越大。

摩拜和ofo抢占了大部分的单车供应链。雷厚义去找过飞鸽（飞鸽为ofo供应商），但飞鸽合作的准入条件是10万辆起，于是他们只能在天津找一家小厂。智能锁供应链也是个坑。重庆大多时候是阴雨天，智能锁电池最多能撑20天。他们计划研发智能锁，去找了个研发团队，还开了场产品发布会。然而，还没等到换锁，项目就停了。

这次创业经历给了雷厚义几个血淋淋的教训。第一，不要去追风口，追了也没用。小公司追不到风口，风口是等出来的。第二，项目一定要能盈利。共享单车短时间内一定亏损，但你做一个项目，无论是拿投资，还是自己出钱，模式上一定要跑得通，这很重要。第三，要有相应基因。比如做共享单车，要有供应链的人加入，否则自己去搞，问题就会非常大。第四，小公司还是适合小切口，形成独特价值。就像做共享单车，搞到最后连被收购的价值都没有了。雷厚义去找过ofo，希望被并购，但ofo没有意向。比如你建了个碉堡，人家打不下来，才可能花钱并购你。如果人家打得下来，还并购你干吗？或者，这个行业发展迅速，老大老二势均力敌，你的选择成了决定性力量，这才有被收购的价值。但现在看来，两者都不沾。愿赌服输，人要向前看。

创业这条路从来都不缺勇者。悟空单车倒下了，能充电的黄金单车之后，今天北京街头惊现大批七彩单车。留给创业者的颜色不多了？现在还剩豹纹、熊猫色……然而，共享单车将不断洗牌，一个又一个悲情的创业者将面临淘汰，一个又一个充满希望的创业者也会勇敢的扎进来……因为有了滴滴和优步的先例，现在大家似乎都明白，共享经济提供的服务几乎没有多大的区别，而他们盈利的前提，必须是具有绝对的"垄断规模效应"，因为这样才不会有新进入者搅局，才能安心地收费。但要快速垄断这个市场，比谁手上的钱更耐烧就成了关键。而这，已经超过了企业竞争的层面，变成了背后资金的竞争。疯狂的时代，必定会留下一个疯狂的泡沫，最后泡沫破灭的时候，毁掉的不是骑单车的人们，而是疯狂泡沫的制造者。但愿骑车的人是个理智的投资人。

（资料来源：《期货圈》http://www.sohu.com/a/150471522_499106）

思考题：

1. 雷厚义的悟空单车经营失败的最根本原因是什么？

2. 雷厚义在做单车之前的项目为何无疾而终？
3. 从市场调研的角度分析雷厚义把重庆作为大本营的利弊。
4. 你认为雷厚义应该怎样做好客户差别化服务，悟空单车才不至于退出市场？
5. 你从案例中的品牌和竞争细节，获得哪些感悟和体会？
6. 结合案例，谈谈你对新创企业的融资、经营、生存三个方面的理解和看法。
7. 通过分析案例，谈谈你对"合伙人加盟模式"和"垄断规模效应"的理解。
8. 根据雷厚义公司的"资金链"和"供应链"情况，谈谈你对新创企业财务管理的认识。

【能力训练】

结合本模块的内容，在网络中搜搜"创业失败案例"，针对案例中的失败原因进行剖析，撰写一份"创业失败教训总结报告"。要求如下：
1. 分析角度要全面，最好能覆盖本模块涉及的几个方面。
2. 结合不同的创业类型，寻找失败的多方面原因。
3. 给出自己从中获得的启示，并提出一些创业的问题解决方案。

参 考 文 献

[1] 张玉利,薛红志,陈寒松. 创业管理(第三版)[M]. 北京:机械工业出版社,2013.
[2] 刘朔. 名牌命名的十种方法[J]. 中国中小企业,2016.
[3] 曹文娟. 浅谈公司社会责任的主要内容[J]. 社会科学(全文版),2016(2).
[4] 毛清华,葛平平,马洪梅. 基于生命周期特征的中小企业社会责任承担模式与策略[J]. 改革与战略,2011(6).
[5] 张海枝. 人力资源管理[M]. 重庆:重庆大学出版社,2014.
[6] 王延荣. 创业管理[M]. 上海:上海财经大学出版社,2007.
[7] 夏清华. 创业管理[M]. 武汉:武汉大学出版社,2007.
[8] 张玉利. 创业管理[M]. 北京:机械工业出版社,2016.
[9] 杨小丽. 大众创业当老板[M]. 北京:中国铁道出版社,2016.
[10] 徐俊祥. 大学生创业基础[M]. 北京:现代教育出版社,2014.
[11] 陈宇,姚臻. 就业与创业指导[M]. 北京:外语教学与研究出版社,2014.
[12] 龚荒. 创业管理[M]. 北京:机械工业出版社,2013.
[13] 魏炜,朱武祥. 商业模式案例与公案教学[M]. 北京:机械工业出版社,2016.
[14] 阳飞扬. 从零售开始学创业[M]. 北京:北京联合出版公司,2012.
[15] 丁栋虹. 创业管理(第2版)[M]. 北京:清华大学出版社,2011.
[16] 张玉利,等. 创业管理(第3版)[M]. 北京:机械工业出版社,2015.
[17] 石建勋. 创业管理(第1版)[M]. 北京:清华大学出版社,2012.
[18] 蒋心亚,敬丽华. 创业实务(第2版)[M]. 北京:北京交通大学出版社,2011.
[19] 李时椿. 创业管理(第3版)[M]. 北京:清华大学出版社,2015.
[20] 何建湘. 创业者实战手册[M]. 北京:中国人民大学出版社,2016.
[21] 王莹. 新手学开公司:创业融资尝试[M]. 北京:中国铁道出版社,2015.
[22] 孔令学,张文亮,王静. 破解融资困局[M]. 北京:中国市场出版社,2016.
[23] 艾诚. 创业的常识[M]. 北京:中信出版社,2016.
[24] 刘柯. 众筹创业实战应用大全[M]. 北京:中铁道出版社,2016.
[25] 罗国锋,张超卓,吴兴海. 创新创业融资:天使、风投与众筹[M]. 北京:经济管理出版社,2016.
[26] 陆慧娟. 阿里创业军团[M]. 北京:中国友谊出版公司,2016.
[27] 邢会强,孙红伟. 最新经典私募案例评鉴[M]. 北京:中信出版社,2009.
[28] 证券业从业人员一般从业资格考试辅导教材编委会. 金融市场基础知识[M]. 北京:中国财政经济出版社,2017.
[29] 陈葆华,任广新. 现代实用市场营销(第1版)[M]. 北京:机械工业出版社,2016.